칸트 윤리학의 균열

칸트 윤리학의 균열

2022년 02월 25일 초판 1쇄 발행
2022년 10월 17일 초판 2쇄 발행

지은이 　문성학
교정교열 　정난진
펴낸이 　이찬규
펴낸곳 　북코리아
등록번호 　제03-01240호
전화 　02-704-7840
팩스 　02-704-7848
이메일 　ibookorea@naver.com
홈페이지 　www.북코리아.kr
주소 　13209 경기도 성남시 중원구 사기막골로 45번길 14
　　　우림2차 A동 1007호
ISBN 　978-89-6324-841-7 (93160)

값 20,000원

칸트
윤리학의
균열

문성학 지음

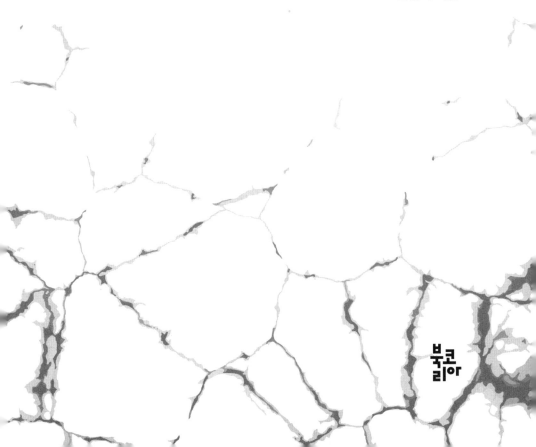

북코
리아

머리말

필자는 16년 전에 출간한 『칸트 윤리학과 형식주의』에서 칸트가 '도덕성의 최상원칙'을 확립하기 위해 채택한 윤리학적 형식주의의 전략이 실패했음을 주장했다. 이 책은 그런 주장을 더 강화하기 위해 쓴 책이다.

통상 칸트철학은 전비판기, 비판철학기, 후비판기로 나누어지는데, 칸트는 비판철학기에 출판한 『실천이성비판』이나 『도덕형이상학정초』에서 도덕성의 형식을 중시하는 형식주의의 입장을 취하고 있다. 칸트가 비판철학기에 저술한 삼 비판서에서 공통으로 채택한 학문적 전략은 형식주의였는데, 그런 전략을 택할 수밖에 없었던 이유는 『순수이성비판』에서 다루는 이론적 지식이나 『실천이성비판』에서 다루는 도덕적 지식이 한결같이 보편타당성을 가진 지식이고, 이런 지식의 가능성을 해명하려면 형식주의적 전략을 택해야 한다고 믿었기 때문이다. 칸트는 그런 해명작업을 통해 학문의 안전한 길에 들어선 형이상학을 건설하려 했다. 그리고 형이상학은 이성의 학문이기에, 칸트는 형이상학적 지식은 합리성의 영역에 속한다고 생각했다. 그 결과 『실천이성비판』에서 그가 발견한 도덕성의 최상원칙인 정언명법은 형식적이고 합리적인 명법이 된다. 부연해서 말한다면, 비판철학기의 칸트는 윤리학을 통해 특수 형이상학의 문제(신, 영혼, 자유의 문제)를 해결하려 했기에, 그리고 그는 형이상학을 항상 절대적인 지식의 체계로 간주했기에 윤리학을 (실천)이성의 문제, 즉 합리성의 문제로 간주하게 된다. 바로 그런 이유로 그는 정언명법으로서의 도덕법칙은 논리적으로 보편화가 가능해야 하고, 또 보편화가 가능한 법칙으로서의 도덕법칙에는 어떤 경우에도 예외가 허용될 수 없다고 생각했다.

그러나 그의 이런 윤리학적 입장은 사람들이 구체적 현실에서 직면하게 되는 다양한 사례들에 융통성 있게 대응할 수 없도록 하며, 결과적으로 기계적 규칙숭배에 빠져드는 문제점을 드러내게 된다. 그의 정언명법은 그리스 신화에 나오는 프로크루스테스의 침대였다. 많은 비판가들이 칸트의 정언명법은 만인만색의 복잡다단하고 구체적인 현실에서 어떻게 행위해야 하는가 하는 문제로 고민하는 개인들에게 별로 도움이 되지 않는다고 평가했다. 칸트는 이런 문제점을 의식하고 보완하기 위해 말년에 『도덕형이상학』을 출간한다. 이 책에서는 『도덕형이상학 정초』에서 기계적으로 도덕적 악으로 간주된 자살이 상황 속에서 도덕적 고려의 대상이 되고 있다. 이제 그는 윤리학을 도덕적 합리성 문제가 아니라 도덕적 합당성 문제로 간주하고 있는 듯이 보인다. 비판철학기의 칸트 윤리학과 말년의 칸트 윤리학 사이의 균열은 도덕의 문제를 합리성의 문제로 볼 것인가 아니면 합당성의 문제로 볼 것인가 하는 문제에 대한 갈등의 결과물이다. 물론 칸트는 그 균열을 감지하고 있었으며, 자신의 윤리설에 내재하는 틈을 메꾸기 위해 노력했지만, 성공적이지 않다는 것이 필자의 평가다. 이 책의 제1장, 제2장, 그리고 제3장의 칸트 관련 부분은 이 점을 더 확실하게 부각하기 위해 쓴 글이다. 비록 칸트가 윤리학을 이용하여 형이상학을 건설하려 하면서 도덕의 문제를 엄격한 합리성 문제로 간주한 것은 잘못이지만, 필자는 도덕의 존재근거인 자유를 통해 인간 존엄성을 확보하려 한 칸트의 인간존중 정신은 옳다고 생각한다.

부록에 실린 「칸트철학의 핵심어 번역 문제」는 칸트의 저술들에 대한 백종현의 새로운 번역서들이 출간되면서 대한민국의 칸트 연구자들에게 칸트철학에 대한 자신의 번역어 선정이유를 밝혀야 하는 의무가 부과되어버린 상황에서 작성된 글이다. 백종현 교수는 기존에 '선험적'으로 번역되던 칸트철학의 핵심어인 transzendental을 '초월적'으로 옮기고 있다. 그리고 기존에 '선천적'으로 번역되던 a priori의 경우는 '선험적'으로 번역하고 있다. 필자는 백종현의 은사인 고 최재희 선생의 번역어인 '선천적'과 '선험적'을 관행에 따라 사용해왔지만, 그 관행을 부정하는 일부 칸트 연구자들이 등장함에 따라 최재희 선생의 번역어를 따르는 이유를 설명해야 하는 처지에 놓이게 되었다. 필자가 단언적으로 말하는 것이 불편하게 여겨질지도 모르겠지만, 그럼에도 단언한다. transzendental을 '초월적'으로 번역하는 것은 형이상학자인 칸트철학의 본질을 모르고 있다는 방증일 뿐이다. 일본과 중국의 칸트학계가 그 용어를 '초월적' 혹은 '초월론적'으로 번역하고 있는데, 그렇다면 그들 역시 형이상학에 대한 칸트의 입장을 모르고 있다는 말이 된다.

필자는 학부생 시절부터 칸트철학에 관심을 갖고 지금까지 공부해왔다. 물론 오로지 칸트만 공부한 것도 아니고, 또 줄곧 칸트만 공부한 것도 아니지만, 어쨌건 칸트철학에 대한 관심을 지금까지 이어왔으니 반 세기 가까이 칸트를 공부하고 있는 셈이다. 이 책은 칸트에 대한 필자의 다섯 번째 연구물이다. 이 책이 칸트 윤리학을 이해하는 데 도움이 될 수 있기를 희망한다.

코로나19로 말미암아 출판계의 여건이 그 어느 때보다 어려운 상황임에도 흔쾌히 이 책의 출판을 결정해준 이찬규 사장님과 이 책의 원고를 꼼꼼하게 교정해준 김수진 편집장님 및 직원분들에게 감사의 마음을 전하는 것으로 머리말을 마치고자 한다.

2022년 2월

저자

목차

들어가며

　　필자는 이미 출간한 『칸트 윤리학과 형식주의』에서 칸트가 인간 행위의 보편적 당위법칙을 발견하기 위해 채택한 윤리학적 형식주의의 사유방법론이 실패했음을 밝힌 바 있다. 비판기의 칸트는 『도덕형이상학 정초』와 『실천이성비판』을 출간했는데, 그 책들에서 그는 윤리적 형식주의의 전략으로 윤리적 상대주의를 극복하여 절대주의 윤리설을 확립하려 했다. 그런데 칸트 윤리설을 단순히 형식주의 윤리설로 간주해서는 안 된다는 지적이 이어졌다. 그런 지적을 하는 사람들은 윤리학에 관한 칸트의 후기 저술인 『도덕형이상학』에 주목한다. 『도덕형이상학』은 실질주의 윤리학처럼 보일 정도로 도덕적 실질에 대한 언급을 많이 하고 있다. 확실히 이 책은 칸트 연구가들에게 큰 문제를 안겨준다. 그 책에서 칸트는 비판기의 윤리학적 저술들에서 채택한 형식주의적 사고방식과 결이 다른 주장들을 펼치고 있기 때문이다. 이리하여 '비판기의 칸트 윤리학과 비판기 이후의 칸트 윤리학 사이에 일관성이 있는가?' 하는 문제가 제기된다. 몇몇 연구자는 그의 형식주의적 전략은 도덕성의 최상원칙을 확립하기에는 한계가 있는 전략이며, 칸트도 그 한계를 인지하고 있었고, 그 문제를 해결하기 위해 비판기 이후에 『도덕형이상학』을 집필했다고 평가한다. 필자도 이런 생각에 동의

한다. 칸트는 도덕성 문제를 순수하게 형식성 문제로 보는 입장을 견지하기 어렵다는 것을 파악한 것으로 보인다. 그러나 체계의 일관성을 중시하는 그는 『도덕형이상학』이 철저하게 형식주의 입장을 취하는 『실천이성비판』과 충돌을 일으키지 않는다는 것을 보여주고 싶었다. 그리하여 철저하게 형식주의적으로 표현되는 '보편법칙의 법식'과 도덕적 실질의 기반 위에 서 있는 '목적 자체의 법식'이 본질적으로 동일한 것임을 주장한다. 그러나 필자는 비판기의 윤리학적 입장과 비판기 이후의 입장이 조화롭다는 평가에 찬성하지 않는다. 이 책의 제1장 '칸트 윤리학의 근본적 균열과 그 연결고리'와 제2장 '칸트 윤리학에서 보편적 법칙의 법식과 목적 자체의 법식은 동일한가?'를 통해 필자는 비판기 윤리학과 비판기 이후의 윤리학을 연결하려는 칸트의 노력이 실패했음을 보여주고 있다. 그리고 이 책의 제5장 '도덕성의 본질에 대한 물음: 칸트, 아리스토텔레스, 정의주의'에서는 칸트가 도덕성 문제를 합리성 문제로 보게 된 이유를 밝히면서 칸트의 형식주의적 전략이 윤리학을 통해 형이상학 문제를 해결하려는 그의 입장에서 불가피했음을 밝힌다. 다시 말해 칸트는 윤리학을 통해 형이상학 문제를 해결하려 했기 때문에 도덕성의 본질을 실천이성의 합리성으로 규정할 수밖에 없었지만(또 그런 이유에서 도덕법칙으로서의 정언명법에 어떠한 예외도 허용하지 않았지만), 바로 그것이 그의 윤리학의 심각한 문제점을 만들고 있다. 필자는 도덕성은 합리성(rationality) 문제가 아니라 합당성(reasonableness) 문제라는 입장에서 칸트 윤리학의 문제점을 지적하고 있다. 제3장 '칸트 도덕철학의 자율적 자유 개념의 루소적 기원'과 제4장 '칸트 도덕철학의 관점에서 본 현행 인성교육의 문제점'은 칸트 윤리학 연구라는 점에서 이번에 같이 묶어 출간하게 되었다. '부록'에 실린 「칸트철학 번역어 문제」는 나머지 글들과 달리 학술지에 발표했던 글이 아니라 이 책에서 처음 발표하는 글이다. 전문적인 칸트 연구가들 사이에 번역어가 일치되지 않아서 대한민국에서는 일반 독자들은 말할 것도 없고 칸트 연구가들조차 혼란에 빠진 상태다. 이런 상황이 되고 보니 칸트에 관한 책을 출간하는 사람들은 자신이 택한 번역어에 대해 정당화해야 할 처지에 놓이게 되었다. 필자도 명색이 칸트연구자이니 그 작업을 하지 않을 수 없었으며, 그런 고민의 결과물이 이 책의 부록이다. 단순히 번역어 문제로 논쟁하는 것이 아니라 심각한 해석상의 문제가 연루되어 있음을 알게 될 것이다. 부록을 읽어보면 알게 되겠지만, 특히 기존에는 '선험적'으로 번역하던 transzendental을 '초월적'으로 번역하는 백종현 교수의 번역어 선정은 칸트철학의 근본정신을 훼손하는 번역어이며, 칸트가 확립했다고 자부한 학의 안전한 길에 들어선 형이상학에 대한 총체적 이해가 부족하기 때문에 선택된 번역어라고 생각한다. 이하에서는 각 장의 개요를 소개하여 독자들의 이해를 돕고자 한다.

제1장 '칸트 윤리학의 근본적 균열과 그 연결고리'에서 필자는 세 가지를 밝히고 있다. 첫째, 칸트가 비판기의 윤리학 영역에서 형식주의적 전략을 택할 수밖에 없었던 이유를 밝힌다. 둘째, 형식주의를 표방한 칸트가 비판 후기 윤리학적 저술에서는 윤리적 실질을 도입할 수밖에 없었던 이유를 밝힌다. 이는 칸트 윤리학 체계에 근원적 균열이 있다는 말이 된다. 셋째, 칸트는 『도덕형이상학 정초』에서 '보편법칙의 법식'과 '목적 자체의 법식'이 본질적으로 동일한 법식이라고 주장하는데, 이러한 동일성 주장이 양 시기 칸트의 윤리학적 저술 간에 가로놓인 균열의 연결고리로 사용되고 있음을 입증한다.

제2장 '칸트 윤리학에서 보편적 법칙의 법식과 목적 자체의 법식

은 동일한가?'에서도 세 가지 사실을 밝히고자 한다. 첫째, 칸트가 보편적 법칙의 법식과 목적 자체의 법식의 동일성을 밝히는 논리 혹은 두 법식의 동일성을 주장할 수밖에 없었던 이유를 밝힌다. 둘째, 두 법식은 본질적으로 동일하다는 칸트의 주장이 성립할 수 없음을 밝힌다. 셋째, 목적 자체로서의 인간을 예지적 인격체로 해석하여 두 법식의 동일성을 확보하려는 해결책도 실패할 수밖에 없음을 밝힌다. 이 세 가지를 입증하면서 칸트 윤리학뿐만 아니라 칸트의 인식이론이 빠져있는 칸트철학의 딜레마를 보여준다. 그것은 '형식과 내용의 이분법을 인정하지 않고서는 칸트 체계 속으로 들어갈 수 없고, 그것을 인정하고서는 칸트 체계 속에 머물 수 없다'라는 것이다.

제3장에서는 칸트 도덕철학에서 핵심적 역할을 하는 자율적 자유 개념의 루소적 기원에 대해 고찰하고자 한다. 칸트가 자신의 자율적 자유 개념을 형성하면서, 그리고 자유를 자기 철학체계의 요석으로 간주하면서 루소로부터 영향을 받았음이 사실이라 하더라도 루소 자유론의 어떤 측면이 칸트 자유론의 어느 부분에 영향을 주었는가에 대해 아직 세부적인 연구가 이루어지지 않았다. 필자가 주목하고자 하는 부분이 바로 이것이다. 필자는 먼저, 루소가 인간의 본성을 자유로 보았음을 살펴볼 것이다. 둘째, 루소의 세 가지 자유 개념을 고찰할 것이다. 루소는 자연적 자유, 시민적 자유, 도덕적 자유에 대해 고찰한다. 셋째, 칸트가 언급하는 다양한 자유 개념들, 즉 선험적 자유, 실천적 자유, 자율적 자유의 개념들을 간략히 살펴본 뒤 이 세 가지 자유 개념의 공통적인 요소가 자발성, 자기입법성, 보편성임을 밝힐 것이다. 마지막으로 그 세 가지 요소의 루소적 기원을 살피는 방식으로 칸트의 자유 개념을 해명하고자 한다. 좀 더 세부적으로 말한다면, 칸트는 루소의 자연

적 자유 개념으로부터 의지의 자발성 요소를, 시민적 자유 개념으로부터 자기입법성을, 도덕적 자유 개념으로부터 보편성을 받아들였음을 밝히고자 한다.

　제4장에서는 최근 우리 사회에 도입된 인성교육에 대해 칸트 윤리학의 관점에서 문제점을 지적하고 있다. 인간을 인간답게 만드는 것이 중요하다는 것이다. 그러나 과연 '인간을 인간답게 만드는 기계적인 교육 방법이 있는가?' 하는 것이 근본적인 의문으로 떠오른다. 칸트는 인간의 인간 됨을 '인격성'이라 불렀으며, 인격성의 핵심은 '도덕성'이고, 도덕성의 핵심은 '자유'라고 말했다. 자유 없는 인격은 없다. 그럼에도 최근 우리 사회에서 광범위하게 수행되고 있는 '점수 따기 봉사활동'은 도덕성의 핵심인 자발성을 부정하는 바탕 위에서 수행되고 있다는 근본적인 문제점을 갖고 있다. 그것은 점수로 유인하여 봉사의 행위를 하게 만들지만, 대가를 바라지 않고 해야 그 본질이 살게 되는 봉사의 본질을 파괴해버린다. 이런 점에서 본다면 인간의 인격성과 도덕성의 핵심인 자유를 파괴하는 방식으로 인간을 인간답게 만들려는 봉사활동은 자기모순적 교육활동이라 하겠다. 또한 인성교육론자들은 인간다운 인간을 육성하기 위해서는 주당 1~2시간씩 수행되는 정규 도덕교과를 통한 교육만으로는 불가능하기 때문에 전 교과를 통해 인성교육이 수행되어야 한다고 주장한다. 이는 얼핏 듣기에 그럴듯한 말이지만, 이 주장 역시 인간을 길들여야 할 대상으로 간주하며 자유의 주체로 보지 않는다는 근본적인 문제점을 갖고 있다. 칸트는 인간을 인간답게 하는 것은 길들여짐에 의해서라기보다 근본적으로 '자유의 각성'에 의해서라고 생각한다.

　제5장에서는 도덕성의 본질에 관한 세 가지 중요한 입장을 살펴

본다. 합리성, 합당성, 감정표출의 개념을 둘러싸고 전개되는 논쟁을 칸트, 아리스토텔레스, 정의주의를 중심으로 다루어본 뒤, 도덕성의 문제는 합리성 문제도 아니고, 취향 문제도 아니며, 합당성 문제임을 밝히고 있다. 만약 도덕성의 본질이 합당성이라고 한다면, 우리는 도덕절대주의와 도덕상대주의의 이분법에서 해방될 길을 찾은 것이다. 특히 칸트는 흔히 사람들이 윤리학적 저술로 간주하는 『실천이성비판』을 자신이 구상한 학의 안전한 길에 들어선 형이상학적 기획을 완성시키는 것으로 간주했다. 그러므로 칸트에게 윤리학은 철두철미 행위의 합리성을 다루는 학문으로 이해될 수밖에 없었다. 그러나 칸트는 비판기 이후에 이르러 도덕 문제를 합리성과 형식성 문제로 보는 것은 도덕 행위자를 그가 놓여 있는 상황과 맥락으로부터 분리하게 되는 문제점을 노출하게 됨을 인지한다. 그 결과 『도덕형이상학』을 집필하게 된다. 그러나 비판기의 입장과 비판기 이후의 입장을 매끄럽게 연결하지는 못한다.

필자는 '부록'에서 형이상학적 칸트 해석의 관점에서 transzendental을 '초월적'으로 번역하는 것은 적절하지 않음을 밝혀보고자 한다. transzendental을 '초월적'으로 번역하는 것은 세 가지 문제점을 드러내고 있다. 첫째, 칸트가 새로이 건설하고자 한 학의 안전한 길에 들어선 형이상학에 대해 오해하게 만든다. 둘째, 이는 확립된 언어 관습을 중시하라는 언어생활의 이치를 무시하는 월권적 발상처럼 보인다. 셋째, 칸트철학에 대한 우리 학계의 인식을 80년 전으로 되돌리고 있다.

제1장

칸트 윤리학의 근본적 균열과
그 연결고리

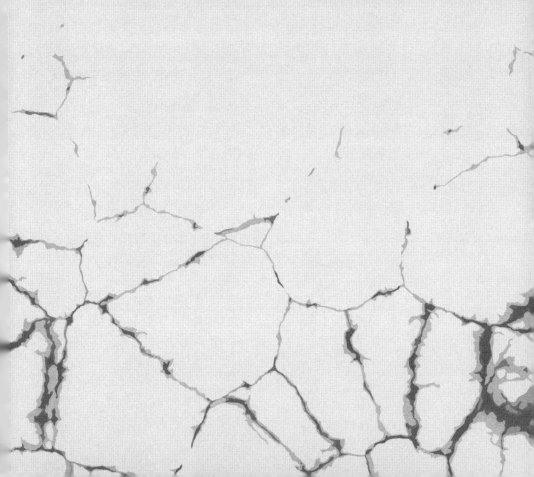

제1절 서론

　　통상 형식주의 윤리학으로 간주되어온 칸트 윤리학은 두 종류의 비판에 직면해 있다. 하나는 그것이 '공허한 형식주의(empty formalism)'라는 것이다. 이는 해묵은 비판이며, 칸트 당대의 동시대인들이나 헤겔(F. W. Hegel), 셸러(M. Scheller) 같은 1급 철학자들도 이 비판에 힘을 실어주었다.[1] 다른 하나는 최근 영미 윤리학계의 '덕 윤리학(virtue ethics)' 진영에서 제기하는 비판인데, 칸트 윤리학은 행위 중심의 윤리학이어서 도덕적 평가의 대상을 행위자로 보지 않는 치명적인 결함을 드러내고 있다는 것이다. 오노라 오닐(Onora O'neill)은 칸트 윤리학이 직면하고 있는 이 두 종류의 비판을 다음과 같이 정리한다.

　　가장 흔하고 일반적인 비판으로, 칸트 윤리학은 원칙이나 규칙에 집중하다 보니 그것이 공허하거나 형식주의적이 되거나 혹은 그 규정이 융통성 없는 획일성을 띨 수밖에 없다는 것이다. …(중략)…

---

[1] 칸트 윤리학에 대한 헤겔의 비판에 대해서는 김석수 교수의 논문 「칸트 윤리학에서 판단력과 덕이론」(한국칸트학회, 『칸트연구』 31집, 2013), pp. 161-162 참조. 그리고 셸러의 칸트 비판에 대해서는 필립 블로서(Philp Blosser)의 *Scheler's Critique of Kant's Ethics* (Ohio University Press, 1995), p. 95 참조.

다른 비판가들은 칸트 윤리학이 의무, 옳음 그리고 다분히 정의에만 초점을 맞추다 보니 다른 윤리적 범주들, 특히 덕, 좋은 성품, 좋은 삶을 무시할 수밖에 없다는 비판을 한다.[2]

칸트 윤리학에 대한 이런 비판에 대응하여 다수의 칸트 연구가들이 칸트를 변호한다. 김수배 교수는 칸트 윤리학이 형식주의적임을 인정하면서도 **공허한** 형식주의는 아니라는 방식으로 칸트를 옹호하려 한다.[3] 버나드 윌리엄스(Bernard Williams)는 칸트의 도덕이론이 인격(person)

---

2   O. O'neill, "Kantian Ethics"(in: *Routledge Encyclopedia of Philosophy* Vol. 5, ed. E. Craig, 1998), pp. 202-203 참조.

3   김수배, 「칸트의 '도덕형이상학'과 형식주의」(서울: 민음사, 『칸트와 윤리학』, 1996), p. 63. 필자는 칸트 윤리학의 변화사적 맥락을 짚어가면서 칸트 윤리학이 형식주의 윤리학이라 하더라도 '공허한 형식주의'는 아니라는 방식으로 칸트를 옹호하는 김수배의 주장이 상당히 설득력이 있다고 생각한다. 그럼에도 그의 글이 비판기와 비판 후기의 칸트 윤리설 간의 이론적 일관성 문제를 충분히 다루지 않고 있는 것은 아쉬운 부분이다. 필자역시 칸트 윤리학이 '공허한 형식주의'는 아니지만, 칸트 윤리학이 형식주의 윤리학이라고 생각하는 점에서 김수배와 같은 입장이다. 그런데 '공허한 형식주의'라는 용어는 실상모호한 말인데, 그 용어가 '내용이 담기지 않은 형식주의'라는 의미라면 칸트 윤리설은 공허한 형식주의가 아니다. 형식은 내용을 담기 위한 그릇 같은 것인데, 세상에 내용물이 담기지 않는 그릇은 있을 수 없다. "네 의지의 준칙이 동시에 …"로 시작하는 정언명법 자체는 추상적이고 형식적이어서 우리에게 어떻게 행동하라는 것인지 아무것도 말해주는 게 없다. 즉, 공허하다. 그러나 어쨌건 우리는 그 정언명법으로부터 모종의 구체적인 행위규칙들을 얻게 된다. 칸트에 의하면 그런 구체적인 행위규칙들에는 "거짓말하지 말라", "살인하지 말라", "자살하지 말라", "곤경에 처한 이웃을 도와주라", "거짓 약속을 하지 말라" 등이 있다. 그러므로 칸트 윤리학은 공허한 형식주의가 아니다. 정언명법은 근본원리이며, 우리는 그것으로부터 구체적인 행위지침을 도출해낼 수 있다. 그것이 근본원리인 한 형식적이고 추상적이지만, 그것으로부터 도출된 구체적인 행위지침들은 내용적이다. 다시 말해 칸트의 정언명법적 형식원리에 구체적인 행위내용이 담길 수 있다는점에서 칸트 윤리학은 '공허한' 혹은 '내용이 텅 빈' 형식주의는 아니라는 것이다. 그러나 어떤 사람이 칸트의 정언명법으로부터 도출해내는 구체적인 행위지침들, 예컨대 "약속을 지켜라", "거짓말하지 말라", "살인하지 말라" 등이 복잡다단한 구체적 삶의 현실에서 어떻게 행동해야 하는가 하는 문제로 고민하는 사람들에게 아무런 실질적인 도움을 주지 못한다는 이유로 칸트를 공허한 형식주의자라고 비난할 수도 있다. 그러나 이 경우 칸트 윤리설이 설령 그런 한계점을 갖고 있다 하더라도 그 이유로 칸트를 공허한 형식주의자로 비난하는 것은 적절하지 않다. 왜냐하면 칸트 윤리설의 한계로 지적된 그런 문제

을 성품(character)으로부터 분리된 형식으로 다루기 때문에 인격이나 도덕성을 오해하게 만들었다고 주장한다.[4] 오노라 오닐은 칸트 윤리학에 대한 덕 윤리학 진영에서의 비판에 대해 "의심의 여지 없이 칸트 윤리학은 1차적으로 '덕 윤리학(virtue ethic)'이지 '규칙 윤리학(rule ethic)'이 아니다"라는 납득할 수 없는 주장을 한다.[5] 이런 잘못된 주장을 하는 것은 칸트가 『실천이성비판』을 비판적 형이상학의 상층부로 구상하면서 저술했다는 것을 모르고 있기 때문이다. 형이상학적 지식은 보편적 지식이어야 하고, 보편적 지식은 형식에서 도출되며, 형식에서 도출된 지식은 규칙으로 표현된다는 것이 칸트의 기본적인 생각이다.

통상 칸트 윤리학에는 공허한 형식만이 아니라 실질주의적 요소가 있다거나, 칸트 윤리학에도 덕 윤리학적 요소가 있다고 하면서 칸트를 변호하려는 사람들은 칸트의 후기 저술인 『도덕형이상학(Metaphysik der Sitten)』에 의존한다. 사실 칸트는 그 책에서 윤리적 실질이나 덕목에 대해 심도 있는 논의를 전개하고 있다. 이제 칸트 윤리학에 대한 해석을 시도함에 있어 우리는 적어도 표면적으로 모순을 일으키는 두 가

점은 정도의 차이가 있을 뿐 모든 윤리설이 공통적으로 갖고 있기 때문이다. 그런 한계는 실질적 가치윤리학을 주장하는 막스 셸러의 윤리학에서도 발견될 것이기 때문이다. 필자는 칸트 윤리학에 대해 공허하다고 비판하는 것은 그다지 설득적이라고 생각하지 않는다. 필자는 이 장에서 칸트 윤리설이 취하고 있는 방법론으로서 형식주의의 비일관성을 비판하고자 한다.

4   B. Williams, *Moral Luck: Philosophical Papers 1973-1980* (Cambridge University Press, 1981), pp. 14-19 참조.

5   Onora O'neill, "Kant After Virtue"(*Inquiry* 26, 1984), p. 397 참조. 칸트가 후기 저술인 『도덕형이상학』에서 자기 나름의 '덕목론'을 전개하고 있는 것이 사실이라 하더라도 성급하게 그것만 보고 칸트 윤리학을 '덕 윤리학'으로 규정해서는 안 될 것이다. 칸트의 덕 이론은 덕 윤리학자들의 덕 이론과는 본질적인 성격이 다르기 때문이다. 이에 대한 자세한 논의는 노영란의 『덕 윤리의 비판적 조명』(서울: 철학과 현실사, 2009) 8장 '유덕한 행위자의 행위와 의무로부터의 행위'와 9장 '덕 윤리적 도전에 대한 칸트주의적 도전'을 참조하라.

지 사실에 직면하게 된다. 첫 번째 사실은 비판기의 윤리학적 저술들인 『도덕형이상학 정초』와 『실천이성비판』에서 칸트가 형식주의적이고 법칙주의적인 입장을 보여주고 있다는 사실이다. 두 번째 사실은 이와 정반대로 비판 후기 윤리학적 저술인 『도덕형이상학』에서 실질주의적이고 덕목주의적인 입장을 보여주고 있다는 것이다.

필자가 이 장에서 입증하고자 하는 것은 세 가지다. 첫째, 칸트가 비판기의 윤리학에서 형식주의적 전략을 취할 수밖에 없었던 이유를 밝힌다. 둘째, 형식주의를 표방한 칸트가 비판 후기 윤리학적 저술에서는 윤리적 실질을 도입할 수밖에 없었던 이유를 밝힌다. 이는 칸트 윤리학 체계에는 근원적 균열이 있다는 말이 될 것이다. 셋째, 칸트는 『도덕형이상학 정초』에서 '보편법칙의 법식(Formula of Universal Law)'과 '목적 자체의 법식(Formula of End in itself)'이 본질적으로 동일한 법식이라고 주장하는데, 이 동일성 주장이 양 시기 칸트의 윤리학적 저술 간에 가로놓인 균열의 연결고리가 되고 있음을 입증한다. 칸트의 동일성 주장이 과연 타당한가 하는 문제는 다음 장에서 다루고자 한다.

제2절
칸트 윤리학의 형식주의와 실질주의

    칸트 옹호자들은 실질주의자들과 덕 윤리학자들의 비판에 직면하여 칸트 말년의 윤리학적 저술인 『도덕형이상학』에 의지하여 그 비판에 대응한다. 이 책에서 칸트는 비판기의 윤리학적 저술들인 『도덕형이상학 정초』나 『실천이성비판』에서는 거의 언급하지 않은 '덕목'의 개념에 대해, 그리고 행위의 목적이나 실질의 개념에 대해 집중적으로 다루고 있기 때문이다. 문제는 '『도덕형이상학 정초』나 『실천이성비판』에서 주로 도덕법칙이나 행위원칙의 보편적 형식에 대해서만 언급한 칸트와, 『도덕형이상학』에서 덕목이나 행위 목적에 대해 언급한 칸트가 조화를 이룰 수 있는가?' 하는 것이다. 주지하다시피 『도덕형이상학』은 영미철학계는 말할 것도 없고, 독일에서조차 연구자들의 관심을 끌지 못한 책이다. 최근 이 책은 칸트 윤리학에 대한 덕 윤리학의 공격과 맞물려 연구자들의 집중적인 관심을 끌게 되었다. 일부 연구가들은 『도덕형이상학』에서 실질(내용)이 다루어지고 있다는 사실에 고무되어 칸트 윤리설이 목적론적 윤리설이라고 주장하기도 한다.[6] 그런데 이 주장이 '칸트 윤리설은 의무론적 요소뿐만 아니라 목적론적 요소도 갖고 있다'라는 것을 주장하는 것이 아니라 아예 '의무론적 요소를 전혀 갖지 않은 목적론적 윤리설이다'라는 것을 주장하는 것이라면 이는 균형 잡힌 시각으로 보기 어려울 것이다. 왜냐하면 칸트 윤리설에 의무론적 요소가 있다는 것은 이미 확인된 사실이기 때문이다. 마찬가지로 누군가가 칸트 윤리학이 형식주의적인 원칙 윤리학이 아니라 전적으로 덕 윤리학이라고 주장한다면 이 역시 마찬가지 잘못을 범하는 것이 될 것이다. 왜냐하면 칸트 윤리설에 형식주의적 요소가 있다는 사실 역시 확인된 것이기 때문이다. 비판기의 형식주의 윤리설과 이질적인 주장이 담겨 있다고 해서『도덕형이상학』을 무시하거나, 이 책에 눈을 빼앗겨 비판기의 형식주의를 부정하는 것은 둘 다 균형 잡힌 태도는 아니다. 칸트 윤리학에 대한 해석에서 올바른 방향은 일단 칸트가 형식주의 윤리학자임을 인정한 다음, 칸트가『도덕형이상학』에서 언급한 실질(내용)을 그 형식주의 체계 내에 모순 없이 담아내고 있는지를 검토하는 것이다. 칸트는『실천이성비판』보다 3년 먼저 출간된『도덕형이상학 정초』에 대한 비평가들의 비판을『실천이성비판』에서 소개하면서 다음과 같이 반박한다.

---

6 케이스 와드는 "칸트 윤리학은 근본적인 의미에서 무엇보다 행위의 목적과 인간의 완성에 관심을 갖고 있는 목적론적 윤리학이다"라고 주장한다〔Keith Ward, "Kant's Theological Ethics"(in: *Immanuel Kant, Critical Assessments* III, edited by Ruth F. Chadwick & Clive Cazeauk, London & New York, Routledge, 1992), p. 243〕. 피테는 칸트 윤리학이 전적으로 목적론적 윤리설이라고 말하지는 않지만, 칸트 윤리설과 목적론의 관계에 대해 다음과 같이 말한다. "그러나 만약 칸트의 윤리적 저술들에서 목적론(teleology)이 도구로서 허용되지 않는다 하더라도 그것이 아무런 역할도 하지 못한다고 말하는 것은 부정확한 주장이다. 사실상 우리가 칸트 윤리체계의 기초를 고찰한다면, 그 체계가 온전하기 위해 목적론이 절대적으로 필요한 전제임을 분명하게 알게 된다."(F. P. Van de Pitte, *Kant as Philosophical Anthropology*, The Hague, Martinus Nijhoff, 1971, p. 99) 페이튼도 칸트 윤리학이 근본적으로 목적론적 관점에 기초해 있음을 강조하고 있다 (H. J. Paton, *Der Kategorische Imperativ: Eine Untersuchung über Kants Moralphilosophie*, Berlin, Walter de Gruyter & Co., 1962, Vorwort vi 참조).

『도덕형이상학 정초』에서는 도덕의 새 원리가 아니라 단지 새로운 공식(Formel)이 세워져 있을 뿐이라고 말하면서 그 책을 비난하는 비평가가 있다. 그러나 이 비평가는 자기 자신의 생각보다 더 잘 맞아떨어지는 말을 했다. …(중략)… 어떤 문제를 풀고자 할 때 수학자에게 마땅히 해야 할 것을 아주 엄밀히 규정하여 그르치는 일 없게 해주는 공식이 얼마나 중요한가를 아는 사람이라면 그는 모든 의무 일반에 관해 같은 역할을 하는 공식이 무의미하며 무용하다고 생각하지 않을 것이다.[7]

칸트는 자신의 윤리설이 형식주의라는 비평가들의 비난에 대해 그들이 비난하는 바로 그것이 칸트 자신이 자랑스럽게 생각하는 것임을 밝히면서, 윤리학에서 정언명법이 하는 역할은 수학에서 공식이 하는 역할과 동일하다고 말하고 있다. 이보다 더 분명하게 형식주의를 천명할 수는 없을 것이다.

칸트 윤리설이 형식주의적이고 법칙주의적인 성격을 갖게 된 두 가지 근본 이유가 있다. 칸트는 절대적인 도덕법칙을 발견하기 원했다. 그런데 칸트에 의하면, "욕망능력의 객관(실질)을 의지의 규정근거로 전제하는 실천원칙은 모조리 경험적이며, 결코 실천법칙이 될 수 없다."[8] 칸트는 모든 이성적 존재자의 의지에 대해 타당한 실천원칙들만 실천법칙으로 간주하기에 그가 절대적인 도덕법칙을 발견하기를 원한다면 욕망능력의 객관을 도외시할 수밖에 없다. 그렇다면 무엇이 의지를 규정해야 하는가?

---

7   I. Kant, *Kritik der praktischen Vernunft* (Hamburg, Felix Meiner Verlag, 1974), pp. 8-9.
8   I. Kant, *Kritik der praktischen Vernunft*, p. 23.

순수한 이성은 어떠한 감정을 전제함 없이, 따라서 언제나 원리들의 경험적인 조건인 욕망능력의 실질로서의 쾌적이나 불쾌적의 관념 없이 실천규칙의 한갓 형식에 의해서만 의지를 규정하지 않을 수 없다.[9]

칸트는 실천규칙의 형식이 의지를 규정할 때 쾌적이나 불쾌적 같은 경향성이 실천법칙에 붙어서 의지를 규정하는 데 대해 부정적으로 평가하면서도 또다시 형식의 학문인 수학을 예로 든다.

후자(감각에서 규정되는 욕망능력: 필자 삽입)의 충동을 조금만 섞더라도 이성 자신의 강점과 장점을 해치게 된다. 이는 마치 최소한의 경험적 성질이라도 그것이 수학적 증명의 조건이 되면, 그 증명의 권위와 힘을 떨어뜨리는 것과 비슷하다. 실천법칙에서는 이성이 직접 의지를 규정하고, 이성과 의지 사이에 끼어드는 쾌나 불쾌의 감정에 의해 규정하지 않으며, 실천법칙에 붙어서 생기는 감정에 의해서도 의지를 규정하지 않는다.[10]

칸트는 절대적이고 형식적인 도덕법칙들을 실천적 차원의 '선천적인 종합명제(synthetisch-praktischer Satz a priori)'로 이해한다.[11] 그리고 칸트에 의하면 "형이상학은 그 목적에서 보아 오로지 선천적 종합판단에

---

9   I. Kant, *Kritik der praktischen Vernunft*, p. 28.

10   I. Kant, *Kritik der praktischen Vernunft*, p. 28.

11   I. Kant, *Kritik der praktischen Vernunft*, pp. 36-37 참조. 또한 *Grundlegung zur Metaphysik der Sitten* (in: Immanuel Kant Werkausgabe VIII, hrsg. W. Weischedel, Suhrkamp, Frankfurt am Main, 1968) p. 50 및 p. 80 참조.

서만 성립한다."[12] 이런 관점에서 본다면 『실천이성비판』은 이중의 목표를 갖는 셈이다. 절대적인 도덕법칙을 확립하는 것, 신과 영혼 불멸, 그리고 자유라는 형이상학의 3대 주제에 대한 해답을 구하는 것이다.[13] 칸트는 윤리학을 통해 형이상학으로 나아가는 방식으로 이러한 이중 과제를 해결하려 한다. 칸트 윤리학에 대한 국내외 대부분의 주석가들이 칸트의 윤리학적 저술들을 그가 구상했던 형이상학과의 연관성 속에서 연구하지 않는 것은 기이한 일이다. 왜냐하면 그의 윤리학 3부작인 『도덕형이상학 정초』, 『실천이성비판』, 『도덕형이상학』은 책 제목에서나 내용에서 예외 없이 형이상학과 관계되어 있기 때문이다.[14] 사실, 우리가 확인할 수 있듯이 칸트는 도덕법의 존재근거인 자유를 통해 영혼 불멸과 신의 존재를 실천철학적으로 증명하려는 시도를 하고 있다. 윤리학이 형이상학과 연결되는 통로로 이해되는 한, 도덕법은 선천적인 종합명제로서 절대적인 것이 될 수밖에 없었다. 왜냐하면 형이상학적 지식은 절대적인 것으로서만 가능하기 때문이다. 그러나 도덕이라는 것이 지역과 시대와 문화에 따라 상이하다는 것은 누구나 인정할수밖에 없는 경험적인 사실이다. 동서고금을 막론하고 도덕적 명령은 그 내용이 각기 다르다. 우리가 관찰하는 바에 따르면 도덕은 상대적이

---

12   I. Kant, *Kritik der reinen Vernunft* (Hamburg, Felix Meiner Verlag, 1971), B18.

13   칸트는 『순수이성비판』에서 "형이상학은 탐구의 본래적인 목적으로 신, 자유, 영혼 불멸이라는 세 가지 이념을 갖고 있다"라고 말했다(*Kritik der reinen Vernunft*, B395).

14   책 제목 때문에 그렇게 생각하기 쉬우나, 유념해야 할 사실은 『도덕형이상학 정초』는 비판기 이후의 책인 『도덕형이상학』의 '정초'가 아니라는 사실이다. 『도덕형이상학 정초』라는 책 제목에서 언급되고 있는 '도덕의 형이상학'은 후기 저술의 책 제목에서 언급되는 『도덕형이상학』이 아니라 칸트가 '자연의 형이상학'과 '도덕의 형이상학'으로 구분하여 말할 때의 '도덕의 형이상학'이며, 그 부분의 형이상학은 영혼 불멸과 신을 도덕철학적으로 증명하는 『실천이성비판』이다. 칸트의 후기 저술인 『도덕형이상학』에서는 책 제목과 달리 '형이상학'의 요소가 발견되지 않고 있다.

지 절대적이지 않다. 칸트 역시 이 사실을 인정한다. 그러나 선천적 종합판단으로서의 절대적인 도덕법칙을 발견하려 한 칸트는 동서고금을 막론하고 모든 도덕적 명령이 '너는 마땅히 X해야 한다'라는 형식으로 되어 있음에 주목한다. 이 형식에 들어갈 X(내용)는 지역과 시대와 문화에 따라 다르겠지만, 이 형식은 동일하다는 것이 칸트의 생각이었다.

> 우리가 법칙으로부터 모든 실질, 즉 (규정근거로서) 의지의 모든 대상을 내버릴 때 '보편적인 법칙 수립'이라는 **형식**만이 법칙에 남는다.[15]

칸트는 도덕법의 형식성과 관련하여 다음과 같이 말하기도 한다.

> 순수한 의지의 유일한 규정근거는 도덕법칙이다. 그런데 이 도덕법칙은 단지 형식적이기 때문에(즉, 보편적 법칙을 수립하는 것으로서 준칙의 형식만을 요구하기 때문에) 그것은 규정근거로서의 모든 실질, 즉 의욕의 모든 객관을 도외시하고 … (하략) …[16]

> 단적으로 선한 의지 — 그것의 원칙은 정언명법이어야 한다 — 는 모든 대상에 대해 무규정적이면서 단지 *의욕의 형식* 일반만 보유할 것이고, 그것도 **자율**로서 보유할 것이다.[17]

---

15 I. Kant, *Kritik der praktischen Vernunft*, p. 31. 이 책에서 필자가 강조한 부분은 **고딕체**로 구분했다.

16 I. Kant, *Kritik der praktischen Vernunft*

17 I. Kant, *Grundlegung zur Metaphysik der Sitten*, p. 80. 이 책의 인용문에서 칸트가 강조한 부분은 *고딕 기울임체*로 구분했다.

왜 칸트는 윤리학에서 욕구능력의 실질(질료, 내용, 객관)을 그토록 멀리하려고 했는가? 그 이유는 욕구능력의 객관(실질)을 의지의 규정근거로 전제하는 모든 실천원리는 한결같이 경험적이어서 실천법칙이 될 수 없기 때문이다. 그리고 의욕의 실질이 의지를 규정하게 되면 의지는 자율적이 아니라 타율적이 된다.[18]

실천법칙 안에 의욕의 실질이 실천법칙의 가능성 조건으로 들어오면, 이로 말미암아 선택의지(Willkür)의 타율이 나타난다. 즉, 어떤 충동이나 경향성에 따르는 자연법칙에 대한 종속이 나타난다.[19]

윤리학을 통해 형이상학으로 나아가려는 칸트의 입장에서 볼 때, 의지의 자율을 증명하는 것은 대단히 중요하다. 그는 의지가 자유임을 증명한 뒤, 그것을 발판으로 해서 영혼 불멸과 신의 존재를 증명하려 했기 때문이다. 칸트는 의지의 자율과 도덕법칙의 형식성을 다음과 같이 결합한다.

실천법칙의 실질, 즉 준칙의 객관은 경험적인 방식이 아닌 다른 방식으로는 결코 주어질 수 없다. 그러나 자유의지는 경험적인(즉, 감성계에 속하는) 조건으로부터 독립적으로 규정될 수 있어야 한다. 그러므로 자유의지는 법칙의 실질에 의존적이지 않으면서 법칙 내부에서 규정근거를 발견해야 한다. 그런데 법칙의 실질 이외에 법칙

---

18 『실천이성비판』에서 칸트는 이처럼 정언명법의 형식성을 통해 의지의 자율을 확보한다. 그러나 『도덕형이상학 정초』에서는 의욕의 객관적 목적인 인간성을 한갓 수단으로 대해서는 안 되고 동시에 목적으로 대하라는 실질적 정언명법을 통해서도 의지의 자율이 확보된다고 생각한다. 자율의 법식이 동시에 목적 자체의 법식이기 때문이다.

19 I. Kant, *Kritik der praktischen Vernunft*, p. 39.

내부에 포함되는 것은 바로 법칙수립적인 형식이다. 따라서 법칙수립적인 형식은 그것이 준칙 안에 포함되어 있는 한, 유일하게 자유의지를 규정할 수 있다.[20]

지금까지 칸트가 윤리학 영역에서 형식주의적 사유방법론을 채택한 두 가지 이유를 살펴보았다. 첫째, 칸트는 도덕의 절대성을 확립하기 위해 형식주의적 사유 방법을 채택했다. 둘째는 형식주의적 사유방법론을 통해 확립한 절대적인 도덕법칙의 가능성 조건을 검토하는 방식으로 칸트 자신이 구상하고 있던 '비판적 형이상학'의 체계를 확립하려 했다.[21] 그러나 앞서 말했듯이 칸트가 제시한 실천이성의 근본법칙은 그 형식성으로 인해 끊임없는 비판의 대상이 되어왔다. 그 근본법칙은 구체적인 현실의 한복판에서 '어떻게 행위해야 하는가?'라는 문제로 고민하는 사람들에게 아무런 도움을 주지 못한다는 것이었다. 비판가들의 시각에서 볼 때, 이러한 실천이성의 근본법칙은 수많은 가치갈등 상황에 놓일 수 있는 우리의 삶의 현장에서 아무런 도움이 되지 않는다.

---

20 I. Kant, *Kritik der praktischen Vernunft*, pp. 33-34.

21 칸트의 '비판적 형이상학'에 대해서는 졸저『칸트의 인간관과 인식존재론』(대구: 경북대학교출판부, 2007), 부록 '칸트에 있어서 형이상학의 새로운 길'을 참조하기 바란다. 칸트는『순수이성비판』에서도 형식주의적 사유 방법을 채택하는데, 칸트는 이를 특별히 '선험적(transcendental) 사유 방법'이라 부른다. 그는 제1 비판서에서 '내용적인 것'은 '후천적인 것'이요, '후천적인 것'은 '내용적인 것'이라고 주장한다. 그리고 '선천적인 것'은 '형식적인 것'이요, '형식적인 것'은 '선천적인 것'이라고 한다. 그리고 선천적인 종합판단의 가능성 조건을 메타(meta)적으로 해명하는 연구를 '선험적' 연구라고 한다. 사람들은 칸트의 이런 입장이 그대로 제2 비판서에도 반영되어 있다고 생각했으며—그렇게 생각하도록 유도한 것은 사실 칸트 자신이었다—그런 관점에서 비판기의 윤리학적 저술들을 읽기 시작하면, 비판기의 윤리학적 저술들에서 비록 간헐적으로 발견되기는 하지만, 윤리적 실질이나 덕목에 대한 칸트의 말들이 간과되어버린다.

이하에서는 칸트가 비판기에도 간헐적으로 보여주었으며, 주로 비판 후기에 보여준 윤리학적 실질주의와 덕목주의에 대해 살펴보고자 한다. 비록 비판기의 칸트가 형식주의와 법칙주의에 경도되었다 하더라도 그가 덕이나 윤리적 실질에 대해 전혀 언급하지 않은 것은 아니다. 우선 칸트가 덕에 대해 어떤 식으로 언급하고 있는지 살펴보자.

덕을 그 본래적인 모습에서 본다는 것은 도덕성을 감각적인 것의 일체의 혼합으로부터, 또 '보상이나 자기애'의 모든 허식으로부터 분리해서 본다는 것에 다름아니다.[22]

도덕법칙에 대한 순수한 존경심에서 행위하는 것이 '덕의 참모습'이라는 것이다. 그리고 칸트는 덕을 '도덕적으로 선한 심정'과 동일시하기도 한다.[23] 『실천이성비판』에서 칸트는 인간의 덕을 도덕적 명령과 경향성의 욕구 사이의 투쟁에서 도덕적 이상을 향해 나아가려는 의지의 확고함으로 설명한다.[24] 『도덕형이상학 정초』나 『실천이성비판』에서 발견되는 덕에 대한 설명은 칸트의 형식주의와 전혀 충돌하지 않는다. 오히려 형식주의적으로 해석된 덕의 개념처럼 보인다. 『이성의 한계 안에서의 종교』에서는 덕을 "자신의 의무를 정확히 완수하는 확고한 마음씨"[25]로 규정한다. 『도덕형이상학』에서는 덕을 인간이 자기

---

22   I. Kant, *Grundlegung zur Metaphysik der Sitten*, p. 58.

23   I. Kant, *Grundlegung zur Metaphysik der Sitten*, p. 69 참조.

24   I. Kant, *Kritik der praktischen Vernunft*, p. 37 참조.

25   I. Kant, *Die Religion innerhalb der Grenzen der Blossen Vernunft* (in: *Immanuel Kant Werkausgabe* VIII, Herausgegeben von W. Weischedel, Suhrkamp, 1982), p. 670. 그리고 "자기의 의무를 수행함에 있어서 습성이 된 확고한 결의"를 '경험적인 성격의 덕'이라고 한다. 그리고 이 경험적인 덕은 점진적으로 획득되는데, 이것을 '습관'으로 부른다고

의무를 준수할 때 보여주는 강력한 도덕적 의지로 풀이한다.[26] 덕에 대한 비판 후기의 규정과 비판기의 규정이 본질적으로 동일하다는 것은 칸트가 『도덕형이상학』에서 언급한 다음 말을 보면 알 수 있다.

> 덕은 인간이 의무를 완수하면서 보여주는 그의 준칙의 강건함이다. 모든 강건함은 단지 그것이 극복할 수 있는 장애물을 통해 인식된다. 그런데 덕의 경우 이 장애물은 도덕적 결의와 대립할 수 있는 '자연적 경향성들(Naturneigungen)'이다. 그리고 인간 스스로 자신의 준칙이 나아가는 길에 이러한 장애물을 설치하므로 덕은 단순히 자기강제 — 하나의 자연적 경향성이 다른 자연적 경향성을 억제하려고 애쓸 수 있기 때문에 — 일 뿐만 아니라, 또한 내적 자유의 원리에 따르는 강제, 즉 의무의 형식적 법칙에 일치하는 자기의무의 순전한 표상에 의한 강제이기도 하다.[27]

지금까지 칸트가 규정한 덕의 개념으로 볼 때, 즉 **형식주의적으로 해석된 덕의 개념이라는 관점에서 볼 때 덕은 유일할 수밖에 없다.** 그것은 경향성의 유혹에 저항하면서 도덕법을 준수하려는 의지의 강건함이다. 그러나 칸트는 『도덕형이상학』에서 비판기의 윤리학적 저술들에서는 언급하지 않은 '덕의무(Tugendpflicht)'라는 개념을 끌어들이면서 다음과 같이 말한다.

도 한다(*Die Religion innerhalb der Grenzen der Blossen Vernunft*, p. 697 참조).

26   I. Kant, *Metaphysik der Sitten* (in: *Immanuel Kant Werkausgabe* VIII, Herausgegeben von W. Weischedel, Suhrkamp, 1982), p. 537 참조.

27   I. Kant, *Metaphysik der Sitten*, p. 525.

모든 **형식적**인 것이 그러하듯이, 단호한 마음씨에 근거해 있는 모든 의무와 의지의 일치로서의 덕은 순전히 동일한 하나다. 그러나 행위들의 목적 — 이것들은 동시에 의무다 — 과 관련해서는, 즉 사람들이 **목적**으로 삼아*야 할* 것(실질적인 것)과 관련해서는 다수의 덕이 **있을 수 있고**, 그러한 목적의 준칙에 대한 책무(Verbindlichkeit)가 덕의무라고 일컬어지는바, 그러므로 그런 것은 다수가 있다. 덕 이론의 최상원리는 '그러한 목적들을 갖는 것이 어느 누구에게도 보편적인 법칙이 될 수 있는 목적들의 준칙에 따라 행위하라'라는 것이다.[28]

칸트는 덕의무에 대해 다음과 같이 말하기도 한다.

단지 도덕적 의지규정의 형식성에만 관계하는 그런 의무는 덕의무가 아니다. 동시에 의무인 목적만이 덕의무라 불릴 수 있다. 그런 이유로 후자의 것으로는 여러 개가 있고(또한 다양한 덕도 있다), 반면에 전자의 것에 의해서는 오직 하나의, 모든 행위에 타당한 덕(즉, 유덕한 마음씨)만이 생각된다.[29]

일체의 실질을 배격하던 칸트가, 앞서 확인했듯이 "실천법칙의 실질, 즉 준칙의 대상은 틀림없이 경험적으로만 주어질 수 있다"라고 확언하면서, 이제는 '덕의무'라는 이름으로 윤리적 실질을 끌어들이고 있다. 그는 '동시에 의무인 목적'이라는 개념으로 '칸트의 윤리설은 과연 의무론적 윤리설인가, 목적론적 윤리설인가?'라는 문제를 던져주면서

---

28   I. Kant, *Metaphysik der Sitten*, p. 526.

29   I. Kant, *Metaphysik der Sitten*, p. 512.

사람들을 혼란스럽게 만들어버린다. 그는 '자신의 완전함'과 '타인의 행복'을 덕의무라고 주장한다.[30] 이제 칸트 윤리학은 원칙의 윤리학에서 덕 윤리학으로 변신한 것처럼 보이기까지 한다. 그리고 비판기의 윤리설, 특히 『실천이성비판』의 「분석론」에서는 의지를 타율적으로 만든다는 이유에서 가차 없이 문밖으로 버려졌던 행복이 덕의무라는 명찰을 달고 문 안으로 다시 들어온다. 덕의무는 선천적으로 주어지는 도덕적 목적들이다. 말하자면 막스 셀러가 칸트 윤리학에서 발견할 수 없다고 불평했던 '선천적 실질'이다.[31]

> 법론은 단지 …(중략)… 외적 자유의 **형식적** 조건, 즉 **법**만 다루었다. 반면에 윤리학은 **실질**(즉, 자유로운 선택의지의 대상), 즉 동시에 객관적으로 필연적인 목적으로서, 다시 말해 인간에게 의무로 표상되는 순수이성의 목적을 제시한다. 왜냐하면, 감성적 경향성들은 의무에 어긋날 수 있는 목적들(선택의지의 질료)로 유혹하므로 법칙수립적인 이성은 그것들의 영향력을 경향성의 목적에 맞서며, 경향성에 독립해서 **선천적으로 주어지지 않으면 안 되는 도덕적 목적**을 통해 제지할 수 있기 때문이다.[32]

---

30 I. Kant, *Metaphysik der Sitten*, p. 515 참조.

31 막스 셀러(Max Scheller)에 의하면 칸트가 선천성과 형식성을 동일시하는 것은 그의 윤리학설뿐만 아니라 그가 형식적 관념론으로 규정하기도 하는 선험적 관념론 체계 전체에 가로놓여 있는 근원적인 오류다(*Der Formalismus in der Ethik und die materiale Wertethik*, Bern & München, Francke Verlag, 1980), p. 73 참조. 칸트 윤리학이 공허한 형식주의라고 비판하는 사람들로부터 칸트를 변호하려는 주석가들의 입장에서 볼 때, 『도덕형이상학』은 셀러의 선험적인 실질적 가치 윤리학의 선구적 저술로 간주될 것이다.

32 I. Kant, *Metaphysik der Sitten*, pp. 509-510. 고딕체로 강조된 '선천적으로 주어지지 않으면 안 되는 도덕적 목적' 부분은 셀러가 주장하는 '선천적인 실질적 가치 윤리학'을 생각나게 한다. 『도덕형이상학 정초』에서의 다음 말과 비교해보라. "어떤 행동에 의해 달성되어야 할 다른 의도를 조건으로서 근저에 두지 않고 행동을 직접적으로 명령하는 명

비판기에 칸트는 빈번히 실천법칙의 모든 실질은 경험적으로만 주어진다고 주장했지만, 간혹 선천적으로 주어지는 실질이 있음을 인정할 때도 있었다. 그러나 비판 후기에는 선천적으로 주어지는 실질만을 다룬다. 인간이라면 누구나 추구해야 할 선천적 실질(목적)이 인정되면서 칸트 윤리학은 한순간에 '형식주의 윤리설'이라는 옷을 벗어버리고 '목적론적 윤리설'이라는 옷으로 갈아입는 마술을 선보인다.

그러므로 여기서 논란거리는 인간이 본성의 감성적 충동을 좇아 **취하는** 목적들이 아니라 인간이 자신의 목적으로 **삼아야 하는** 그 법칙들 아래에 있는 자유로운 선택의지의 대상들이다. 전자의 논의를 사람들은 기술적(주관적)인 목적이론으로 부르는데, 그것은 실로 그 목적들의 선택에서 영리의 규칙을 포함하는 실용적 목적이론이다. 반면에 후자의 논의를 **도덕적(객관적) 목적이론**이라고 부른다.[33]

인간이 자기 자신과의 관계에서, 또한 타인과의 관계에서 목적이 될 수 있는 것은 순수한 실천이성의 목적이다. 왜냐하면 순수한 실천이성은 일반적으로 목적의 기능이므로 순수한 실천이성이 목적들에 무관심하다는 것, 다시 말해 목적들에 대해 관심을 갖지 않는다는 것은 모순이기 때문이다. 만일 실천이성이 목적에 무관심하다면 실천이성은 행위준칙을 결정하지 못할 것이며(왜냐하면 행위의 모든 준칙은 목적을 포함하고 있기에), 따라서 실천이성이 될 수조차 없을

법이 있다. 이 명법은 정언적이다. 이 명법은 행위의 질료와 행위로부터 생겨날 결과에 관여하지 않고 형식과 원리 — 이 형식과 원리로부터 행위가 생겨난다 — 에 관여한다."(*Grundlegung zur Metaphysik der Sitten*, p. 45)

33 I. Kant, *Metaphysik der Sitten*, p. 515.

것이다.[34]

그러면 '동시에 의무인 목적'이라는 개념에서 의무와 목적을 연결하는 것은 무엇인가? 다음 절에서는 이 문제에 대해 살펴보고자 한다.

---

34 I. Kant, *Metaphysik der Sitten*, p. 526.

제3절
형식적 의무와 실질적 덕목의 결합 근거

칸트는 『도덕형이상학』의 '동시에 의무인 목적을 생각할 근거에 대하여'라는 제목의 소절에서 대단히 중요한 주장을 한다.

> **목적**이란 자유로운 선택의지의 *대상이다*. 이 대상에 대한 표상이 행위를 하도록 규정하는데, 이 행위를 통해 그 대상이 실현된다. 그러므로 모든 행위는 자신의 목적을 가진다. 그리고 그 누구도 자신의 선택의지의 대상을 <u>스스로</u> 목적으로 삼지 않고서는 어떤 목적을 가질 수 없으므로 어떤 행위의 목적을 가지는 것은 행위하는 주체의 *자유* 활동이지 *자연*의 결과가 아니다. 그러나 하나의 목적을 규정하는 이 활동은 조건적인 수단이 아니라 무조건적인 목적 자체를 명령하는 실천원리이기 때문에 그것은 순수실천이성의 정언적 명령, 즉 *의무개념*을 목적개념 일반과 연결하는 명령이다.[35]

---

[35] I. Kant, *Metaphysik der Sitten*, p. 514.

힘들게 말하고 있으며, 이해하기도 쉽지 않은 이 인용문의 핵심은 이렇게 정리될 수 있을 것이다.

행위주체인 인간의 **모든** 행위는 목적을 갖는데, 그 목적 추구 행위는 자유의 활동이다. 그런데 목적을 추구하는 이 활동은 목적 자체를 명령하는 실천원리이므로 그것은 정언명령이 부과하는 의무와 목적의 개념을 결합한다.

칸트는 인간의 **일부** 목적추구 행위만이 자유의 행위임을 너무나 잘 알고 있다. 가령 누군가가 잠을 자기 위해 침실에 간다면, 그는 어떤 목적추구적 활동을 하는 것이 되지만, 그렇다고 그가 자유의 행위를 하는 것은 아니다. 잠을 자는 행위는 생리적 필연에 따른 행위일 뿐이기 때문이다. 이런 점에서 본다면, 앞선 칸트의 인용문은 뭔가 어색하고 설득력이 떨어진다. 그럼에도 그 인용문에서 칸트가 힘겹게 만들어내고자 하는 등식은 '정언명법에 따르는 의무의 행위' = '자유의 행위' = '목적 지향적 행위'라는 것이다. 칸트에게 자유의 행위는 정언명법에 따르는 행위다. 그런데 자유의 행위는 목적추구 행위다. 자유가 의무와 목적을 연결하며, '동시에 의무인 목적'이라는 개념을 가능하게 하는 근거다. 이 등식을 더 분명하게 이해하려면, 『도덕형이상학 정초』로 시선을 옮겨야 한다.

칸트는 『도덕형이상학 정초』에서 여러 가지 방식으로 정언명법을 표현하고 있다. 첫째, '보편적 법칙의 법식(Formula of Universal Law)', 즉 "준칙이 보편적인 법칙이 되도록 그대가 동시에 의욕할 수 있도록 하는 그러한 준칙에 따라서만 행위하라"[36]로 표현된다. 둘째, '자연법칙의 법식(Formula of the Law of Nature)', 즉 "그대 행위의 준칙이 그대의 의지를 통해 보편적인 자연법칙이 되어야 하는 듯이 행위하라"[37]로 표현된다. 셋째, '목적 자체의 법식(Formular of the End in Itself)', 즉 "그대는 그대 자신의 인격에 있어서건 타인의 인격에 있어서건 인간성을 단지 수단으로만 사용하지 말고 항상 동시에 목적으로 사용하도록 행위하라"[38]로 표현된다. 넷째, '자율의 법식(Formula of Autonomy)', 즉 "보편적 법칙 수립적 의지로서의 모든 이성적 존재로서의 의지라는 이념"으로 표현된다.[39] 이는 곧 "각각의 이성적 존재자는 자신의 의지가 보편적 법칙을 자율적으로 수립하는 의지인 듯이 행위하라"라는 것이 될 것이다. 다섯째, '목적의 왕국의 법식(Formula of the Kingdom of Ends)', 즉 "의지가 자신의 준칙을 통해 동시에 자기 자신을 보편적 법칙을 수립하는 존재로 간주할 수 있도록 행위하라"[40]로 표현된다.

칸트는 『도덕형이상학 정초』에서 이렇게 정언명법의 다섯 가지 법식을 소개해놓고는 마치 자신이 세 개의 정언명법에 대해서만 언급한 듯이 말하고 있다.[41] 필자가 보기에 '자연법칙의 법식'은 '보편적 법

---

36   I. Kant, *Grundlegung zur Metaphysik der Sitten*, p. 51.

37   I. Kant, *Grundlegung zur Metaphysik der Sitten*, p. 51.

38   I. Kant, *Grundlegung zur Metaphysik der Sitten*, p. 61.

39   I. Kant, *Grundlegung zur Metaphysik der Sitten*, p. 63.

40   I. Kant, *Grundlegung zur Metaphysik der Sitten*, p. 67.

41   I. Kant, *Grundlegung zur Metaphysik der Sitten*, p. 69 참조. 롤린(Rollin)은 하나의 정언명법만이, 케어드(Caird)와 브로드(Broad)는 세 개의 정언명법이(비록 그들 사이에 세 번째 정언명법에 대해서는 견해가 다르지만), 던컨(Duncan)은 네 개의 정언명법이, 로스(Ross), 페이튼(Paton) 그리고 윌리엄스(Williams)는 다섯 개의 정언명법이 있다고 주장한다. 심지어 자너(H. Saner)는 칸트가 정언명법을 10가지 방식으로 표현하고 있다고 말하기도 한다(Philip Stratton-Lake, "Formulating Categorical Imperatives," *Kant*

칙의 법식'의 표현상의 변형이지만, 내용상 동일한 법식으로 보인다.[42] 그리고 '목적의 왕국의 법식'은 '자율의 법식'의 변형이거나 같은 것으로 보인다. 그렇다면, 칸트가 『도덕형이상학 정초』에서 소개한 세 가지 정언명법은 보편적 법칙의 법식, 목적 자체의 법식, 자율의 법식이다. 그러면 '칸트는 실천이성의 본성에서 유래하는 세 가지 상이한 정언명법이 존재한다고 생각했는가?'라는 물음을 던져볼 수 있을 것이다. 이런 물음에 대해 칸트는 다음과 같이 말한다.

　　도덕성의 원리를 제시하는 앞서 언급된 세 가지 방식은 근본적으로는 단지 동일한 법칙의 다양한 법식일 뿐이며, 그들 **각각의 법식은 나머지 다른 두 법식을 자기 안에 포함하고 있다.**[43]

그러나 칸트는 『도덕형이상학 정초』 제2장 '세속적 도덕철학으로부터 도덕형이상학으로의 이행'에서는 다음과 같이 말하기도 한다.

　　그러므로 **정언명법은 유일한 것일 수밖에 없으며,** 그것은 바로 너의 준칙이 보편적인 법칙이 되도록 네가 동시에 의욕할 수 있도록

Studien, 84. Jahrgang, Heft 3, 1993, p. 318 참조). 칸트가 『도덕형이상학 정초』에서 제시한 정언명법이 세 개인가 다섯 개인가 하는 문제에 대한 학자들의 논의에 대해서는 T. C. Willams의 *The Concept of The Categorical Imperative* (Oxford, At The Clarendon Press, 1968), pp. 22-23을 참조하라.

42　칸트는 보편법칙의 법식이 유일한 정언명법임을 확언한 뒤, 법칙의 보편성은 다른 말로 '자연'(형식상의 자연)이므로 보편법칙의 법식은 "그대 행위의 준칙이 그대의 의지를 통해 보편적인 자연법칙이 되어야 하는 듯이 행위하라"(자연법칙의 법식)로 표현될 수도 있다고 주장한다(I. Kant, *Grundlegung zur Metaphysik der Sitten*, p. 51 참조).

43　I. Kant, *Grundlegung zur Metaphysik der Sitten*, p. 69.

하는 그러한 준칙에 따라서만 행위하라는 것이다.[44]

이 인용문은 분명히 '보편적 법칙의 법식'이 나머지 모든 정언명법의 근본임을 말하고 있다. 칸트는 이 법식을 "순수한 실천이성의 근본법칙"으로 간주한다.[45] 세 가지 정언명법의 관계에 대한 칸트의 진술에는 일관성이 없다. 이 두 인용문은 분명히 다른 말이다. 우리는 두 인용문을 어떤 식으로 해석해도 두 인용문 간의 모순을 해결할 수 없다. 그럼에도 우리는 법식들 간의 관계를 설명하는 세 가지 방식을 생각해볼수 있다. 첫 번째 방식은 두 번째 인용문을 중시하는 방식으로, 보편적 법칙의 법식을 근본적인 명법으로 보고 나머지 두 명법은 이 근본적인 명법에서 도출되는 것으로 보는 입장이다. 이러한 입장은 우리가 칸트윤리학을 순수한 형식주의로 규정하고, 그 형식주의가 수미일관하게 관철되고 있다는 식으로 해석하려 할 때 유리할 것이다. 그러나 이 입장의 난점은 칸트가 『실천이성비판』이나 『도덕형이상학 정초』에서 무시할 수 없을 정도로 실질주의적 요소를 받아들이고 있다는 사실을 설명하기가 어려워진다는 것이다. 더군다나 앞서 살펴보았듯이 『도덕형이상학』에서는 실질주의적 측면이 분명하게 발견된다. 그렇다면 칸트윤리학을 순수한 형식주의 윤리학으로 해석하려는 입장에서는 칸트가 『실천이성비판』이나 『도덕형이상학 정초』에서 형식주의를 채택했다가 『도덕형이상학』에서는 그것을 포기했다고 말하든지, 아니면 『도덕형이상학』을 칸트 윤리학의 본질적 특징과 조화하지 않는 책으로 간

---

44   I. Kant, *Grundlegung zur Metaphysik der Sitten*, p. 51.

45   I. Kant, *Kritik der praktischen Vernunft*, p. 36.

주하여 무시하든지 해야 할 것이다.[46] 『도덕형이상학』조차 형식주의로 설명할 수는 없을 것이다. 두 번째 입장은 첫 번째 인용문의 전반부를 중시하는 입장으로, 앞서 언급된 세 가지 정언명법을 근본적으로 하나인 정언명법의 상이한 표현으로 해석하는 방식이다. 그러나 이 방식의 치명적인 결함은 칸트가 "언급된 세 가지 방식은 근본적으로 단지 동일한 법칙의 다양한 법식들일 뿐"이라고 말할 때 언급된 바로 그 '근본적으로 동일한 법칙'이 무엇인지 정확하게 지적할 수 없다는 것이다. 첫 번째 인용문을 글자 그대로 풀이하면, 보편적 법칙의 법식, 목적 자체의 법식, 자율의 법식들은 바로 이 알려지지 않은 '근본적으로 동일한 법칙'이 세 가지 상이한 방식으로 표현된 것이 된다. 그러나 칸트는 그 어디에서도 그 '근본적으로 동일한 법칙'을 제시하지 않고 있다. 물론 칸트는 다른 곳에서 보편적 법칙의 법식을 세 가지 정언명법 중 가장 근본적인 것으로 간주하는 말을 하기도 한다. 실상 칸트는 『실천이성비판』에서는 보편적 법칙의 법식만을 다루고 나머지 두 법식은 전혀 다루지 않고 있다. 만약 보편적 법칙의 법식을 근본법식으로 간주한다면, "세 가지 방식은 근본적으로는 단지 동일한 법칙의 다양한 법식들

46 　그럼에도 이 첫 번째 방식으로 해석될 여지가 있다. 칸트는 '보편적 법칙의 법식'을 유일한 근본적인 명법으로 소개한 뒤, 이어서 다음과 같이 말한다. "가령 의무의 모든 **명법이,** 그것들의 원리로서 이 유일한 **정언명법으로부터 도출될 수 있다면,** 의무라고 부르는 것이 도대체 공허한 개념에 불과한 것이 아닌가 하는 의문을 미결로 남겨둔다 하더라도 적어도 우리가 의무라는 개념으로 무엇을 생각하며, 그 개념이 무엇을 말하고자 하는가를 가르쳐줄 수는 있을 것이다."(*Grundlegung zur Metaphysik der Sitten*, p. 51. 강조는 필자) 강병호는 필자가 『칸트 윤리학과 형식주의』, p. 220에서 한 말을 근거로 필자가 정언명법 간의 관계를 설명하는 이 세 가지 방식 중에서 이 첫 번째 방식을 지지하는 듯이 말하고 있다(강병호, 「정언명령의 보편적 정식과 목적 그 자체」, 한국칸트학회논문집, 『칸트연구』 제32집, 2013, p. 7 참조). 그러나 이는 오해다. 필자는 그 책에서나 이 장에서나 그 세 법식의 상호관계를 세 법칙 간의 등가성을 인정하는 방식으로 해석하는 것이 가장 유력한 방식임을 주장하고 있다.

일 뿐"이라는 말은 매우 부적절한 말이 될 것이다. 세 번째 방식은 두 번째 인용문의 후반부를 중시하는 방식으로, 이 세 법식 중에서 그 어느 것도 근본적인 법식임을 인정하지 않고 보편적 법칙의 법식, 목적 자체의 법식, 자율의 법식이 서로 간에 등치인 것으로 받아들이는 방식이다. 이렇게 되면 각각의 법식은 자기 안에 나머지 두 법식을 포함하는 것이 된다. 『도덕형이상학』에서 발견되는 칸트 윤리학의 실질주의적 측면과 『실천이성비판』에서 발견되는 형식주의적 측면이 조화함을 어떻게 해서라도 입증해보려는 입장에서는 명법들 간의 관계를 세 번째 방식으로 해석하는 것이 가장 유리할 것이다.

이제 우리는 칸트가 '정언명법에 따르는 의무의 행위 = 자유의 행위 = 목적 지향적 행위'라는 등식을 제시할 때, 그 등식의 배후에 있는 연결고리가 무엇인지를 분명하게 알게 되었다. 그것은 보편법칙의 정식(형식적 의무의 정식)과 목적 자체의 정식(실질적 덕목의 정식)이 동일하다는 주장이다. 이것을 우리는 '동일성 테제'로 부르기로 한다. 이하에서 필자는 칸트가 동일성 테제를 주장할 수밖에 없는 이유를 살펴볼 것이다. 만약 이 동일성 테제가 성립한다면, 칸트 윤리학은 형식주의 윤리학이면서 동시에 선천적 · 목적론적 윤리설이 될 것이며, 또한 원칙주의 윤리설이면서 동시에 덕목론적 윤리설이 될 것이다. 그러나 이 동일성이 성립하지 않는다면, 칸트의 윤리설은 체계상의 근본적인 균열을 드러내게 될 것이다. 보편적 법칙의 법식과 목적 자체의 법식은 본질적으로 동일하다는 칸트의 주장이 과연 타당한가 하는 문제를 다룰 때 가장 주의해야 할 것은 『도덕형이상학』에서 실천이성이 목적의 능력임을 주장하는 칸트의 말과 '동시에 의무인 목적'의 개념을 강조하는 칸트의 이런저런 진술을 이용하여 동일성 테제를 주장하는 칸트의 논리를 정당화해서는 안 된다는 것이다. 『도덕형이상학』에서 칸트의 모든 논의는 동일성 테제를 입증된 것으로 간주하는 『도덕형이상학 정초』에서의 입장을 전제하기 때문이다.[47]

---

47   필자는 『실천이성비판』을 '자연의 형이상학'에 대비되는 '도덕의 형이상학'으로 이해하고 있으며, 그 명칭에 오도되어 『도덕형이상학정초』가 후기 저술인 『도덕형이상학』의 '정초'로 이해되어서는 안 된다고 주장해왔다. 그런데 김석수 교수와의 토론을 통해, 칸트의 후기 저술인 『도덕 형이상학』의 책 제목이 그렇게 정해진 이유를 파악할 수 있는 계기를 갖게 되었다. 칸트는 '동일성 테제'가 『도덕형이상학정초』에서 증명되었다고 생각했으며, 그가 『도덕형이상학』에서 전개시키고 있는 모든 논의는 이에 근거하고 있음을 내가 언급했을 때, 김석수 교수는 '그렇다면, 『도덕형이상학정초』는 『도덕형이상학』의 기초작업으로도 이해될 수 있음'을 지적하였다. 날카롭고 정확한 지적이라고 생각한다. 그럼에도 불구하고 『도덕형이상학』에서는 초월적 형이상학의 문제에 대한 논의는 발견되지 않고 있다.

제4절 결론

　칸트는 자신의 윤리설을 끊임없이 형이상학적 관점에서 구상하고 있었기 때문에, 그리고 형이상학적 명제들은 절대적으로 타당한 선험적(transcendental) 종합명제여야 하기 때문에 자신의 윤리학 영역에서 형식주의적이고 법칙주의적인 입장을 취하지 않을 수 없었다. 내용적인 것은 후천적(경험적)인 것이며, 경험적인 것은 우리에게 절대적으로 타당한 지식을 줄 수 없기 때문이다. 칸트 윤리학의 성격을 규명할 때 반드시 인정되어야 할 사항은 칸트가 윤리적 형식주의자라는 것이다. 그 다음에 우리가 던질 수 있는 질문은 '비판기의 형식주의에 비판 후기의 실질주의가 담길 수 있는가?' 하는 것이다.

　칸트는 『도덕형이상학 정초』가 도덕의 공허한 형식만 보여주고 있다는 서평가들의 비판을 염두에 두지 않을 수 없었을 것이다. 그러나 3년 뒤에 출간한 『실천이성비판』에서는 『도덕형이상학 정초』에서 미해결로 남겨두었던 문제, 즉 '어떻게 실천상의 선천적 종합명제가 가능한가?'라는 문제를 해결하는 데 힘을 쏟는다.[48] 이 문제가 비평가들

48　I. Kant, *Grundlegung zur Metaphysik der Sitten*, p. 80 참조.

의 비판에 답하는 것보다 더 급한 문제였다. 그러나 칸트는 『실천이성비판』을 완성한 뒤, 자신의 윤리설이 공허한 형식주의라는 비판가들의 비판에 답하기 위해 『도덕형이상학』을 저술하면서 비판기에 형이상학적 이유에서 채택한 형식주의적 전략과 동떨어진 실질주의적 주장을 하게 된 것으로 보인다.

필자는 앞에서 보편적 법칙의 법식과 목적 자체의 법식은 본질적으로 동일하다는 칸트의 주장이 과연 타당한가 하는 문제를 다룰 때 『도덕형이상학』에서 칸트의 주장들을 이용하여 동일성 테제를 정당화해서는 안 된다는 것을 강조했다. 그러나 국내외를 막론하고 많은 연구자가 이런 오류를 범하고 있다. 예컨대 회페는 다음과 같이 말한다.

> 도덕적 행위를 하기 위해 어떠한 자연적 경향도 가져서는 안 된다는 견해는 옳지 않다. "나는 친구들을 위해 기꺼이 봉사했다. 그렇지만 유감스럽게도 나는 경향성을 가지고 행위한다. 그래서 내가 덕으로 충만하지 못하다는 것이 종종 나를 화나게 한다"라는 실러의 유명한 말은 "의무에 따르는 경향(예컨대 선행을 향한 경향)이 … (중략) … 도덕적 준칙들의 작용을 훨씬 경감시킬 수 있다"라는 칸트의 말에 주목하지 않았다.[49]

회페의 『임마누엘 칸트』가 입문서라는 점을 감안해야겠지만, 이런 식의 논의로는 실러가 틀렸다는 것을 보여줄 수 있는 것이 아니라 칸트가 경향성에 대해 서로 모순적인 다른 말을 하고 있다는 것을 말해줄 뿐이다. 칸트가 참다운 도덕적 행위는 "감성적 충동의 협동이 없

---

49   오트프리트 회페, 『임마누엘 칸트』(이상헌 역, 문예출판사, 1997), p. 238.

을 뿐만 아니라 감성적 충동을 모두 배척하고 또 모든 애착도 — 이것이 법칙에 거스르는 한 — 끊어버려야" 함을 주장했다는 것 역시 부정할 수 없는 사실이기 때문이다.[50] 다음 사례들은 회페가 범하는 오류와 비슷한 오류를 범하는 방식으로 칸트를 변호하는 방식들이다.

'칸트를 인간의 행복을 무시한 윤리학자로 보는 것은 오해다. 왜냐하면 후기 저술에서는 행복을 중시하기 때문이다.' '칸트를 인간의 감정을 무시한 윤리학자로 보는 것은 오해다. 왜냐하면 후기 저술에서는 인간의 다양한 감정을 도덕적 동기로 인정하기 때문이다.' 혹은 '칸트의 인간관을 선험적-무연고적-고립적 인간으로 보는 것은 오해다. 왜냐하면 후기 저술에서 결의론을 다룰 때는 경험적-연고적-상황적 인간을 다루기 때문이다.' '칸트를 원칙을 중시하고 덕들을 무시한 윤리학자로 보는 것은 오해다. 왜냐하면 후기 저술에서 칸트는 덕에 대해 많이 언급하기 때문이다.'

이런 식의 논의는 한결같이 하나의 칸트로 다른 칸트를 공격하는 것일 뿐이며, 칸트의 모순성을 보여주는 것에 불과하다. 문제는 그 두 측면의 칸트가 어떻게 일관성 있게 이해될 수 있느냐 하는 것이다. 필자는 두 측면의 칸트를 연결할 일관성의 다리를 놓는 것은 불가능하다고 생각한다. 다음 장에서는 이 문제를 다루고자 한다.

---

50 I. Kant, *Kritik der praktischen Vernunft*, p. 85.

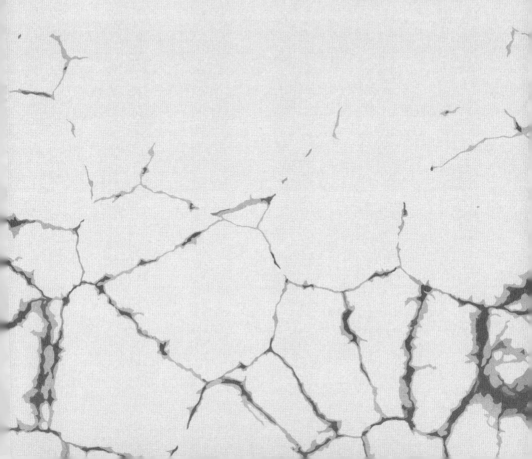

제2장

칸트 윤리학에서
보편적 법칙의 법식과
목적 자체의 법식은
동일한가?

제1절 서론

앞 장에서 비판기의 칸트 윤리학은 의무주의, 형식주의, 원칙주의에 경도되어 있지만, 비판 후기의 칸트 윤리학은 목적주의, 실질주의, 덕목주의에 경도되어 있음을 보여주었다. 그리고 마치 한류와 난류가 만나는 곳에 어족 자원이 풍부하듯이, 모순적인 모습을 보여주는 칸트 윤리학설에 직면하여 주석가들은 칸트 윤리학의 정체성에 대한 풍성한 논의를 전개하고 있다. 이 풍성함의 한 원인은 칸트 윤리설에 대한 덕 윤리학자들의 비판이었다. 덕 윤리학자들은 칸트 윤리설은 형식주의적 원칙의 윤리설이어서 도덕적 평가의 대상이 행위자가 아니라 행위이며, 따라서 행위자의 덕이 중시되지 않는다고 비판했다. 몇몇 칸트 학자는 칸트 윤리학에 대한 덕 윤리학 진영의 이런 비판으로부터 칸트를 변호하는 과정에서 칸트의 비판기 이후 윤리학적 저술에 관심을 기울이게 되었다. 칸트는 의무론적 윤리설의 대표자로 알려졌으며, 벤담 (J. Bentham) 류의 공리주의적 행복주의를 배격한다고 해석되었다. 그러나 『도덕형이상학』에서 칸트는 '자신의 완전성'과 '타인의 행복'을 덕 의무라는 이름으로 받아들이는 목적론적 윤리설의 모습을 보여준다. 헤겔이나 막스 셸러 같은 1급 철학자들도 칸트를 형식주의 윤리학자로 규정했으나, 비판 후기의 칸트는 선천적 실질을 중시하는 실질주의 윤리학자로서의 면모를 보여준다. 이에 대해 그레거는 다음과 같이 말한다.

> 그러나 실상 『도덕형이상학』에 대한 무시는 우리에게 칸트의 도덕철학 전반에 대해 곡해하도록 만들었다. 칸트 연구의 프로그램에 처음부터 『도덕형이상학』에 대해 적절한 주의를 기울이는 것이 들어 있었다면, 결과나 목적들 그리고 우리 행위의 상황들은 도덕적으로 무관한 것들이라거나 준칙의 도덕성에 대한 테스트는 그것이 보편법칙으로 간주될 때 논리적 모순이 없는지를 검사하는 것이 칸트의 입장이라는 주장은 결코 뿌리내릴 수 없었을 것이다.[1]

과연 그레거가 주장하듯이 『도덕형이상학』이 『도덕형이상학 정초』에서 확인되는 칸트 윤리학의 형식주의적 결함을 훌륭하게 보완해 주는 실질주의적 사례집인지는 의심스러우나,[2] 양 저술 사이에서 칸트

---

[1] M. Gregor, *Laws of Freedom: A Study of Kant's Method of Applying the Categorical Imperative in the Metaphysik der Sitten* (Oxford, Basil Blackwell, 1963), xi 참조.

[2] 페이튼이나 그레거 같은 일부 칸트 연구가들은 칸트의 후기 저술인 『도덕형이상학』을 그가 『실천이성비판』이나 『도덕형이상학 정초』에서 발견한 도덕성의 형식적인 최상원칙을 체계적으로 적용한 것으로 본다(I. Kant, *The Doctrine of Virtue*, trans. M. Gregor, University of Pennsylvania Press, 1964, x. 그리고 M. Gregor, *Laws of Freedom*, xi 참조). 사람들은 종종 칸트가 "나중에 도덕형이상학을 저술하려고 생각하면서 이 정초를 앞서 출간한다"(I. Kant, *Grundlegung zur Metaphysik der Sitten*, p. 15)라고 말한 것에 의거하여 『도덕형이상학 정초』가 『도덕형이상학』의 예비서인 듯이 생각하는 경향이 있으나, 이는 결정적인 잘못이다. 앞선 인용문에서 칸트가 언급한 '도덕형이상학'은 비판 후기 저술인 『도덕형이상학』을 지칭하는 것이 아니라 칸트가 『순수이성비판』에서 확립한 '자연의 형이상학(Metaphysik der Natur)'에 대비되는 '도덕의 형이상학(Metaphysik der Sitten)'이며, 이는 『실천이성비판』에서 제시된다. 칸트는 '도덕의 형이상학'의 주된 과제는 가능한 순수의지의 이념과 원리를 규명하는 것이라고 말하고 있다(I. Kant, *Grundlegung zur Metaphysik der Sitten*, p. 15). 그러니 그가 말하는 '도덕의 형이상학'은 『도덕형이상학 정

의 윤리학적 입장에 차이가 있는 것은 분명해 보인다. 칸트는 인간의 삶을 규제하는 도덕성의 최상원칙을 발견하는 것에만 관심을 가진 윤리학자로 보였으나, 비판 후기의 칸트는 원칙 중시에서 덕목 중시로 입장을 바꾼 것 같다. 최근 『도덕형이상학』의 재발견은 칸트 연구가들에게 '비판기의 윤리학적 저술과 비판 후기의 윤리학적 저술 간의 이론적 일관성'이라는 문제를 던져주고 있다. 사실 연구가들은 양 시기의 윤리학적 저술의 표면적인 이질성 때문에 『도덕형이상학』을 무시했다. 그러나 무시한다고 문제가 해결되는 것은 아니다. 우리에게 남는 문제는 '비판기의 윤리학적 저술들에서 발견되는 의무론적 · 형식주의적 · 법칙중심적 측면과 비판 후기의 윤리학적 저술에서 발견되는 목적론적 · 실질(내용)주의적 · 덕목중심적 측면이 이론적으로 조화할 수 있는

초』보다 3년 뒤에 출간된 『실천이성비판』을 말하는 것이 분명하다. 이는 앞선 인용문 바로 뒤에서 칸트가 "도덕의 형이상학을 위한 기초는 순수실천이성비판 외에 딴 기초가 없다. 이는 형이상학의 기초가 이미 출간된 순수사변이성비판 이외에는 없는 것과 마찬가지다"(I. Kant, *Grundlegung zur Metaphysik der Sitten*, p. 16)라고 말하고 있는 데서 더욱 분명해진다. 혹자는 칸트의 이 말이 『실천이성비판』 자체가 '도덕의 형이상학'이 아니라 도덕의 형이상학을 위한 기초에 불과함을 말하는 것이기에 '도덕의 형이상학'과 『실천이성비판』을 동일시하는 필자의 입장이 잘못이 아닌가 하는 의심을 가질 수 있다. 그러나 우리는 칸트가 『순수이성비판』을 학으로서의 형이상학을 위한 기초인 듯이 말하면서도 실은 그 책에서 '자연의 형이상학'을 확립한 것으로 간주하고 있음을 염두에 둘 필요가 있다(I. Kant, *Kritik der reinen Vernunft*, Hamburg, B XLIII, B869 참조). 우리가 확인할 수 있듯이, 비판 후기 저술인 『도덕형이상학』은 순수의지의 이념과 원리를 규명하는 작업과는 거리가 먼 책이다. 『도덕형이상학』이 『도덕형이상학 정초』에서 확립된 도덕성의 최상원칙의 기계적인 적용사례집이 아님은 칸트가 『도덕형이상학』에서 치료제도 없는 상황에서 공수병에 걸린 사람이 그 병을 타인에게 전염시키는 것을 막기 위해 자살을 택한다면 그 자살을 허용할 수 있는가, 없는가 하는 문제를 제기하는 데서도 알 수 있다(I. Kant, *Metaphysik der Sitten*, p. 556 참조). 도덕성의 최상원칙을 이런 결의론적 물음에 적용하면 그 답은 뻔한 것이 될 것이다. 자살을 자신에 대한 엄격한 의무의 위반으로 보는 칸트의 입장에서 볼 때, 공수병 환자의 자살조차 도덕적으로 허용될 수 없을 것이다. 그러나 칸트는 그 책에서 정답을 제출하지 않고 미해결인 채로 남겨두고 있다. 이는 무엇을 말해주는가? 『도덕형이상학』은 칸트가 도덕성의 최상원칙이라고 말한 그 원칙의 기계적인 적용사례집이 아니라는 것이다.

가?'라는 것이다.

필자는 앞 장에서 칸트가 보편법칙의 법식과 목적 자체의 법식을 동일시하는 방식으로 이론의 일관성 문제를 해결하려 하고 있음을 밝혔다. 이 장에서는 세 가지 사실을 밝히고자 한다. 첫째, 칸트가 보편적 법칙의 법식과 목적 자체의 법식의 동일성을 밝히는 논리 혹은 두 법식의 동일성을 주장할 수밖에 없는 이유를 밝힌다. 둘째, 두 법식은 본질적으로 동일하다는 칸트의 주장이 성립할 수 없음을 밝힌다. 셋째, 목적 자체로서의 인간을 예지적 인격체로 해석하여 두 법식의 동일성을 확보하려는 해결책도 실패할 수밖에 없음을 밝힌다. 이 세 가지를 입증하면서 칸트 윤리학뿐만 아니라 칸트의 인식이론이 빠져있는 칸트철학의 딜레마를 보여준다. 그것은 '형식과 내용의 이분법을 인정하지 않고서는 칸트 체계 속으로 들어갈 수 없고, 그것을 인정하고서는 칸트 체계 속에 머물 수 없다'라는 것이다.

필자는 앞서 출간한 『칸트 윤리학과 형식주의』에서 칸트가 보편타당한 도덕성의 최상원칙을 발견하기 위해 윤리학 영역에서도 『순수이성비판』에서와 마찬가지로 형식주의적인 사유방법론을 채택하고 있지만, 그 사유방법론을 일관되게 밀고 나가지 못하고 있으며, 실질주의적 요소를 많이 끌어들이고 있다는 것을 주장했다. 칸트에 대한 이런 비판은 칸트가 형식주의 윤리학자라는 전제하에 행해진 것이다. 그러나 최근 칸트는 형식주의 윤리학자가 아니라는 설익은 주장이 제기되기도 하며, 칸트가 원칙 중심의 윤리학자가 아니라 덕 윤리학자라거나, 의무론적 윤리학자가 아니라 목적론적 윤리학자라는 편향된 주장이 국내외에서 제기되고 있다. 필자는 이 장에서 『칸트 윤리학과 형식주의』의 결론이 여전히 유효함을 보여주려 한다.

제2절
보편적 법칙의 법식과 목적 자체 법식의
동일성에 도달하는 칸트의 논리

칸트는 『도덕형이상학 정초』에서 정언명법이 유일한 것일 수밖에 없음을 천명한 뒤, 우리가 익히 알고 있는 정언명법을 제시한다. "너의 준칙이 보편적인 법칙이 되도록 네가 동시에 의욕할 수 있도록 하는 그러한 준칙에 따라서만 행위하라"라는 것이다. 그런 다음에 이 보편적 법칙의 법식으로 네 가지 사례를 테스트한다. '자살 금지의 의무', '거짓 약속 금지의 의무', '자기계발의 의무', '곤경에 처한 이웃돕기의 의무'가 방금 언급된 유일한 정언명법으로부터 도출될 수 있음을 보여준다. 자살의 준칙과 거짓 약속의 준칙은 보편적 법칙으로 의욕할 때 자가당착이 발생하기에 보편적 법칙이 될 수 없다. 자살의 준칙이 보편적 법칙으로 받아들여진다면, 자연으로부터 생명을 촉진하는 사명을 부여받은 기능인 감각에 의해 도리어 생명 자체를 파괴하는 것이 허용되는데, 이러한 자연은 자가당착이며 자연으로 존립할 수 없다. 그리고 거짓 약속의 준칙도 필연적으로 자기모순에 빠지게 된다. 모든 사람이 곤경에 처했을 때, 곤경으로부터 빠져나오기 위해 지킬 의도도 없이 거짓 약속을 하는 것이 보편적으로 허용된다면, 사람들은 거짓 약속에 속지 않을 것이고 결국 거짓 약속을 통해 실현하려는 목적 자체가 불가능해진다. 그러나 칸트는 '자기계발의 의무', '곤경에 처한 이웃돕기의 의무'는 '자살 금지의 의무'와 '거짓 약속 금지의 의무'가 보여준 자가당착을 보여주지 않는다고 말한다.

> 어떤 행위들(자살과 거짓 약속: 필자 삽입)은 성질상 그것들의 준칙이 모순 없이는 보편적 자연법칙이라고 *생각*될 수 없다. 하물며 그것이 보편적인 자연법칙이 *되어야 한다고 의욕할 수* 있겠는가. 그러나 다른 행위들(자기계발을 하지 않는 것과 곤경에 처한 이웃을 돕지 않는 것: 필자 삽입)의 경우에는 이러한 '내적인 불가능성'(모순)을 보이지 않는다. 그러나 그것의 준칙이 자연법칙의 보편성으로 의욕할 수는 없다. 이와 같은 의지는 자기 자신과 모순될 것이기 때문이다.[3]

칸트는 곤경에 처한 이웃을 돕지 않겠다는 준칙이 보편적 법칙이 될 수 없는 이유가 그 준칙의 논리적 자기모순성 때문이 아님을 분명히 언급하고 있다. 그럼에도 칸트는 이 준칙이 보편적으로 의욕될 수 없는 이유를 다음과 같이 말한다.

> 그러한 원칙(곤경에 처한 타인에게 무관심한 자세로 살겠다는 원칙: 필자 삽입)이 자연의 법칙으로서 어디에서나 타당하기를 *의욕할* 수는 없다. 이러한 것을 의욕하는 의지는 자기 자신과 모순이다. 그가 타인으로부터 사랑과 동정을 필요로 하는 경우가 생길 것이고, 그 자신

---

3   I. Kant, *Grundlegung zur Metaphysik der Sitten*, pp. 54-55.

의 의지에서 생겨난 그러한 자연법칙에 의해 그가 얻기를 원하는 도움에 대한 희망을 스스로 앗아버리는 경우도 많이 있을 것이기 때문이다.[4]

칸트는 '자살 금지의 의무', '거짓 약속 금지의 의무', '자기계발의 의무', '곤경에 처한 이웃돕기의 의무' 등이 보편적 법칙의 법식을 통과하는 것을 입증한 뒤, 도덕적 행위자로서 인간은 "그 존재 자체(Dasein an sich Selbst)가 절대적 가치를 가지고 있으며, 목적 자체로서 일정한 법칙의 근거가 될 수 있다"라는[5] 점에서 상대적 목적에 기초한 가언명법과 달리 정언명법의 기초가 된다고 말한다. 도덕성의 담지자인 인간 존재 자체는 목적 자체로 간주되어야 한다고 주장한다.

이성적 존재자가 목적 자체가 될 수 있는 유일한 조건은 그가 도덕성 아래에 있을 때뿐이다. 왜냐하면 이 도덕성을 통해서만 그는 목적의 왕국에서 입법적인 구성원이 될 수 있기 때문이다. 그러므로 도덕성과 도덕적 능력이 있는 한의 인간성만이 존엄함(Würde)을 가진다.[6]

그리하여 칸트는 '인간성의 정식' 혹은 목적 자체의 법식을 소개한 뒤, 이번에는 목적 자체의 법식으로 앞의 네 가지 사례를 다시 검토한다. 검토한 결과 자살, 거짓 약속, 자기계발의 등한시, 곤경에 처한 이웃

---

4   I. Kant, *Grundlegung zur Metaphysik der Sitten*, p. 54.

5   I. Kant, *Grundlegung zur Metaphysik der Sitten*, p. 59.

6   I. Kant, *Grundlegung zur Metaphysik der Sitten*, p. 68.

에 대한 무관심은 한결같이 자기 자신이나 타인을 한갓 수단으로 취급하는 것이 됨을 밝힌다.[7] 칸트는 형식의 범주와 관계하는 보편적 법칙의 법식과 실질의 범주와 관계하는 목적 자체의 법식으로 네 가지 사례를 검토한 결과 동일한 결론이 나왔다는 사실에 의거하여 양 법식이 동일함을 주장하고 있다.

> "각각의 이성적 존재자(너 자신과 타인)와의 관계에서 이성적 존재자는 너의 준칙에서 동시에 그 자체 목적 자체로 타당하도록 행위하라"라는 원칙은 결국 "각각의 이성적 존재자에 대한 보편적 타당성을 동시에 내포하는 준칙에 따라 행위하라"라는 원칙과 동일하다. 왜냐하면 어떤 목적에 대한 수단을 사용할 때 나는 나의 준칙을 그것이 또한 모든 주관에 대한 법칙으로서 보편적으로 타당하다는 조건으로 제한하지 않으면 안 된다고 말하는 것은 목적의 주체, 즉 이성적 존재자 자신은 결코 수단으로서가 아니라 모든 수단의 사용을 제한하는 최상의 조건으로서(즉, 항상 동시에 목적으로서) 행위의 모든 준칙의 근저에 두어져야 한다고 말하는 것과 마찬가지이기 때문이다.[8]

그리고 칸트는 자신의 윤리학을 형식주의로 이해하는 사람들의 입장에서 의외라고 할 수밖에 없는 다음과 같은 진술을 한다.

> 모든 준칙은 간단히 말해서 다음과 같은 세 가지 측면을 갖고 있

---

7   I. Kant, *Grundlegung zur Metaphysik der Sitten*, pp. 61-63 참조.
8   I. Kant, *Grundlegung zur Metaphysik der Sitten*, pp. 71-72.

다. 1) 형식: 이 형식은 보편성 중에 있다. 이런 점에서 도덕적 명법의 법식은 다음과 같이 표현되었다. '준칙은 마치 보편적 자연법칙으로 타당해야 하는 듯이 선택되어야 한다.' 2) 실질: 즉, 목적을 갖는다. 이 법식은 '이성적 존재자는 성질상 목적으로서, 그렇기에 목적 자체로서 **모든 준칙에 대해 일체의 상대적이고 임의적인 목적을 제한하는 조건으로 되어야 한다**'로 표현된다. 3) 다음의 법식에 의한 모든 준칙의 완전한 규정: '모든 준칙은 자기 입법에 의해 자연의 왕국으로서의 가능적인 목적의 왕국과 조화해야 한다'라는 법식이다. 이 경우의 진행은 의지 형식의 단일성(의지의 보편성)의 범주, 실질(의지의 대상, 즉 의지의 목적)의 수다성의 범주, 그리고 이 양자의 종합인 전체성, 즉 총체성의 범주라는 순서로 진행한다.[9]

위 인용문에서의 칸트의 주장에 의하면, 근본에 있어서 하나인 정언명법은 세 가지 측면을 갖고 있다. 즉, '형식'과 '실질' 그리고 이 양자의 종합인 '완전한 규정'이 그것이다.

사람들은 이 대목에서 당연히 이런 의문을 가질 수 있다. 즉, 칸트가 "모든 준칙이 실질(목적)의 측면을 갖는다"라고 주장하는데, 칸트가 그토록 형식주의적 사유를 중시하면서 실질의 요소를 철저하게 배제하려 했다면, '삼척동자도 그 주장이 형식주의와 모순을 일으킨다는 사실을 알 수 있는 상황에서 칸트가 그런 주장을 그토록 공공연하게 하는 이유가 무엇인가?'라는 것이다. 필자가 보기에 칸트는 자신의 형식주의적 사유의 필연적 귀결로서 실질의 범주와 관계된 목적 자체의 법식을 받아들일 수밖에 없는 입장에 처해 있다. 칸트적인 의무론적 윤리

---

9   I. Kant, *Grundlegung zur Metaphysik der Sitten*, pp. 69-70.

학에서는 도덕적 행위는 다른 어떤 실질적인 것(목적)을 성취하기 위한 수단으로서 행해져서는 안 된다. 도덕 자체가 목적 자체이며 존엄한 것이다.

> 도덕성과 도덕적 능력이 있는 인간성만이 존엄을 가진다.[10]

그런데 도덕법은 칸트에 따르면 형식적으로만 표현된다. 그 형식은 자기입법적 존재인 인간 이성의 형식이다. 따라서 **도덕이 목적 자체라면 그러한 형식의 담지자로서 인간 자체도 목적 자체이지 않으면 안 된다. 칸트 윤리학의 형식주의는 바로 그 형식주의의 필연적 귀결로서 목적 자체로서의 인간을 받아들이지 않으면 안 되게 되어 있다.** 그러나 그렇게 받아들여진 목적 자체로서의 인간과 목적 자체로서의 법식이 칸트의 형식주의와 배치된다는 데 칸트 윤리학의 근본적인 고뇌가 발견된다. 앞서 살펴보았듯이, 칸트는 매우 공개적으로 정언명법의 실질에 대해 언급하고 있다. 그가 인간을 단지 수단으로만 대하지 말고 동시에 목적 자체로 대하라고 말했을 때, 그는 자신의 윤리학이 공허한 형식주의라는 비판에 대해 대답한 셈이다. 『도덕형이상학』에서는 이 대답을 더욱 구체화시켜서 제시하고 있다. 인간을 목적 자체로 간주해야 한다면, 목적 자체로서의 인간의 인간성을 실현하는 데 도움이 되는 다른 모든 상대적인 목적(실질)들도 그 체계 내에서 인정되지 않으면 안 되는 것이다. 이것이 『도덕형이상학』을 관통하는 근본적인 사상이다. 칸트는 목적 법식이나 자율 법식은 '보편적 법칙의 법식'의 다른 표현이며, 본질적

---

10   I. Kant, *Grundlegung zur Metaphysik der Sitten*, p. 68.

으로 동일한 것이라고 주장했다. 이런 주장을 펴는 칸트의 의도에서 볼 때, 도덕법칙은 논리적으로 보편화가 가능해야 하고, 인간성을 목적으로 대우해야 하며, 행위자의 자율을 침해해서는 안 된다는 결론이 따라 나온다.

지금까지 칸트가 두 법식의 동일성을 주장할 수밖에 없는 입장을 살펴보았다. 칸트는 형식과 실질의 이분법 위에서 보편적 법칙의 법식을 도출해냈지만, 보편적 법칙의 법식을 도출해내는 순간 형식과 실질의 이분법을 부정하는 주장을 하지 않을 수 없게 되었다. 이하에서는 과연 두 법식이 칸트가 주장하듯이 동일한 것인지 검토해보고자 한다.

제3절
보편적 법칙의 법식과
목적 자체의 법식은 과연 동일한가?

앞서 살펴보았듯이 누군가가 곤경에 처한 이웃을 돕지 않겠다는 준칙을 채택하면, 이 준칙은 '보편적 법칙의 법식' 테스트를 통과하지 못할뿐더러 인간을 한갓 수단으로만 대하지 말고 동시에 목적으로 대하라는 목적 법식 테스트도 통과하지 못한다고 주장했다. 칸트 역시 이웃을 돕지 않겠다는 준칙을 채택하는 것이 논리적 자기모순을 일으키는 것은 아니라고 말한다. 말하자면 그 준칙은 논리적 보편화 가능성을 가지고 있다는 것이다. 그럼에도 그 준칙은 도덕법칙이 될 수 없다. 왜냐하면, 인간은 누구나 타인으로부터 도움을 받아야 할 상황에 처할 수 있으며, 이 경우 우리의 의지는 자연스럽게 타인의 도움을 의욕하게 되는데, 바로 그런 인간이 '나는 타인의 곤경에 무관심하겠다'라는 준칙을 세우는 것은 의지의 자기모순이기 때문이라는 것이다. 곤경에 처한 이웃을 돕지 않겠다는 준칙에는 논리적 자기모순은 없지만, 의지의 자기모순은 있다는 말이다. 그러나 칸트의 이런 설명이 설득적인지는 의문이다.

칸트의 설명을 네 가지로 나누어 비판해보고자 한다. 첫째, 칸트는 곤경에 처한 이웃을 돕지 않겠다는 준칙에는 논리적 자기모순은 없지만 의지의 자기모순을 발생시키기에 도덕법칙이 될 수 없다고 했다. 그러나 의지가 자기모순을 일으키려면, 동일한 대상을 원하면서 동시에 거부하는 경우여야 할 것이다. 그러나 곤경에 처한 타인을 돕지 않겠다는 준칙을 채택한 사람 자신이 설령 나중에 곤경에 처하게 되어 타인의 도움을 청했다 하더라도 그의 의지가 자기모순을 범했다고 할 수는 없을 것이다. 그 두 사건이 동시에 일어난 것이 아니기 때문이다. 둘째, 칸트는 모종의 실질에 호소함 없이는 결코 곤경에 처한 이웃을 돕지 않겠다는 준칙 대신 곤경에 처한 이웃을 돕겠다는 준칙을 택하는 것이 불가능하다고 했다. 이와 관련하여 승계호는 '남을 돕지도 말고, 남의 도움도 바라지 말라'라는 준칙과 '가능하다면 남을 돕고, 곤경에 처했을 때 남의 도움을 받아라'라는 두 가지 준칙 중에서 후자의 준칙만 보편화될 수 있다는 칸트의 이런 입장에 대해 다음과 같이 비평한다.

우리는 곤경에 처해 있는 사람을 도와주어야 할 도덕률에 대해 다음 두 준칙 가운데 하나를 선택해야 할 것이다.

준칙 7: 나는 곤경에 빠진 사람을 돕지 않겠으며, 나 또한 남으로부터 어떠한 도움도 바라지 않겠다.

준칙 8: 나는 곤경에 빠진 사람을 돕겠으며, 나 또한 남으로부터 비슷한 도움을 받기를 바란다.

칸트에 따르면, 비록 준칙 7이 보편적인 자연법으로 존재할 수는 있겠지만, 합리적인 존재라면 이와 같은 준칙을 보편법으로 받아들일 수 없을 것이다. 이 준칙을 보편법으로 받아들인다면, 합리적인 인간은 남들의 도움이 필요할 때, 그들의 사랑과 동정을 빼앗겨 버린 처지에 서게 될 것이기 때문이다. 여기에서 칸트는 비로소 우리가 가지고 있는 욕망에 호소하고 있다. …(중략)… 칸트의 견해로는 준칙 8을 선택하는 것이 합리적이다. 왜냐하면 이 준칙은 남의 도움을 바라게 될지도 모를 우리의 미래 욕구를 충족시키기 때문이다. 반면에 준칙 7을 선택하는 것은 합리적이지 않은데, 왜냐하면 이 준칙은 그와 같은 우리의 미래 욕구를 좌절시키기 때문이다. 그러나 이 주장은 확고하지 못하다. 왜냐하면 이 주장은 뒤집힐 수 있기 때문이다. 우리는 준칙 8을 선택하는 것은 합리적이 아니라고 주장할 수 있다. 왜냐하면 이 준칙은 남의 괴로운 처지에 마음 쓰지 않으려는 나의 미래 욕구를 좌절시킬 수 있기 때문이다. …(중략)… 칸트가 기껏 주장할 수 있는 것은 남의 도움을 받으려 하는 욕구가 남의 괴로운 처지에 무관심하려는 욕구보다 더 세거나 낫기 때문에 준칙 8이 준칙 7보다 더 낫다는 것이리라. 그러나 이 같은 논증이야말로 욕구의 질이나 강도에 호소하는 것으로, 형식적인 실천원리를 위배하는 것이다. 욕구의 가치와 강도는 좋은 것의 실질 개념에 속한다.[11]

명백히 어떤 실질에 호소하지 않고서는 '곤경에 처한 타인을 돕지 않겠다'라는 준칙이 보편화될 수 없음을 증명하는 것은 불가능하다. 셋째, 칸트의 주장대로 "각각의 법식은 나머지 다른 두 법식을 자기 안에 포함하고 있다"라면, 칸트가 '보편적 법칙의 법식'은 형식의 범주에, '목적 자체의 법식'은 실질의 범주에 관계하는 것으로 설명하는 것도

---

11   승계호, 『직관과 구성』(서울: 나남출판사, 1999), pp. 301-302.

문제가 된다. 글자 그대로 '보편적 법칙의 법식'에 목적 자체의 법식이 포함되어 있다면, 보편적 법칙의 법식은 형식의 범주에만 관계하는 것으로 설명해서는 안 될 것이다. 또한 목적 자체의 법식에 보편적 법칙의 법식이 포함되어 있다면, 목적 자체의 법식을 실질의 범주에만 관계하는 것으로 설명해서도 안 될 것이다. 요컨대 두 법식이 자기 안에 나머지 다른 법식을 포함하고 있다면, 그 두 법식에는 형식의 요소와 실질의 요소가 동시에 들어 있어야 할 것이고, 따라서 두 법식은 동일해야 할 것이다. 칸트의 주장대로 보편적 법칙의 법식이 목적 자체의 법식과 같은 것이라면, 보편적 법칙의 법식에서도 실질의 요소를 발견할 수 있어야 한다. 왜냐하면 목적 자체의 법식은 실질의 범주와 관계하고 있기 때문이다. 그러나 '준칙'과 '법칙'에 대한 칸트의 정의를 충분히 고려하여 해석해도 보편적 법칙의 법식에서 실질의 요소를 결코 발견할 수 없다. 바로 그 때문에 보편적 법칙의 법식만으로는 앞서 곤경에 처한 사람을 돕는 문제와 관련된 준칙의 경우에서 보듯이, 승계호의 인용문에서 거론된 '준칙 7'이나 '준칙 8'이 모두 허용된다. 폴 테일러도 보편적 법칙의 법식만으로는 우리가 어떤 준칙을 택할 것인가 하는 문제에 대해 결정할 수 없음을 다음과 같이 지적한다.

논리적 보편화 가능성은 목적론적 윤리체계를 지지하지 않는 것 못지않게 의무론적 윤리체계도 지지하지 않는다. '상황 S에서 사람들에게 최대의 쾌락을 가져다줄 행동을 하는 것이 옳다'라는 판단은 '상황 S에서 비록 정직함이 부정직에 비해 다소 적은 쾌락을 사람들에게 가져다준다 할지라도 정직하게 되는 것이 사람의 의무다'

라는 판단과 마찬가지로 보편화가 가능하다.[12]

칸트는 자살의 준칙이 보편적 법칙의 법식의 테스트를 통과하지 못하는 이유를 설명하면서, 생명을 촉진하는 사명을 자연으로부터 부여받아 작용하는 기능인 감각에 의해 도리어 생명 자체를 파괴하는 것은 자연의 자가당착이며, 자가당착적 자연은 자연으로 존립할 수 없다고 한다. 그러나 보편적 법칙의 법식을 아무리 면밀하게 검토해도 거기에서 우리는 '자연의 자가당착'을 발견할 수 없다. 매킨타이어는 칸트의 이런 설명을 다음과 같이 비판한다.

'고통의 전망이 행복의 전망을 압도하면 자살하라'라는 준칙을 선택한 사람은 일관성이 없다. 왜냐하면 그렇게 의욕하는 것은 우리 모두에게 깊이 심겨 있는 삶의 충동에 '모순되기' 때문이다. 그것은 마치 '나는 항상 나의 머리카락을 짧게 유지한다'라는 준칙을 의욕한 사람은 일관성이 없는데, 그 이유는 이 같은 의욕이 우리 모두에게 심겨 있는 머리카락의 성장 충동에 배치되기 때문이라고 주장하는 것과 마찬가지다.[13]

칸트는 자살의 준칙을 보편적 법칙의 법식만으로는 금지할 수 없었기 때문에 생뚱맞게도 '자연의 자가당착'이라는 개념을 끌어들이고 있다. 매킨타이어는 그 생뚱맞음을 "머리카락의 성장 충동"이라는 표현으로 조롱하고 있다. 마찬가지로 칸트는 타인의 고통에 무관심하겠

---

12   P. F. Taylor, *Principles of Ethics* (California, Wadsworth Publishing Co. 1975), p. 98.

13   A. MacIntyre, *After Virtue* (University of Noter Dame Press, 1984), p. 45.

다는 준칙을 보편적 법칙의 법식만으로 금지할 수 없어서 '의지의 자가당착'이라는 개념을 끌어들인다.[14] 그뿐만 아니라 보편적 법칙의 법식으로써 자식 사랑의 윤리도 정당화할 수 있고, 효도의 윤리도 정당화할 수 있다는 사실이 칸트를 더 곤란하게 만든다. 예컨대, '나는 내 부모에게 효도하는 대신에 그 정성을 내 자식을 위해 사용하겠다. 그리고 나도 내 자식에게 효도를 바라지 않겠다'라는 준칙을 세웠다면 이 역시 보편화가 가능하며, 이런 준칙은 '자연의 자가당착'도 발생시키지 않는 것 같다. 왜냐하면 대부분의 포유류는 자식에 대한 사랑은 갖고 있으나 부모에 대한 효도는 모름에도 대를 이어 잘 존속하고 있기 때문이다. 마찬가지로 '나는 내 부모에게 효도하겠다. 그리고 나도 자식들에게 효도를 요구하겠다'라는 준칙 역시 보편화가 가능하다. 그러나 '자연의 자가당착'이라는 측면에서 보면 오히려 이 효도의 준칙이 바람직하지 않은 준칙일 수 있다. 대가 끊길 위험에도 효도를 위해 외동인 자식의 죽음을 받아들이게 되면, 이는 '자연의 자가당착'이 될 것이기 때문이다. 이 경우 어느 준칙을 택할 것인가는 보편준칙만으로는 결코 결정할 수 없다. 넷째, 우리는 칸트가 말년에 쓴 소논문 「인간애로 말미암아 거짓말하는 권리에 관하여」를 통해 동일성 테제가 잘못임을 밝힐 수 있다. 그 논문에서 칸트는 다음과 같은 상황을 설정한다.

14　심리학자들은 인간이 동일한 순간에 동일한 대상에 대해 양면적 감정을 가질 수 있다는 것에 대해 말한다. 칸트식으로 말한다면 이는 '의지의 자기모순'이 될 것이다. 하물며 의지의 자가당착은 인간이 삶을 영위하면서 수없이 자주 경험하는 현상이다. 애연가인 사람이 금연 결심을 하거나 금주를 결심했던 사람이 다시 애주가가 될 경우, 이 모두는 의지의 자가당착이 될 것이다. 의지의 자가당착은 인간 삶의 보편적 현상이기 때문에 의지의 자가당착을 이유로 이웃의 고통에 무관심하겠다는 준칙은 보편법칙이 될 수 없다는 주장은 설득력이 떨어진다.

나의 친구(A)가 우리 집에 찾아와 '나를 죽이려 할지도 모르는 사람(B)이 나를 쫓아오고 있다. 나를 제발 안전한 곳에 숨겨다오'라는 부탁을 한다. 그래서 나는 그를 우리 집 벽장 깊은 곳에 숨겼다. 조금 뒤, 미심쩍은 살인자가 우리 집으로 와서 내게 'A를 보지 못했느냐'라고 묻는다.[15]

문제는 이 경우 과연 나는 B에게 A의 소재에 대해 정직하게 말해주어야 하느냐, 말해주지 말아야 하느냐 하는 것이다. 칸트는 단호하게 보편적 법칙의 법식의 관점에서 B에게 A의 소재를 알려주어야 한다고 말한다. 그러나 내가 정직의 의무를 다하게 되면 A의 생명은 위태로울 것이다. 그러나 목적 자체의 법식의 관점에서 본다면, 나는 거짓말을 해서라도 '한갓 수단으로 취급되어서는 안 되고 동시에 목적 자체로 취급되어야 하는' A의 안전을 도모해주어야 할 것이다. 만약 두 법식이 동일한 것이라면 이런 차이가 발생해서는 안 된다.[16] 우리는 칸트에게 이런 딜레마를 걸 수 있을 것이다. 동일성 테제를 고수하려면 두 법식을 각기 상이한 범주에 연결해서는 안 되고, 두 법식을 상이한 범주에 연결하는

---

15 I. Kant, "Über ein vermeintes Recht aus Menschenliebe zu lügen", in: *Immanuel Kant Werkausgabe* VIII, hrsg. W. Weischedel, Suhrkamp, Frankfurt am Main, 1968.

16 코스가드도 다음과 같이 말한다. "문 앞의 살인자에게 거짓말을 한 사례에서, 보편법칙의 정식과 인간성의 정식(목적 자체의 법식)을 적용하면 각각 상이한 답에 도달한다. … (중략)… 이 결론은 정식들이 동일한 것이라는 칸트의 믿음에 의문을 제기한다." C. M. Korsgaard, *Creating the Kingdom of Ends* (Cambridge University Press, 1996), p. 143. 그러나 정식들이 하나의 동일한 것이라는 칸트의 주장이 잘못된 이유에 대한 코스가드의 입장은 필자와 다르다. 적지 않은 학자들이 칸트의 동일성 테제에 대해 비판적이다. J. E. Atwell, "Are Kant's First Two Moral Principles Equivalent" (in: *Immanuel Kant, Critical Assessments* III, edited by Ruth F. Chadwick & Clive Cazeauk, London & New York, Routledge, 1992). 특히 p. 186 참조. 그리고 M. G. Singer, *Generalization in Ethics* (New York, Russell & Russell, 1961), pp. 235-236 참조.

것을 고수하려면 동일성 테제를 포기해야 한다.

　　필자가 보기에 보편적 법칙의 법식은 어떤 준칙이 실천법칙이 되기 위한 필요조건일 뿐이며, 목적 자체의 법식은 그 충분조건인 것 같다. 그렇다면 칸트가 그 양자를 동일시하는 것은 받아들이기 어려운 주장이 될 것이다. 만약에 칸트가 형식주의를 일관되게 밀고 나가기 위해 보편적 법칙의 법식만을 인정하고 목적 자체의 법식을 포기한다면, 그는 도덕법칙의 필요조건을 제시하는 것일 뿐 충분조건을 제시하지는 못하게 된다. 칸트로서는 트릴레마에 빠지게 된다. 보편적 법칙의 법식에 더하여 목적 자체의 법식을 받아들이면 도덕법칙의 필요조건과 충분조건을 제시할 수 있는 이점이 있으나, 윤리학에서의 형식주의적 전회가 말뿐인 것이 된다. 목적 자체의 법식을 버리고 보편적 법칙의 법식만을 받아들이면, 윤리학에서의 형식주의에는 일관성을 줄 수는 있으나 도덕법칙의 필요조건밖에 제시할 수 없다. 이런 상황에서 칸트는 보편적 법칙의 법식과 목적 자체의 법식이 동치임을 주장하게 되지만, 이는 형식과 실질을 섞어버리는 잘못이 된다.

제4절
두 법식의 동일성과 예지적 존재

    칸트의 목적 자체의 법식이 형식주의와 모순을 일으키지 않는 방식으로 해석될 수 있는 한 가지 고육지책이 있다. 필자는 이 해석방식도 결국 문제점이 있다고 생각하지만, 바로 목적 자체로 대접받아야 하는 인간을 예지적 인격체로 간주하는 것이다. 해석상의 논란거리가 있을 수 있겠지만, 칸트 자신도 비슷한 견해를 제출하고 있기도 하다.

> 이성적 존재자는 도덕성을 가질 때만 목적 자체가 될 수 있다.
> 왜냐하면 이성적 존재자는 이 도덕성에 의해서만 목적의 왕국에서
> 입법하는 성원이 될 수 있기 때문이다. 그러므로 도덕성과 도덕적
> 능력이 있는 인간성만이 존엄을 가진다.[17]

    칸트는 『도덕형이상학』에서 같은 의미의 말을 다음과 같이 말하기도 한다.

---

17   I. Kant, *Grundlegung zur Metaphysik der Sitten*, p. 68.

'자연의 체계 속에서의 인간'(현상적 인간: homo phänomenon)은 사소한 중요성만 가지며, 땅의 자손으로서 여타의 다른 동물과 똑같은 가치(pretium vulgare)를 가진다.[18]

다시 말해 인간에게서 목적 자체를 형성하는 부분은 인간의 예지적 부분이지 현상적 부분은 아니라는 것이다. 이런 식으로 생각한다면, 칸트가 비록 인간성을 목적 자체로 간주했다 하더라도 그것이 자신의 형식주의를 파괴하지 않는 것처럼 보인다. 인간성이 목적 자체인 이유는 인간만이 도덕성의 담지자이기 때문이요, 이때 도덕성은 순전히 형식적인 것이기에 인간이 목적 자체로 대접받아야 한다는 것은 인간 내부에 있는 도덕의 형식성이 목적 자체로 간주되어야 한다는 말이나 마찬가지이기 때문이다. 도덕성의 담지자로서 인간 내부에 도덕의 선천적 형식성이 없다면, 인간은 목적 자체가 아니라는 것이다. 그러나 이렇게 해석해도 칸트가 자신의 형식주의와 충돌하는 것은 불가피하다는 것이 필자의 생각이다. 칸트는 인간성 혹은 인간성 내부에 내장된 도덕의 형식성만 목적 자체로 간주한다 하더라도 결국 모종의 실질을 끌어들이지 않을 수 없다. 인간이 도덕을 의식하면서 살 수밖에 없는 이유가 인간이 자연법칙의 지배를 받는 경험적 자아와 도덕법칙을 의식하는 예지적 자아의 결합체이기 때문이라면, 인간에게서 도덕성의 형식성만 담지하고 있는 예지적 부분만 목적 자체로 간주하고, 쾌고를 감수하는 능력으로서의 경험적·신체적 부분은 목적 자체가 될 수 없다고 하는 것은 작위적이고 부자연스러운 이분법이 될 것이다. 인간이

---

18   I. Kant. *Metaphysik der Sitten*, p. 569.

정신과 신체의 종합인 한, 정신과 마찬가지로 신체도 결국 목적 자체로 간주하지 않으면 안 된다. 신체가 일단 목적 자체로서 인간의 중요한 구성요소로 간주될 수밖에 없는 한, 인간성을 목적 자체로 대접하기를 명령하는 인간 존엄성의 정언명법은 칸트 윤리학의 형식주의적 입장과 상치된다고 하겠다. 물론 인간이 순수사유라면, 칸트가 목적 자체의 법식을 받아들이더라도 자신의 윤리적 형식주의와 모순을 일으키지는 않을 것이다. 순수사유로서의 인간은 피와 살이 없는 순수영혼, 순수이성, 순수형식으로서의 인간이기 때문이다. 이 경우 인간을 목적으로 대하라는 말은 특정 시공간 안에 있는 구체적인 개인을 목적으로 대하라는 말이 아니라 그 개인에게서 뼈와 살을 제거한 뒤에 남는 순수이성을 목적으로 대하라는 말이 될 것이다. 그러므로 칸트가 목적 자체의 법식에서 언급하는 인간이 이런 순수사유로서의 인간이라면, 그런 인간을 목적으로 대하라는 것은 자신의 형식주의와 모순을 일으키지 않는 것이 당연하다. 그러나 인간이 순수사유라면 경향성의 유혹도 받지 않을 것이고, 따라서 도덕적 갈등도 생기지 않을 것이며, 윤리적인 존재가 아니게 될 것이다. 인간이 윤리적인 존재로 규정되는 한 피와 살을 가진 인간이지 않으면 안 된다. 그런 한에서 목적 자체의 법식이 칸트 윤리학의 형식주의와 충돌하는 것은 불가피한 일이다.

제5절 결론

지금까지 보편적 법칙의 법식과 목적 자체의 법식이 본질적으로 동일한 법식이라는 칸트 주장의 타당성 여부를 검토하면서 칸트의 윤리학 체계에 숨겨져 있는 근원적 균열을 밝혀냈다. 사람들은 칸트가 후기 저술인 『도덕형이상학』에서 비판기의 칸트라면 결코 중시하지 않을 것 같은 '덕의무', '행복', '도덕적 감정' 등의 개념에 대해 논하는 것을 보고, 그를 형식주의 윤리학자로 간주하는 것은 칸트 윤리학의 전모를 보지 못하고 내린 일면적 평가라고 말한다. 그러나 칸트가 『도덕형이상학』에서 그런 개념들을 집중적으로 다루고 있다는 것은 단지 관찰된 사실일 뿐이다. 그런 개념을 다루고 있다는 사실과 '그런 개념을 다루는 것이 비판기의 입장과 조화하는가?'라는 것은 별개의 문제다. 누군가가 칸트가 참으로 자기 나름의 덕론을 소유한 윤리학자임을 주장하려면, 그 근거로 앞서 언급된 그런 관찰된 사실만 제시해서는 안 될 것이다. 백슬리는 이와 관련하여 다음과 같이 말한다.

> 칸트가 '도덕적 품성(moral character)' — 이 안에서 어떤 감정과 경향성들은 적극적인 도덕적 가치를 갖게 된다 — 에 대한 설명을

제시하고 있다는 사실에 주의를 환기하는 것은 칸트가 그 자신만의 구별되는 덕 이론을 갖고 있음을 보여주기에는 충분하지 않다.[19]

후기 저술에서 칸트가 '덕', '행복' 등에 대해 많이 언급하고 있다는 관찰된 사실에 의거하여 칸트를 덕 윤리학자라거나 행복주의자라고 주장하는 것은 마치 유물론자인 마르크스의 저술에서 영혼이라는 개념이 사용되고 있음을 발견한 사람이 마르크스를 유물론자로 해석하는 것은 일면적인 해석이라고 주장하는 것이나 마찬가지다. 그리고 이는 마치 공리주의 윤리설을 주장한 벤담의 저술에서 의무의 개념이 사용되는 것을 발견한 어떤 사람이 벤담을 더 이상 목적론적 윤리학자로만 보는 것은 일면적이며, 벤담도 의무론적 윤리설의 측면이 있다고 주장하는 것이나 마찬가지다. 그러나 이런 논의는 그야말로 소박한 차원에 머물 것이다. 국내외를 막론하고 몇몇 주석가는 이런 수준의 논의를 전개하고 있다.

앞서 언급한 균열은 윤리학에서뿐만 아니라 『순수이성비판』에서도 발견되고 있음에 주목할 필요가 있다. 필자는 이 점을 이미 다른 곳에서 지적했다.[20] 칸트는 질료적(대상적)인 것이면서도 선천적으로 알려지는 하나의 예외를 허용할 수밖에 없는 상황에 처하게 되는데, 이를 '선험적 대상(transcendental object)'이라고 부른다. 이 대목에서 하나의 흥미로운 추론이 성립한다. 모든 형식적인 것은 인식 주관에서 유래한다

---

19   A. M. Baxley, *Kant's Theory of Virtue: The Value of Autocracy* (Cambridge University Press, 2010), p. 49.

20   문성학, 『칸트 윤리학과 형식주의』(경북대학교출판부, 2006), pp. 15-16 참조. 또한 『칸트철학과 물자체』(울산대학교출판부, 1995), p. 83도 참조.

는 칸트의 입장과 선험적 대상도 대상이기는 하지만 선천적으로 알려지는 대상이라는 점에서 보면 형식적인 것이라는 칸트의 또 다른 주장이 결합하면, 칸트 인식론에서 선험적 대상은 선험적 주관에서 유래하게 된다. 그리하여 현상은 선험적 주관의 창조물이 된다. 그리고 선험적 대상은 선험적 주관과 등근원적 동연자(同延者)가 된다. 칸트 인식론에서 형식(선천적인 것)과 실질(후천적인 것)이라는 이분법의 예외가 선험적 대상이듯이, 칸트 윤리학에서 형식과 실질이라는 이분법의 예외가 바로 도덕적 행위주체로서의 인간이다. 인간은 자신이 입법한 형식적 정언명법에 따라 행위할 수 있는 자유(자율)의 존재이기에 도덕성의 담지자다. 그러므로 도덕이 목적이라면 인간도 목적이지 않으면 안 된다. 그런데 칸트는 인간을 목적 자체로만 대하라고 말하지 않는다. 인간은 피와 살을 가진 생물학적 존재이기도 하기 때문에 인간이 일정 부분 수단으로 취급될 수밖에 없음을 인정한다. 그래서 칸트는 인간을 "수단으로만 대하지 말고 동시에 목적으로 대하라"라고 말한다. 칸트철학은 인식론이건 윤리학이건 형식과 내용의 이분법에서 시작해서 그 이분법을 부정하는 것으로 끝난다. 따라서 우리는 이렇게 말할 수 있다. 형식과 내용의 이분법을 인정하지 않고서는 칸트의 인식론과 윤리학 체계 속에 들어갈 수 없고, 그것을 인정하고서는 그 체계 속에 머물 수 없다.

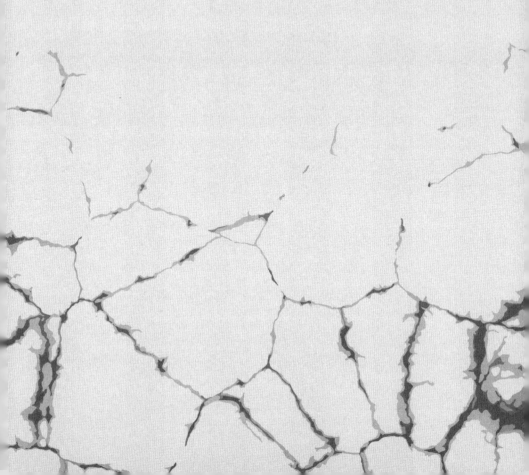

제3장

칸트 도덕철학의
자율적 자유 개념의
루소적 기원

제1절 서론

    루소(J. J. Rousseau)와 칸트는 기질적으로 판이하다. 루소가 방랑자적이고 자유분방하고 책임감이 부족하고 감성적이고 비체계적인 저술가라면, 칸트는 기질적으로 여행을 싫어하고 규칙적인 삶을 선호했고 책임감이 넘치고 이성적이고 체계적인 저술가였다. 이런 기질적인 차이만으로도 두 사람은 서로를 싫어할 것처럼 여겨진다. 거기에다 루소는 5명의 자식을 모두 고아원에 버렸다. 철저한 모럴리스트인 칸트가 이런 루소로부터 커다란 사상적 영향을 받았다는 것은 기이한 일이다. 규칙적인 산책을 한 것으로 유명했던 칸트는 단 한 번 산책을 빼먹은 적이 있었다. 루소의 저서 『에밀』을 읽으면서 너무 독서에 몰입한 나머지 산책을 하지 못했다. 칸트 자신이 루소에게서 받은 사상적 영향을 솔직히 인정한다.

    나는 끝없는 지식욕을 느끼고 있으며, 모든 진보에서 만족을 맛보듯이 지식에서 발전하려는 지칠 줄 모르는 열정을 느끼고 있다. 나는 한때 지식의 발전만이 인간의 영예를 구성한다고 믿은 적이 있었다. 그리고 아무것도 알지 못하는 일반인을 무시했다. 루소는 나

를 올바로 교정했다. 이러한 맹목적 편견은 사라졌다. 나는 인간의 본성을 존경해야 함을 배웠다.[1]

칸트가 루소로부터 인간을 존중하는 법을 배웠다고 고백한 것이 칸트의 나이 40세일 때였다. 이때는 칸트가 교수가 되기 6년 전이며, 그의 첫 번째 주저인 『순수이성비판』이 출간되기 17년 전이다. 그러니까 칸트는 비판철학기 이전부터 루소의 영향을 받은 셈이다. 칸트는 1762년 그의 나이 38세 때 루소의 저술을 읽기 시작했다. 청년 시절의 칸트는 뉴턴으로부터 자연과학적인 세계관찰의 원칙들을 진지하게 수용했다. 그리고 루소로부터는 인간에 대한 새로운 안목을 배웠다. 뉴턴과 루소는 칸트철학의 형성에 결정적인 영향력을 행사한 두 주연배우다. 데카르트나 흄은 이들에 비하면 준주연급 배우들이다. 칸트 자신도 다음과 같이 말한다.

> 뉴턴은 지금까지 무질서와 혼란이 지배하던 영역에서 아주 단순한 질서와 규칙성을 발견한 사람이다. 마찬가지로 루소는 인간 모습의 다양성 아래에 깊게 숨겨 있는 인간의 본성을, 그리고 신의 섭리를 정당화시켜줄 만한 숨어 있는 법칙을 최초로 발견한 사람이다.[2]

인간의 실천적 인식에 대한 칸트의 관심은 루소를 통해 각성되었다. 칸트는 더 이상 외눈박이 거인처럼 세계의 사태에 대한 이론적 호

---

1   E. Cassirer, *Rousseau, Kant, Goethe* (trans. J. Gutmann, P. O. Kristeller, J. H. Randall Jr., Archon Books, 1961), pp. 1-2에서 재인용.

2   E. 카시러, 『계몽주의 철학』(박완규 역, 서울: 민음사, 1995), p. 208에서 재인용.

기심만으로 만족할 수 없었다. 루소는 칸트에게 인간 삶의 실천적 차원에 대한 안목을 부여했다.[3] 말하자면 일종의 개안이었다. 그 개안식의 감동이 얼마나 컸던지 칸트는 당연히 루소의 모든 저서를 연구 대상으로 삼았으며, 친구 루프만이 보내준 루소의 초상화만 자신의 텅 빈 서재에 걸어놓았다.[4]

칸트는 루소를 "인간 모습의 다양성 아래에 깊게 숨겨 있는 인간의 본성"을 발견한 사람으로 높이 평가했는데, 과연 그 '인간의 본성'은 무엇인가? 그것은 바로 인간의 자유다.[5] 이 사실은 앞서 인용한 문장에서 칸트가 필연적 자연법칙의 발견자인 뉴턴과 루소를 대비시키고 있는 데서도 알 수 있다. 칸트철학에서 자연법칙에 대비되는 것은 도덕법칙인데, 도덕법칙은 자유의 법칙임은 칸트철학의 상식에 속하는 일이다. 칸트는 자유에 대한 루소의 열정적인 옹호에 깊이 감명받았다. 콩도르세(Marquis de Condorcet) 역시 루소를 결코 논박될 수 없고 잃어버릴 수 없는 진리들 가운데 하나가 인권의 개념을 확립한 사람으로 간주한다.[6] 물론 자유는 인권의 기초다. 루소의 주요 저작을 관통하고 있는 개념이 자유의 개념이라면, 칸트 역시 자유를 자기 철학 체계의 요석(Schlußstein, 要石)으로 간주하고 있다.[7]

이 장에서는 칸트 도덕철학의 핵심 개념인 자율적 자유 개념의 루

---

3   만프레트 가이어, 『칸트 평전』(김광명 역, 서울: 미다스북스, 2004), pp. 344-345 참조.
4   K. 포르랜드, 『칸트의 생애와 사상』(서정욱 역, 서울: 서광사, 2001), p. 101 참조.
5   박찬구, 「칸트 윤리학에서 자율개념의 형성과정」(한국국민윤리학회, 『국민윤리연구』 제34호, 1995), p. 209 참조.
6   E. 카시러, 『계몽주의 철학』, p. 338.
7   칸트는 『실천이성비판』에서 "그 실재성이 실천이성의 의심의 여지가 없는 법칙에 의해 증명되는 한에서 자유의 개념은 순수한 이성일반의, 따라서 사변이성까지의 전 체계의 요석(要石)이 된다"라고 말한다(I. Knat, *Kritik der praktischen Vernunft*, 1974), pp. 3-4.

소적 기원에 대해 고찰하고자 한다. 칸트가 자신의 자율적 자유 개념을 형성함에 있어, 그리고 자유를 자기 철학 체계의 요석으로 간주함에 있어 루소로부터 영향을 받았음이 사실이라 하더라도 루소 자유론의 어떤 측면이 칸트 자유론의 어느 부분에 영향을 주었는가에 대해서는 아직 세부적인 연구가 이루어지지 않았다.[8] 필자가 주목하고자 하는 부분이 바로 이것이다. 먼저, 루소가 인간의 본성을 자유로 보았음을 살펴볼 것이다. 둘째로 루소의 세 가지 자유 개념인 자연적 자유, 시민적 자유, 도덕적 자유에 대해 고찰한다. 셋째로 칸트가 언급하는 다양한 자유 개념들, 즉 선험적 자유, 실천적 자유, 자율적 자유의 개념들을 간략히 살펴본 뒤 이 세 가지 자유 개념의 공통적인 요소가 자발성, 자기입법성, 보편성임을 밝힐 것이다. 마지막으로 그 세 가지 요소의 루소적 기원을 살피는 방식으로 칸트의 자유 개념을 해명하고자 한다. 좀 더 세부적으로 말한다면, 칸트는 루소의 자연적 자유 개념으로부터 의지의 자발성 요소를, 시민적 자유 개념으로부터 자기입법성을, 도덕적 자유 개념으로부터 보편성을 받아들였음을 밝히고자 한다.

---

8 박찬구의 연구는 적어도 국내에서는 이 분야에서 선구적인 것이지만, 적지 않은 한계를 보여주고 있다. 무엇보다 루소의 자유 개념을 자연적 자유와 인간적(사회적) 자유로만 나누어 고찰하면서 도덕적 자유에 대해 언급조차 하지 않고 있다는 것이다. 그는 인간적 (사회적) 자유에 도덕적 자유를 포함시키고 있으나(「칸트 윤리학에서 자율개념의 형성 과정」, pp. 212-214 참조), 이는 설득력이 떨어진다.

제2절
루소의 인간본성론과 자유

사람들은 흔히 루소를 서양에서 인간의 본성은 선하다고 주장한 성선설의 대표자로 간주한다. 그리고 동양에서 인간의 본성은 선하다고 주장한 대표적인 사상가로 맹자를 든다. 그리고 이 양자의 성선설을 비교하는 논문도 발견된다.[9] 사실 루소는 '자연은 인간을 행복하고 선하게 만들었다'라고 생각했으며, 말년까지도 그것을 자기 사상의 대원리라고 말했다.[10] 『에밀』 제1부 첫머리에서는 다음과 같이 말한다.

모든 것은 조물주의 손으로부터 나올 때는 더할 나위 없이 선하나 인간의 손에 들어오면 타락한다. 인간은 어떤 땅에 다른 땅의 산물을 재배하려 하고, 또 어떤 나무에 다른 나무의 열매를 열리게 하려 애쓴다. …(중략)… 인간은 자연이 만든 것은 아무것도 그대로 원하지 않는다. 인간 그 자체까지도 마치 조마장의 말처럼 인간 자신

---

9   김영인, 『맹자와 루소의 인성론 비교연구』, 한국정신문화연구원 한국학대학원 박사학위 논문, 1999.

10 츠베탕 토도로프, 『덧없는 행복: 루소 사상의 현대성에 관한 시론』(서울: 문학과 지성사, 2006), p. 18 참조.

을 위해 길들여놓는다.[11]

루소는 자연상태에서는 인간을 위시하여 만물이 선하지만, 인간이 사회상태에 진입하면서 인간을 포함하여 만물이 뒤틀리고 왜곡된다고 생각한다. 루소의 이 말을 두고 보면 그가 인간의 본성은 선함을 주장한 사상가로 읽히는 것은 무리가 아니다. 그러나 이미 다수의 명민한 해설가들이 인정하고 있듯이 자연상태에서 인간의 '선함'은 매우 특이한 것이다. 토도로프에 의하면 루소가 말하는 자연상태의 인간의 선함은 특이한데, 그 이유는 다음과 같다.

루소에 의하면 이 '선함'은 인간이 아직 이성을 제대로 사용할 수 없어서 선과 악을 구분하지 못하는 세계에서 나타나는 것이기 때문이다. 자연의 인간은 의도적으로 선량한 것이 아니다. 자연인의 행위가 선하다는 것은 자연인이 아닌 외부의 관점, 이를테면 오늘의 우리의 관점에서 보았을 때 확인할 수 있다.[12]

루소는 『인간 불평등 기원론』에서 자연상태인 인간의 선한 삶의 모습을 세세하게 묘사하고 있다. 그러나 그는 '자연상태의 인간(man in natural state)'과 '인간의 본성(human nature)'을 뒤섞어 사용하고 있다. 자연상태의 인간은 풍부한 자연적 소산을 마음껏 사용하며, 가족도 집도 언어도 없이 외톨이 생활을 한다. 자연상태의 인간이 갖고 있는 두 가지 감정은 자기애와 연민의 감정이다. 질병에도 잘 걸리지 않는다고 한다.

---

11   장 자크 루소, 『에밀』(상)(정봉구 역, 서울: 범우사, 1999), p. 23.
12   츠베당 토도로프, 『덧없는 행복: 루소 사상의 현대성에 관한 시론』, p. 19.

우리가 알고 있는 상식과 일치하지 않는 주장이지만, 그런 상태에서 인간은 남과 다투거나, 남을 시기하거나, 나의 욕망을 충족시키기 위해 남을 이용하거나 할 필요가 없다. 외톨이 생활을 하기 때문이다. 당연히 자연상태의 인간은 선한 존재로 보인다. 그러나 그렇다고 그의 본성이 선한 것이라고 단정할 수는 없다. 본성이 선하려면, 인간을 둘러싼 환경이 바뀌어도 본성으로 간주되는 어떤 성질이 계속 표출되려는 강력한 경향성을 가져야 한다. 적어도 환경이 바뀌어도 그 성질이 절멸되지는 말아야 할 것이다. 예컨대 식욕이 인간의 본성이라고 하자. 그렇다면 인간은 외톨이 생활을 하건 집단생활을 하건, 풍요로운 생활을 하건 빈한한 생활을 하건 식욕을 충족시키려는 불변적인 경향성을 갖고 있으며, 그 욕구를 충족시키려 애쓸 것이다. 그러나 루소가 말하는 자연상태에서 인간의 선함은 그런 것이 아니다. 사회상태에 돌입하면 자연상태의 인간이 갖고 있던 여러 가지 성질이 사라진다. 물론 루소는 사회상태에서도 자연상태의 인간이 갖고 있던 그런 성질들을 회복해내려고 한다. 그렇게 회복될 수 있다면, 그런 성질들이 인간의 본성일 수 있다. 그러나 자연상태에서는 잠재되어 있다가 사회상태에서 발현된, 사회상태의 인간이 보여주는 성질들, 예컨대 이기심과 허영심과 경쟁심 같은 것도 인간의 본성으로 인정되어야 할 것이다. 중요한 것은 인간이 갖고 있는 이런저런 성질 혹은 특질들이 잠재된 상태에 있느냐 발현된 상태에 있느냐 하는 것이지, 특정한 상황과 특정한 조건에서 발현된 인간의 어떤 특질들을 인간의 본성으로 보는 것은 잘못이 될 것이다. 루소는 홉스(T. Hobbes)가 전쟁 상태를 인류의 본성에서 유래한 것으로 본 것을 비판하는데, 필자가 보기에 홉스 역시 루소와 마찬가지 잘못을 범하고 있다. 홉스가 설정한 자연상태는 인간이 집단으로 모여

사는 상태다. 그들이 필요로 하는 것은 비슷한데, 그것을 충족시켜줄 물자가 부족하다. 그뿐만 아니라 자연상태의 인간은 이타심이 매우 부족하다.[13] 그런 상황에서는 자연스럽게, 아니 필연적으로 만인에 대한 만인의 투쟁상태가 발생할 것이다. 그래서 홉스는 인간의 본성은 악하다고 말한다. 루소의 자연상태는 인간의 선한 본성이 발현하도록 설정되어 있고, 홉스의 자연상태는 악한 성향이 발현하도록 설정되어 있다.

이상의 관점에서 본다면, 루소나 홉스는 각자 자신들의 정치사상을 개진하고 싶은 방향을 정하기 위해 필요한 방식으로 인간의 본성을 규정하고 있는 듯이 보인다. 인간의 본성을 둘러싼 그들의 논의는 이 점에서 동양에서 맹자와 순자의 논쟁과 흡사하다. 덕치를 선호한 맹자는 성선설을 주장했고, 법치를 선호한 순자는 성악설을 주장했다. 물론 역으로 인간의 본성이 선하기에 덕치가 옳고, 인간의 본성이 악하기에 법치가 옳다고 말했을 수도 있다. 그러나 인간의 본성이 선하냐 악하냐 하는 것은 선과 악의 기준이 정해지면 사실의 문제가 되지만, 법치가 옳으냐 덕치가 옳으냐 하는 것은 선호의 문제처럼 보인다. 이 경우 사람들은 자신이 선호하는 것을 정당화하기 위해 사실을 뒤틀어버릴 가능성이 크다. 루소 역시 자연상태에 대한 동경을 품고 있었으며, 자연상태의 인간처럼 외톨이의 삶을 열망했다. 루소는 심지어 단지 거기 있어야 한다는 것뿐 다른 의무가 전혀 없다면 바스티유 감옥에서 지낸다 한들 그다지 불행하지 않을 것이라는 말을 하기도 했다.[14] 루소는 자기가 선호하는 삶의 방식을 정당화하기 위해 자연상태의 인간을 외톨이

---

13   T. Hobbes, *Leviathan* (London, Penguin Books, 1980), p. 184 참조.

14   츠베당 토도로프, 『덧없는 행복: 루소 사상의 현대성에 관한 시론』, pp. 68-69 참조.

로 묘사하고 있다.

　루소의 자연인은 이성적 동물이 아니라 전(前) 이성적이고 인간에
가까운 존재일 뿐이다. 그런 자연인은 선하게도 악하게도 될 수 있다.
자연인은 선악 구분 이전의 존재다. 스트라우스에 의하면, 자연인은 자
기를 특정한 방향으로 기울게 하는 타고난 소질이나 본성을 갖고 있지
않아서 거의 무한히 순응할 수 있는 존재다.[15] 그렇다면 루소가 인간의
본성을 선하게 보았다는 주장은 사람들이 생각하는 만큼 비중 있는 주
장은 아니다. 『인간 불평등 기원론』에서 루소 자신도 자연상태의 인간
은 선도 아니고 악도 아님을 인정하고 있다.

　　이러한 상태에 있는 인간은 서로 간에 도덕적인 관계도, 분명한
　　의무도 갖고 있지 않아서 선인일 수도 악인일 수도 없었으며, 또한
　　악덕도 미덕도 가지고 있지 않았다고 생각된다.[16]

　루소가 인간의 본성은 선하다고 말할 때 그것은 도덕적 선악 구분
이 없는 자연상태의 독립성과 자유에 대한 열망을 말한 것이 될 것이
다. 어떤 측면에서는 선악과를 따먹기 이전의 에덴동산의 선함과 같은
것이리라.

　그러면 루소 사상에서 핵심적인 개념은 무엇인가? 학자들에 따라
다양한 대답을 내놓겠지만, 필자는 '자유'라고 말하고 싶다. 사실 루소
사상의 핵심을 자유에서 찾는 루소 연구자들이 다수 있다. 예컨대 스트

15　L. Strauss, *Natural Right and History* (Chicago, University of Chicago Press, 1953), p.
　　271 참조.
16　장 자크 루소, 『인간 불평등 기원론』(주경복·고만복 역, 서울: 책세상, 2009), p. 78.

라우스는 루소를 자유철학의 창시자로 부른다.[17] 자유에 대한 루소의 강조는 그의 저술 도처에서 발견되고 있다. 『사회계약론』에서 "인간은 자유롭게 태어났다. 그러나 도처에서 사슬에 매여 있다"라고 말한다. 그리고 같은 책에서 다음과 같은 의미심장한 말을 한다.

> 자기 자유를 내놓는 것은, 자신의 인간 자격을, 인류의 권리들을, 심지어는 자신의 의무들을 내놓는 일이다. 누구건 모두를 내놓는 자에게는 아무런 보상도 있을 수 없다. 이러한 포기는 인간의 본성과 맞지 않는 짓이며, 인간의 의지에서 자유를 모조리 빼앗는다는 것은, 인간의 행동에서 도덕성을 모조리 빼앗는 것이 된다.[18]

『인간 불평등 기원론』에서 자유는 '인간의 영성'을 구성하는 가장 고귀한 능력으로 정의된다. 루소는 인간과 동물을 구별하는 것은 이성이 아니라 자유로운 의지 여부라고 주장한다.[19] "의지의 힘, 아니 좀 더 정확히 말해 선택의 힘과 이 힘의 자각 속에서는 역학의 법칙만으로는 아무것도 설명할 수 없는 순전히 영적인 행위만을 발견"하게 된다.[20] 루소는 인간과 동물의 차이를 다음과 같이 말한다.

> 우선 나는 모든 동물을 하나의 정밀한 기계로밖에는 보지 않는다. 자연은 그 기계가 스스로 작동할 수 있도록, 또한 그것을 고장내거나 파괴하려는 경향이 있는 모든 것에 대해 어느 정도까지는 스

---

17 L. Strauss, *Natural Right and History*, p. 279 참조.
18 장 자크 루소, 『사회계약론』(박은수 역, 서울: 인폴리오, 1998), pp. 126-127.
19 장 자크 루소, 『인간 불평등 기원론』, p. 61.
20 장 자크 루소, 『인간 불평등 기원론』, p. 61.

스로를 지킬 수 있도록 감각이라는 것을 부여했다. 나는 인간이라는 기계도 마찬가지라고 본다. 다만 동물의 활동에서는 자연만이 오로지 모든 것을 행하는 데 반해 인간은 자유로운 주체로서 자연의 활동에 협력한다는 것이 다를 뿐이다. 즉 동물은 본능에 따라, 인간은 자유로운 행위에 따라 취사선택을 하게 된다.[21]

루소가 자연상태의 인간은 선하다고 말하지만, 그 선이 자유임을 이해하면, 우리는 왜 루소가 자연상태에서는 잠재되어 있었지만 사회상태에서는 발현되는 여러 가지 것, 예컨대 이기심과 경쟁심과 허영심을 인간의 본성으로 간주하지 않았는지를 이해하게 된다. 앞에서 본성은 환경의 변화에 따라 발현되기도 했다가 사라지기도 하는 어떤 것들이 아니라, 환경의 변화와 무관하게 발현되려 하는 강력한 경향이 있는 것이어야 한다고 했다. 자연상태의 자기애나 연민, 사회상태의 이기심이나 허영심은 전자에 속하는 것들이다. 그렇기 때문에 자기애나 연민을 인간의 본성으로 본다면, 이기심이나 허영심도 인간의 본성으로 보아야 한다. 그러나 인간의 본성을 자유로 본다면, 그것은 후자에 속하는 것이다. 루소는 자연상태의 인간은 자유라고 생각했다. 물론 그것은 나중에 언급되겠지만, '자연적 자유'로 명명된다. 루소에 의하면 이 '자유의 욕구'는 자연상태에서나 사회상태에서나, 환경이나 상황의 변화와 무관하게 발현되려 하는 강력한 경향을 갖고 있다. **루소 사상의 핵심**

---

21 장 자크 루소, 『인간 불평등 기원론』, p. 60. 인용문에서 '인간이라는 기계'라는 표현은 오해를 유발할 수 있는 말이다. 루소는 아마 몸의 측면에서는 인간도 동물과 비슷한 기계적 메커니즘에 의해 작동함을 말하고 싶었던 것 같다. 인간이 자유로운 행위주체이며, 바로 그 점에서 동물과 구별된다고 생각하는 루소가 '인간이라는 기계'라는 표현을 했다는 것을 근거 삼아 루소는 인간도 동물과 마찬가지로 기계로 보았다고 해석하는 것은 잘못이다.

은 성선설이 아니라 자유에 놓여 있다. 아니, '인간의 본성은 선하다'라는 말은 '인간의 본성은 자유다'라는 말의 루소식 표현일 뿐이다. 이런 식으로 루소를 읽는다면 『사회계약론』 첫머리에 나오는 "인간은 자유롭게 태어났으나, 도처에서 쇠사슬에 묶여 있다"라는 유명한 말과, 『에밀』 제1부 첫머리에 나오는 "모든 것은 조물주의 손으로부터 나올 때는 더할 나위 없이 선하나, 인간의 손에 들어오면 타락한다"라는 말이 상호 교환 가능한 말임을 알 수 있다. 자연상태의 인간은 자유여서 선하나, 사회상태에서 인간은 부자유스럽고 악하게 된다는 것이다. 루소 사상의 핵심이 자유임은 루소가 자신의 저술 중에서 가장 공을 들였고, 또 가장 중시했던 저서인 『에밀』에서 끊임없이 강조하는 것도 자유임을 통해 알 수 있다. 루소는 그 책에서 자유를 자연적 자유, 사회적 자유, 도덕적 자유로 나누어 설명하고 있다. 이제 이 세 가지 개념을 차례로 다루어보고자 한다.

제3절 자연적 자유

자연적 자유에 대한 루소의 설명은 주로 『인간 불평등 기원론』에서 개진되고 있다. 루소는 이 책에서 인간 불평등의 기원을 설명하기 위해 '자연상태'와 '자연인'의 개념을 도입한다. 우선 그가 묘사하는 자연상태에 대해 알아보자.

> 원시의 인간은 일도 언어도 거처도 없고, 싸움도 교제도 없으며, 타인을 해칠 욕구가 없듯이 타인을 필요로 하지도 않고, 어쩌면 동류의 인간을 개인적으로 단 한 번도 만난 적 없이 그저 숲속을 떠돌아다녔을 것이다. 그는 얼마 안 되는 정념의 지배를 받을 뿐 스스로 자족하면서 자신의 상태에 맞는 감정과 지적 능력만을 갖고 있었다. 원시의 인간은 자신의 진정한 필요만 느꼈고, 눈으로 보아 흥미롭다고 여겨지는 것만 쳐다보았다.[22]

루소가 묘사하는 자연상태 혹은 자연인은 결코 역사적 사실에 대한 진술이 아니다. 그 개념은 학자들이 이구동성으로 지적하고 있듯이

---

22 장 자크 루소, 『인간 불평등 기원론』, p. 89.

루소가 당대의 사회를 비판적으로 검토하고 음미하기 위해 도입한 개념적 장치일 뿐이다. 루소 자신도 "더 이상 존재하지 않으며 어쩌면 결코 존재한 적도 없고, 아마 앞으로도 결코 존재하지 않을 듯한 어떤 상태, 그럼에도 우리의 현재 상태를 올바르게 판단하기 위해 정확한 기초지식을 가질 필요가 있는 그런 상태"[23]로 설명하고 있다. 또 이렇게 말하기도 한다.

> 우리가 이 문제에 대해 추구할 수 있는 연구는 **역사적인 진실이** 아니라 다만 가설적이고 조건적인 추론이라고 보아야 한다. 그러한 추론은 사물의 진정한 기원을 증명하기보다 사물의 본성을 해명하는 데 적합하며, 우리의 자연과학자들이 이 세계의 생성에 대해 날마다 행하고 있는 추론과 유사하다.[24]

그러나 루소는 『루소, 장 자크를 심판하다』에서 자신을 최초의 진실한 "인간 본성에 관한 **역사가**"로 묘사한다.[25] 루소의 자연상태에 대한 묘사는 그것을 역사적 사실에 대한 기술로 받아들이기에는 너무 역사적 사실들과 일치하지 않고, 추구해야 할 모종의 미래지향적 이념으로 받아들이기에는 너무 과도하게 과거지향적으로 기술되어 있으며, 현존 사회를 분석하는 틀로 받아들이기에는 너무 자의적인 틀이라는 것

---

23   장 자크 루소, 『인간 불평등 기원론』, p. 35.
24   장 자크 루소, 『인간 불평등 기원론』, p. 37.
25   E. Cassirer, *Rousseau, Kant, Goethe*, p. 24 참조(강조는 필자). 루소는 아마 자연상태에서의 인간은 선하다고 주장한 『인간 불평등 기원론』을 쓸 때만 해도 원죄설을 주장하는 기독교와 충돌하고 싶지 않기에 자연상태와 자연인에 대한 자신의 주장을 단지 현존하는 사회를 분석하는 허구의 개념 틀 정도로 소개한 것이 아닌가 한다. 그러나 그의 속마음은 그게 아니었을 것이다.

이 필자의 생각이다.[26]

　루소는 자연인의 개념을 설명하기 위해 미개인의 개념을 활용하는데, 그가 말하는 자연인은 얼핏 동물과 다를 바 없는 것처럼 생각될 수 있다. 루소가 묘사하는 바에 따르면, 자연인은 떡갈나무 아래에서 배불리 먹고, 시냇물을 찾아 목을 축이고, 자기에게 먹을 것을 제공해 준 바로 그 나무 아래서 잠을 잔다.[27] 자연인은 이런 우연한 방식으로 거처를 정하기 때문에 남녀의 성적인 결합도 욕망에 따라 우연히 이루어진다. 성적인 욕구가 충족되면 떠나기 때문에 태어난 아이는 아버지가 누군지 모른다. 그리고 아이가 독립할 정도가 되면 어미도 떠나기 때문에 세월이 흐르면 모자간에도 서로 알아보지 못한다.[28] 루소의 이

26　루소는 자연인을 거의 미개인과 비슷하게 생각하는데(예컨대 『인간 불평등 기원론』, p. 35와 pp. 58-59 참조), 이런 경우에 그는 마치 인류학자처럼 말한다. 그러나 루소의 '철학적 인류학'은 역사적 사실과 거리가 멀다. 인간은 결코 루소가 말하듯이 집도 없이 타인에 대해 무관심한 외톨이로 원시의 자연을 돌아다닌 존재가 아니다. 그리고 루소의 '자연상태'나 '자연인'이 현존하는 사회를 분석하는 틀이 되기에는 자의적인 이유는 홉스의 자연상태나 자연인 개념이 자의적인 이유와 마찬가지다. 홉스는 자연상태가 만인에 대한 만인의 투쟁상태라 했는데, 이 역시 인류학적 사실에 부합하지 않는 주장이다. 홉스와 루소 중에 누구의 자연상태와 자연인 개념이 더 설득력이 있느냐 하는 것은 결국 누구의 개념이 더 역사적 사실에 부합하느냐 하는 데 달려 있을 것이다. 루소의 자연상태 혹은 자연인 개념이 우리가 추구해야 할 이념이 되기에도 문제가 있는데, 그 개념들이 과거지향적인 방식으로 설명되고 있기 때문이다. 물론 슈프랑거처럼 루소의 자연 개념을 피조된 자연, 윤리적 이상으로서의 자연, 심리학적 발전법칙으로서의 자연으로 분류한 뒤(안인희 외, 『루소의 자연교육사상』, 서울: 이화여자대학교출판부, 1996, p. 50) 루소가 "자연으로 돌아가자"라고 말할 때의 자연은 윤리적 이상으로서의 자연 — 필자는 그것이 자유라고 생각한다 — 이라고 말할 수 있다. 칸트 역시 "자연으로 돌아가자"라는 루소의 말을 '자연상태와 자연인에 의해 표상되는 윤리적 이상을 실현하기 위해 노력하자'라는 뜻으로 풀이한다. 그럼에도 루소는 전자의 자연 개념에서 후자의 자연 개념으로 넘어갈 수 있는 어떤 정당한 논리적 근거도 제시하지 않고 있다. 루소가 하는 일은 하나의 자연 개념에 논리적으로 연결이 안 되는 — 물론 심리적으로는 연상법칙에 의해 연결될 수 있다 — 여러 가지 의미를 뒤섞어 쓰는 것이다.

27　장 자크 루소, 『인간 불평등 기원론』, p. 51 참조.

28　장 자크 루소, 『인간 불평등 기원론』, p. 69 참조.

런 설명을 통해 우리는 루소가 영장류로서 인간의 특징에 대해 생물학적으로 무지하다는 것을 알 수 있지만, 루소의 자연인은 영장류인 동물들과 다를 바 없는 존재가 아닌가 하는 생각을 하게 만든다. 그러나 이미 앞에서 살펴봤듯이 루소는 "동물은 본능에 따라, 인간은 자유로운 행위에 따라 취사선택을 하게 된다"라고 하면서 인간과 동물을 가르는 것이 '자유'라고 말한다. 그러나 루소가 말하는 자유가 구체적으로 어떤 것인지는 분명하지 않다. 그것을 알려면 루소의 다음 주장을 살펴볼 필요가 있다.

> 모든 동물은 감각을 가지고 있으므로 관념 또한 가지고 있다. 어느 정도까지는 그 관념을 조합하기도 한다. 이 점에서 인간과 동물은 약간의 차이가 있을 뿐이다. 몇몇 철학자는 인간과 동물의 차이보다 인간 간의 차이가 더 크다고 주장하기까지 했다. 그러므로 인간과 동물을 구별 짓는 것은 지성이라기보다는 인간의 자유로운 주체로서의 특질이다. 자연은 모든 동물에게 명령하고 동물은 이에 따른다. 인간도 같은 영향을 받는다. 그러나 인간은 복종하느냐 저항하느냐의 선택에서 전적으로 자유로움을 인식한다. 인간 영혼의 정신성이 드러나는 것은 무엇보다 이런 자유의 의식을 통해서다.[29]

이 구절은 논리적으로 살펴봤을 때, '그러므로' 전후가 연결되지는 않는 것 같다. 모든 동물이 '감각', '관념' 그리고 '관념을 조합하는 능력'을 갖고 있으며, 이 점에서 인간과 동물은 약간의 차이가 있을 뿐이라 하더라도 "그러므로 인간과 동물을 구별 짓는 것은 지성이라기보다

---

29   장 자크 루소, 『인간 불평등 기원론』, p. 61.

는 인간의 자유로운 주체로서의 특질이다"라는 결론이 곧바로 따라 나올 수는 없을 것이다. 그럼에도 루소는 후반부 구절에서 자연의 명령에 복종할 것인가 거부할 것인가를 선택할 수 있는 인간의 자유 능력에 대해 언급하고 싶어 한다. 루소가 이 대목에서 말하고 싶어 하는 선택의 자유는 사자가 얼룩말과 들소 중에 어느 것을 사냥할 것인가 할 때 느끼는 그런 선택의 자유는 아니다. 왜냐하면 그 경우 사자가 얼룩말을 사냥하건 들소를 사냥하건 자연의 명령에 거부하는 것은 아니기 때문이다. 이는 '자연의 명령 내에서 선택의 자유'다. 그러나 루소가 인간에게 있다고 말한 선택의 자유는 '자연의 명령 그 자체를 따를 것인가 말 것인가' 할 때 생겨나는 선택의 자유다. 이 사실은 다음 구절에서 분명하게 밝혀진다.

> 동물은 정해진 규칙에서 벗어나는 것이 자기에게 아무리 유리해도 그렇게 할 수 없으나 인간은 자신에게 해로워도 종종 그 규칙을 벗어나 행동한다. 그리하여 비둘기는 제일 좋은 고기가 담긴 그릇 옆에서도 굶어 죽기 일쑤고, 고양이는 수북이 쌓인 과일이나 곡식 위에서도 굶어 죽기 일쑤다. 먹을 엄두만 내면 그들이 경멸하는 음식으로 얼마든지 살아갈 수 있을 텐데도 말이다.[30]

고양이가 육식동물임을 고려한다면, 위 인용문 역시 말썽거리를 제공하고 있다. 루소의 주장대로라면, 사자도 마음만 바꾸어 먹으면 풀을 먹고 살 수 있게 된다. 그러나 인간은 자유로운 존재이고 동물은 자

30　장 자크 루소, 『인간 불평등 기원론』, p. 60.

연의 명령에 따르는 기계임을 대비시키기 위한 예로서는 적절하지 못하다고 여겨진다. 사자가 풀로 연명하지 못하듯이 인간도 물만 먹고는 연명하지 못한다. 그럼에도 루소가 위 인용문에서 강조하고 싶었던 것은 인간 이외의 동물들은 자연의 명령, 달리 말해 자연법칙에 따르는 기계라면, 인간은 그 자연의 명령에 기계적으로 따르기만 하는 존재가 아니라 때로는 그것에 저항하는 의지를 갖고 있다는 것이다. 주지하다시피 홉스는 인간조차 정교한 기계로 간주했으나, 루소는 홉스의 이런 생각에 정면으로 반대하고 있다. 앞서 언급했듯이 루소가 보기에 자연상태의 인간에게는 기계론적 법칙으로는 해명이 안 되는 완전히 영적인 행위를 하는 의지능력이 있다.

지금까지 논의의 관점에서 본다면 우리는 루소가 말하는 자연적 자유를 단지 '속박과 간섭이 전혀 없는 자연상태에서 자연인이 누리는 자연스러운 자유' 정도로 생각해서는 곤란하다는 것을 알 수 있다. 그런 자유는 자연상태의 동물들도 누리는 자유라고 할 수 있는데, 그것은 필자가 앞서 언급했던 '자연상태 내에서 선택의 자유'다. 물론 루소의 자연인에게는 그런 선택의 자유가 있다. 그러나 그에게 자연법칙 자체를 문제시하고 그것에 저항하는 의지로서 자유의 싹이 전혀 없다고 한다면, 그 자연인은 영원히 자연인으로 머물렀을 것이다. 당연히 사회상태로 이행해가지도 못했을 것이고, 따라서 타락도 회복도 발전도 변화도 없었을 것이다. 물론 자연상태의 인간에게서 우리가 현실적으로 발견하게 되는 것은 대부분 '자연상태 내에서 선택의 자유'다. 그러나 '자연법칙 자체를 문제시하고 그것에 저항하는 의지로서의 자유'가 아무리 미세하다 하더라도 그것은 결코 과소평가되어서는 안 된다. 루소는 그 자유에서 인간의 완성 가능성[31]을 발견하기 때문이다. 필자는 매우 중요한 구절이라 생각하여 충분히 인용해보고자 한다.

인간과 동물의 차이에 대해 좀 더 논의의 여지가 남아 있다 하더라도 나는 양자를 이렇게 구별해도 아무도 이의를 달지 못할 또 하나의 매우 특수한 성질을 들지 않을 수 없다. 그것은 바로 자신을 개량하고 변화시킬 가능성이다. 인간은 환경의 도움을 얻어 다른 모든 능력을 점차 발전시켜가는 이러한 가능성을 종의 차원에서와 마찬가지로 개인적 차원에서도 소유하고 있다. 동물은 태어난 지 몇 달 후면 일생 동안 변치 않을 모습을 지니게 되며, 천년의 세월이 흘러도 그 종의 최초 모습과 별 차이가 없다. 어째서 인간만이 쉽사리 어리석어지는 것일까? 그것은 인간이 이와 같이 하여 원시상태로 돌아가기 때문이 아닐까? 즉, 동물은 아무것도 얻지 못했으므로 잃는 것도 없이 언제까지나 자신의 본능 그대로 있는 반면에 인간은 노쇠와 그 밖의 사고로 말미암아 그의 완성 가능성 덕분에 얻게 된 모든 것을 잃어 동물보다 더 저속한 상태로 다시 떨어지기 때문이 아닐까? 인간과 동물을 분명히 구별하는 거의 무제한적인 이 가능성이 인간의 모든 불행의 근원이며, 평온하고 순진무구한 나날이 계속되는 저 원초적인 상태로부터 시간의 흐름과 더불어 인간을 이끌어낸

---

31 볼커나 크랜스톤은 '완성 가능성(perfectability)'으로 번역하는 것은 잘못이라고 말한다. 그들의 주장에 따르면, 루소가 인간에게 인정한 능력은 환경과의 유기적 관계 속에서 자기를 개량해나가는 능력이기에 그 용어를 '자기계발 능력' 혹은 '자기개량 능력'으로 번역하는 것이 옳다는 것이다(R. Wolker, "A Reply to Charvet: Rousseau and the Perfectability of Man," *Hisyory of Political Thought*, 1980, Vol. 1, No. 3, p. 89 참조. 그리고 M. Cranston, "Rousseau's Theory of Liberty", in *Rousseau and Liberty*, ed., R. Wolker, Manchester Univ. Press, 1995, p. 232 참조).

것도 바로 이 가능성이다.[32]

루소의 이 인용문도 인간의 완성 가능성을 입증하고 있다기보다는 동물들의 고정성을 설명해주고 있다. 자세히 읽어보면 루소는 이 인용문에서 인간은 완성 가능성을 갖고 있다고 선언하고 있을 따름이다. 그는 『에밀』에서 인간의 완성 가능성을 다음과 같이 설명한다.

> 내가 아는 한 어떠한 철학자일지라도 아직 "이것이 인간이 도달할 수 있는 한계점이며, 인간은 이 한계점을 넘어설 수 없다"라고 말할 만큼 대담했던 사람은 없었다. 우리는 우리가 무엇이 될 수 있는가를, 자연이 우리에게 허용하는 한계점을 모른다.[33]

루소는 때로 생물학적 무지를 드러내 보이는 말을 하기도 하지만, 때로는 현대의 철학적 인간학자들을 깜짝 놀라게 할 만한 통찰력 있는 말을 하기도 한다.

> 모든 동물은 자기에게 고유한 본능만을 가지고 있지만, 인간은 자기만의 어떤 특유한 본능도 갖고 있지 않아서인지 모든 본능을 자기 것으로 만들고 … (하략) …[34]

이는 현대 철학적 인간학자들이 말하는 동물의 고정성과 인간의

---

32   장 자크 루소, 『인간 불평등 기원론』, pp. 61-62.
33   장 자크 루소, 『에밀』(상), p. 78.
34   장 자크 루소, 『인간 불평등 기원론』, p. 51.

개방성을 대비시키는 말로, 루소가 말하는 완성 가능성도 이런 맥락에서 이해될 수 있을 것이다. 필자는 루소의 인간관이 인간을 가능적 무한자로 보는 필자의 인간관과 매우 흡사하다고 생각한다.[35] 사람들에게 자연주의 교육사상가로 각인되어 있는 루소가 인간에게는 자연의 법칙에 저항하고 그것을 거부하는 의지에서 동물에 대한 인간의 차별성을 확인했다는 것은 의외의 측면이지만, 부정될 수 없는 사실이라 하겠다.

루소가 말하는 자연적 자유의 개념을 이해하기 위해 지금까지 말한 것을 충분히 인식하는 것이 대단히 중요한데, 사람들은 종종 루소가 말하는 자연적 자유를 동물들이 자연상태에서 마음껏 누리는 자유와 혼동하는 경향이 있어왔기 때문이다.

> 본래 루소에게도 자연적 자유는 홉스처럼 욕구의 만족에 '장애물의 부재'로 구성된다.[36]

필자 역시 처음에는 루소의 자연적 자유를 이렇게 이해했으나, 이런 이해가 잘못임을 알게 되었다. 루소가 묘사하는 자연적 자유는 그야말로 자연상태에서 아무런 속박도 없이 욕망과 능력의 조화상태에서 외톨이 생활을 하면서 향유하게 되는 것처럼 보이는 측면이 강하다. 그럼에도 그 자연적 자유 속에는 본능적 욕구 혹은 본능적 충동에 저항하는 의지로서의 자유의 요소 — 루소는 이것을 인간의 영성으로 생각했다 — 가 들어 있음을 인정해야 한다. 루소 자유론의 이런 측면은 사회적 자유, 도덕적 자유에서도 일관되게 흐르고 있다.

---

35   이에 대해서는 필자의 책 『칸트의 인간관과 인식존재론』, pp. 44-53 참조.
36   장세용, 「루소의 자유론」(『대구사학』 제76집, 2004), p. 413.

사회계약으로 사람이 잃게 되는 것은 그의 타고난 자유와 그를 유혹하고 그가 얻을 수 있는 것 모두에 대한 무리한 권리다. 사람이 얻게 되는 것은 시민적 자유와 그가 지닌 모든 것에 대한 소유권이다. …(중략)… 위에 든 것 말고는 시민상태에서 얻는 것에다가는 사람을 정말로 자신의 주인이 되게 해주는 유일한 것, 즉 도덕적 자유를 덧붙일 수 있을 것이다. 왜냐하면 욕망에서 오는 충동은 종노릇이고, 스스로 정한 법에의 복종은 자유이니까.[37]

누구 못지않게 욕망의 충동을 따르는 삶을 산 것으로 보이는 루소가 '욕망의 충동을 따르는 것'을 종노릇으로 규정한 것은 놀라운 일이다. 그리고 그의 이런 사상은 그대로 칸트에게 전달된다. 칸트도 경향성의 유혹을 따르는 것은 필연의 자연법칙에 자신을 굴복시키는 것이라고 생각했다. 필자는 루소의 이 자연적 자유의 개념이 칸트의 자유 개념에 영향을 준 것으로 생각한다. 칸트의 자유 개념도 매우 복잡한 개념이지만, 그에게 있어서 자유란 '자연법칙으로부터 벗어나서 자신이 정한 규칙에 따라 행위할 수 있는 의지의 능력'으로 설명될 수 있는데, 이는 우리가 앞서 살펴본 루소의 말, 즉 '욕망에서 오는 충동은 종노릇이고, 스스로 정한 법에의 복종은 자유'를 즉각 연상시킨다.

---

37 장 자크 루소, 『사회계약론』, p. 138. 이 부분은 박호성의 번역이 더 매끄럽다. "사람이 사회계약으로 잃는 것은 자연적 자유와 마음 내키는 대로 취할 수 있는 모든 것에 대한 무제한의 권리다. 얻는 것은 시민적 자유와 자신이 소유하는 모든 것에 대한 소유권이다. …(중략)… 앞에서 말한 사회상태에서 얻는 것으로서, 사람을 진정 자신의 지배자로 만들어주는 유일한 것인 도덕적 자유를 덧붙일 수 있다. 오직 욕망의 충동만을 따르는 것은 예속이며, 스스로 정한 법에 복종하는 것은 자유다."(장 자크 루소, 『사회계약론 외』, 책세상, 2015, pp. 37-38)

제4절 사회적 자유

　　사회적 자유에 대한 루소의 설명은 주로 『사회계약론』에서 발견된다. 루소는 자연상태의 인간이 갖고 있는 선함과 자유를 회복하기 위해 우리가 다시 과거의 자연상태로 되돌아가야 한다고 생각하지 않았다. 루소가 자연상태의 자연인을 아무리 미개인과 비슷하게 묘사하고 있다 하더라도 『인간 불평등 기원론』에서 묘사하고 있는 자연상태는 결코 과거의 역사적 사실에 대한 기록이 아니다. 따라서 돌아갈 과거란 없다. '자연으로 돌아가라'라는 권유에서 우리가 도달하게 되는 결론은 자연상태의 자연인이 갖고 있던 '선함과 자유'로 돌아가라는 것이 될 것이다.[38] 그런데 문제는 우리는 이미 사회상태에서 살고 있는 시민이

---

[38]　이런 점에서 루소의 자연인 개념은 우리가 추구해야 할 하나의 이념으로 기능하게 된다. 그러나 그는 마치 과거 어느 시점에 이 이념이 실현된 적 있는 듯이 기술하다가 갑자기 미래에 실현해야 할 이념으로 제시하고 있다. 그의 이런 태도에서 우리가 혼란을 느끼는 것은 당연한 일이다. 필자 생각으로는 '자연인'이 이념으로 이해될 수 있다면, 차라리 그것은 '이상적 인간'으로 표현되는 것이 옳을 것이다. '자연인' 대신에 '이상적 인간'이라는 용어를 쓰면 많은 혼란이 제거될 것이다. 그러나 용어를 이렇게 바꾸어 쓰면 혼란은 제거되겠지만, 『인간 불평등 기원론』에서처럼 자연인을 미개인처럼 묘사할 수 없게 된다는 난점이 있다. 왜냐하면 미개인은 이상적 인간이 아니기 때문이다. 물론 루소를 옹호하는 입장에서 미개인은 이상적인 인간이 아니지만, 미개인에게서 이상적인 인간의 모습이 가장 많이 발견된다고 말하면서, 과거지향적이면서 동시에 미래지향적인 개념인 '자연인'이라는 용어를 쓰는 것이 아무런 문제가 없다고 방어할 수 있다. 그러나 그런 식으

다. 시민은 필연적으로 타인과의 관계 속에서 자신의 삶을 영위해야 하며, 결국 타인 의존적인 삶을 살 수밖에 없다. 의존적인 삶은 자유와는 거리가 멀다. 인간은 이제 피할 수 없는 딜레마에 직면한다. 자연상태는 좋은 것이나 일단 시민인 이상 우리는 그곳으로 돌아갈 수 없으며, 돌아가서도 안 된다. 그렇지만 만인에 대한 만인의 의존관계로 구성된 사회 속 시민으로서의 삶은 자연상태의 독립성과 자유를 원천적으로 봉쇄하기 때문에 우리는 계속 시민으로 머물 수도 없다. 이럴 수도 저럴 수도 없는 이런 상황에서 빠져나올 방책은 무엇인가? 루소는 이 문제를 고민하면서 칸트 자유론에 결정적인 영향을 미치는 일반의지의 개념을 발견하게 된다. 일반의지의 개념을 살펴보기 전에, 우리는 루소가 모든 사회 공동체가 인간을 억압하고 속박하며 사악하다고 생각한 것은 아님을 분명히 알아둘 필요가 있다. "사악한 공동체는 그 구성원들에게 속박을 가하겠지만, 그러나 루소는 논리적으로 그러한 현상이 공동체가 사악해졌기 때문이지 그것이 바로 공동체이기 때문에 사악한 것은 아니라는 입장을 취했다."[39] 만약 공동체이기 때문에 사악한 것이라면, 우리가 앞서 언급한 딜레마로부터 빠져나오는 것은 원천적으로 불가능할 것이기 때문이다. 루소는 사람들이 자연상태에 머물 수 없게 만드는 어떤 힘으로 말미암아 인류가 그 존재방식을 바꾸지 않으면 멸망하게 되는 상황이 도래하게 되었다고 말한다.[40] 존재방식을 바

로 나간다면, 즉 미개인의 모습에서 자연인(이상적인 인간)의 모습을 가장 많이 발견할 수 있다고 말한다면, 그 개념은 결국 과거지향적 개념이 될 것이다. 즉, 루소는 '자연으로 돌아가라'라는 말이 글자 그대로 미개인의 상태로 되돌아가라는 말이 아니라고 주장함에도 결국은 미개인의 상태를 동경하는 과거지향적 삶을 예찬한 것이 되어버릴 것이다.

39 조지 세이빈·토마스 솔슨, 『정치사상사2』(서울: 한길사, 1984), p. 753.

40 장 자크 루소, 『사회계약론』, p. 131. "사회계약은 계약 당사자들의 생명보전을 목적으로 삼는다."(루소, 『사회계약론』, p. 153)

꾼다는 것은 무엇을 의미하는가? 그것은 자연상태의 외톨이 생활을 포기하고, 자기보존을 위해 사람들이 힘을 합쳐 단 하나의 원동력에 의해 움직이게 하고 일치해서 작용하는 것이다.[41] 루소는 사람들이 가진 힘을 '일치해서 작용하는' 방법이 사회계약이라고 생각한다.

> "공동의 힘을 다해 각자의 몸과 재산을 보호해주고, 저마다 모든 사람과 결합하면서도 자기 자신에게만 복종해 전과 다름없이 자유롭게 해주는 그러한 결합형식을 찾아낼 것." 사회계약이 해답을 주는 근본 문제란 이런 것이다.[42]

사회계약에 의해 사람들은 자연상태에서 시민상태로 이행해가는데, 이러한 이행을 통해 인간에게 도덕의 지평이 열린다.

> 자연상태에서 시민상태로 옮아감은 사람의 행실에 있어 본능을 정의로 바꾸고, 사람의 행동에 전에는 없던 도덕성을 줌으로써 사람에게 아주 뚜렷한 변화를 가져온다. 이때 비로소 의무의 목소리가 육체적 충동의 뒤를, 권리가 욕망의 뒤를 잇게 되어 여태까지는 자기 자신밖에 생각하지 않던 사람이 다른 원리들에 비추어 행동하고, 자기 버릇에 따르기 전에 자기 이성에 물어보아야 할 처지에 놓이게 되는 것이다. 이 상태에서 비록 그는 자연으로부터 이어받은 몇 가지 이득을 포기하게 되지만, 아주 큰 이득들을 되찾게 되니 그의 기능들은 훈련되어 발달하고, 그의 생각들은 넓어지고, 감정들은 고상

---

41 장 자크 루소, 『사회계약론』, p. 131.
42 장 자크 루소, 『사회계약론』, p. 132.

해지고, 그의 넋 전체가 하도 높아져 이 새로운 조건을 악용해서 그가 먼저 조건 이하로 떨어지는 일만 자주 없다면, 그는 자기를 먼저 조건에서 영영 끌어내어 미련하고 못난 짐승에서 머리 좋은 존재, 즉 인간으로 만들어준 이 행복한 순간을 노상 축복하게 될 것이다.[43]

당연한 말이지만, 우리는 이 구절에서 루소가 맹목적으로 자연상태를 예찬하고 사회상태를 비난한 것이 아님을 알 수 있다. 오히려 루소는 자연상태의 인간에게는 그 미약한 싹만이 보였던 인간의 완성 가능성이 사회상태에서 크게 촉진되고, 그 결과 동물 수준에 머물던 인간이 드디어 인간다운 인간으로 완성되어간다는 주장을 펼치고 있음을 볼 수 있다.

그러면 루소가 말하는 일반의지란 어떤 것이기에 일반의지를 따름으로써 인간은 시민적 자유를 누릴 수 있는가? 사람들은 '일반의지'라는 용어를 루소가 최초로 고안해서 쓴 것으로 알고 있지만, 사실은 디드로(Denis Diderot)가 최초로 만들었다. 디드로는 '인류의 일반의지'라는 용어를 사용했는데, 그에게 그 용어는 자연법의 전통에 따르는 국제법의 의미를 지니는 것으로, 그런 국제법은 오성의 순수한 활동 결과로 산출된다. 그런데 루소가 말하는 일반의지는 국가 간의 질서를 규율하는 것을 목적으로 하는 것이 아니다. 그것은 모든 인류에게 보편적으로 적용되는 것이 아니라 특정 정치공동체의 시민에게만 적용되는 것이다. 그리고 루소가 말하는 일반의지는 오성의 순수한 활동의 결과로 산출되는 것이 아니라 다수의 인간이 서로의 생존을 위해 계약을 맺을

---

43 장 자크 루소, 『사회계약론』, pp. 137-138.

때 생성된다.[44] 사회계약을 통해 생성되는 일반의지는 전체의지와는 구분되어야 한다. 전체의지는 사사로운 이익을 추구하는 개별의지들의 합계에 불과하다. 그러나 "의지를 일반화하는 것은 투표의 수효보다는 그 표들을 하나로 묶는 공동이익이라는 사실이 여기서 이해되어야 한다"[45]라는 말에서 알 수 있듯이, 일반의지는 공동의 이익만을 추구한다. 이러한 일반의지는 항상 공명정대하고 정당하다.[46] 루소는 인간에게는 공익을 추구하는 일반의지와 사익을 추구하는 개별의지 양자가 다 들어 있으며, 이 양자가 대립하는 것으로 생각한다. 그러면 이런 대립 상황에서 어떻게 자유가 확보될 수 있는가? 사회계약의 본질을 설명하는 루소의 다음 말에 그 해답이 숨어 있다.

> 우리는 저마다 자기 몸과 모든 힘을 공동의 것으로서 일반의지의 최고 지도 아래 둔다. 그래서 우리는 각 구성원을 전체의 분할될 수 없는 부분으로서 다 함께 받아들인다.[47]

이런 관점에서 보면, 국가의 구성원인 인민은 모두 각자 스스로 주권자의 일원인 동시에 이 주권자에 복종하는 국가의 일원이다. 즉 인민은 모두 주권자인 동시에 신민이 되고, 따라서 각자가 주권자 혹은 일반의지에 복종하면서 어떻게 자유로울 수 있는가는 문제가 되지 않는다. 주권 또는 일반의지는 그 자신의 의지에 지나지 않으므로 일반의지

---

44 김용민, 『루소의 정치철학』(서울: 인간사랑, 2004), pp. 36-37 참조.
45 장 자크 루소, 『사회계약론』, p. 151.
46 장 자크 루소, 『사회계약론』, p. 147.
47 장 자크 루소, 『사회계약론』, p. 133.

에 복종하는 것은 결국 자기 자신의 의지에 복종하는 것이 되기 때문이다.[48] 그러므로 특정 정치공동체의 구성원이 진정 그 공동체에서 자유롭기를 원한다면, 자신의 사익추구적 개별의지를 공익추구적 일반의지에 복종시켜야 할 것이다. 문제는 일반의지에 거역하는 개인을 어떻게 처리해야 하는가다. 이에 대해 답하면서 루소는 루소 연구가들에게 문제를 안겨준 하나의 개념을 소개한다.

> 따라서 헛된 법전이 되지 않기 위해 사회계약은 그것만이 다른 약속들에 효력을 줄 수 있는 그러한 약속을, 일반의지에 따르기를 거부하는 자는 누구나 다 단체 전체의 강요를 당하게 될 것이라는 약속을 은연중에 내포하고 있다. 이는 그가 자유로워지도록 강요당하리라는 것 말고는 다른 것을 뜻하지 않는다.[49]

이 인용문에서 루소는 '자유로워지도록 강요당하다'라는 아주 역리적(逆理的)인 표현을 쓰고 있다.[50] 이 구절은 루소가 전체론자임을 말해주는 결정적 표현으로 해석되었다. 각각의 정치공동체들이 그 시민에게 일반의지에 의해 세워진 법을 강제한다면, 이는 확실히 전체주의적인 것이 될 것이다. 자연상태의 자연인이 누리는 자유는 아무리 그것에 '자연법칙 자체를 문제시하고 그것에 저항하는 의지로서의 자유'의 요소가 들어 있다 하더라도 그 자유는 어디까지나 개별적 자연인이 하나의 독립체로서 아무런 제약 없이 자기 하고 싶은 대로 살아가면서

---

48   신상초,『루소』(서울: 의명당, 1983), p. 169 참조.
49   장 자크 루소,『사회계약론』, p. 137.
50   이 구절도 칸트가『교육학 강의』에서 말하고 있는 '자유의 강제'를 연상시킨다.

누리는 자유다. 이러한 자유에는 당위와 유혹의 갈등이 없다. 그러나 사회계약을 통해 성립된 사회상태에서 누리는 자유는 아무래도 당위(일반의지)와 유혹(개별의지)의 갈등 위에 있는 자유로, 이 경우 자유는 공동체의 공익에 저촉되는 것에 제동을 걸기에 개별자의 '하고 싶음'에 부정적이다. 따라서 시민에게 '자유로워지도록 강요하는' 것은 명백히 전체주의적 억압이 될 것이다. 이 대목에서 루소는 과연 개인주의자인가 전체론자인가 하는 해묵은 문제가 발생하게 된다.[51]

루소의 저술에서 자유에 관한 신념을 표현한 문장은 많지만, 그 가운데 가장 유명한 말은 "인간은 자유롭게 태어났으나 도처에서 쇠사슬에 묶여 있다"라는 『사회계약론』 서두의 선언일 것이다. 반면에 가장 악명 높은 문장은 "자유로워지도록 강제되어야 한다"라는 말이 될 것이다. 이 두 문장에서 전자는 …(중략)… 자유와 평등을 추구하는 루소 사상의 진정한 가치를 드러내는 것으로 평가받아왔다. 반면에 …(중략)… 후자의 명제는 …(중략)… 자유의 이름을 내걸고 자유를 교살한 수많은 전체주의적 범죄들을 정당화하려는 의도를 숨긴 것이라고 비난받아왔다.[52]

루소의 일반의지 개념은 단순하지만, 그 실제적 함축은 평가하기가 곤란하다. 개인의 도덕적 자유와 자율에 대한 루소의 강조에 대해 그를 '자유의 철학자'로 생각하는 사람도 있지만, 사회적 책임에 대한 루소의 강조가 극단적인 결론에 도달하면 루소를 근대 전체

---

51 이에 대해서는 J. W. Chapman, *Rousseau: Ttalitarian or Liberal*, New York, AMS Press, 1968 참조. 그리고 신상초의 『루소』, pp. 162-164 참조.

52 장세용, 「루소의 자유론」, p. 400.

주의의 선구자로 만든다고 주장하는 사람도 있다.[53]

이 문제, 즉 '자유롭도록 강제되어야 한다'라는 표현에 내재된 해석상의 문제에 대해 김성옥은 자유와 강제의 상치를 문제 삼아 루소를 비난하는 것은 지나치다고 말하면서 블룸의 견해에 의지하여 다음과 같은 해결책을 제시한다.

　　루소의 강제 개념은 일반의지의 표현인 법에 복종하는 준법의식을 갖도록 교육되어야 한다는 의미, 인민의 집회에서는 항상 개인의 사적 의지의 관점에서가 아니라 '공익 우선의 원칙'인 일반의지의 관점에서 발언하고 투표할 수 있도록 공익의식을 가져야 한다는 의미, 파당 없이 그리고 실질적으로 자유로운 인민의 집회에서 통과된 것이라면 그것이 곧 인민의 일반의지임을 인정하고 자신의 견해가 그와 다르더라도 승복해야 한다는 의미일 뿐이다. 루소는 분명히 일반의지(법)에 의해 제한되지 않은 여타 분야에서의 사적 의지의 활동을 강제해야 한다고 생각하지 않았다.[54]

그러나 이러한 해석 역시 루소의 다음과 같은 주장에 직면하여 설득력을 상실하게 될 것이다. "그러니 일반의지의 표명을 제대로 가지려면, 국가 안에 부분적인 사회가 없어야 한다."[55] 일반의지가 지배하는 사회에서는 그 어떤 시민 불복종 운동도 허용될 수 없을 것이다.

53　박성호(편역), 『루소 사상의 이해』(서울: 인간사랑, 2009), p. 496.

54　김성옥, 「루소의 일반의지」(『사회철학대계』 제1권, 서울: 민음사, 1993에 수록되어 있음), pp. 335-336.

55　장 자크 루소, 『사회계약론』, p. 148.

제5절 도덕적 자유

루소가 말하는 도덕적 자유의 개념이 정확하게 무엇인가를 파악하는 것은 결코 쉬운 일이 아니다. 필자가 보기에 루소의 자유론을 집중적으로 조명하며 다루고 있는 장세용의 논문 「루소의 자유론」은 적절한 문제 제기와 문제를 끝까지 붙잡고 씨름하는 학문적 끈기를 보여주고 있음에도 이 개념을 명료하게 설명하는 데 실패하고 있다. 그는 시민적 자유와 도덕적 자유를 명쾌하게 구분하지 못하고 있는 듯하다. 물론 다음처럼 항변할 수도 있겠다.

루소에 의하면 상호 소통 없이 외톨이 생활을 하는 자연상태의 인간은 미덕과 악덕의 구분, 정의와 불의의 구분도 모르고, 따라서 이들은 도덕 이전의 존재요, 육체적 본능을 추종하는 형편없는 존재이며, 아직 '완전한 인간'이 아니다. 그리고 이들이 도덕적인 존재가 되는 것은 서로 간의 만남을 통해 이성을 발달시키고 사회를 형성하면서다. 루소 자신도 『사회계약론』에서 자연상태에서 사회상태로의 변화는 어리석고 무지한 동물을 지적인 존재이자 인간으로 만들어준 행복한 순간이라고 말했다. 이런 관점에서 본다면 사회생활을 하면서 인간은 도덕과 도덕적 자유에 눈을 뜨게 되는 것이니 결국 시민적 자유와 도덕적 자유가 동전의 앞뒷면인 듯 보이며, 이 양자가 잘 구분되지 않는 것은 당연하다고 말할 수 있는 측면이 있다.

루소가 비록 용어를 혼란스럽게 사용하고 또 모호하고 때로는 상호모순적으로 보이는 발언을 하긴 하지만, 사회적 자유와 도덕적 자유라는 용어를 동의어로 사용한다고 말한 적이 없기에 이 양 개념은 명료하게 구분될 필요가 있다. 김용민은 도덕적 자유에 대한 더 나은 설명을 제시한다. 그에 의하면 자연적 자유가 공동체를 지배하는 최고원리인 일반의지에 의해 시민적 자유로 전환되는데, 이 시민적 자유는 다음과 같은 한계를 갖는다.

> 일반의지가 한 국가에 특수적인 것인 한, 시민적 자유는 인류에게 보편적인 자유로 발전할 가능성은 없게 된다. 시민적 자유는 주권이 미치는 국가의 경계 안에서만 보장되는 것이다. 그렇다면 사회상태에 사는 인간에게 보편적 자유는 상실되는 것인가? 루소는 국가라는 경계를 뛰어넘어 존재하는 도덕적 자유라는 개념을 통해 신적인 자유로의 비상을 시도하고 있다.[56]

루소의 일반의지가 비록 항상 공명정대하고 옳은 것이라 하더라도 그것의 효력 범위는 특정 정치공동체에 제한되기 때문에 각각의 정치공동체들을 지배하는 일반의지 간에 충돌이 발생할 수 있다. 루소는 이 사실을 아주 분명하게 이해하고 있었으며, 이 문제를 해결하기 위해

---

56 김용민, 『루소의 정치철학』, p. 130.

고민했다. 그는 시민과 인류를 대비시키고 있다. 시민은 조국애로 무장한 사람이다. 시민은 오직 조국만을 바라보며, 조국을 위해 목숨을 바치기도 한다. 조국과 분리되어 홀로 있을 때 시민은 아무것도 아니다. 조국이 없어지면 그는 더 이상 존재하지 않는 것과 마찬가지이며, 죽지 않는다 하더라도 죽음보다 못한 상태에 있게 된다는 것이 루소의 생각이다.[57] 자연스러운 귀결이지만, 시민의 애국적 감정은 외국인에 대한 배척으로 표현된다. 루소는 『에밀』에서 다음과 같이 말한다.

> 모든 애국자는 다 외국인에 대해 냉혹하다. 외국인은 단지 인간일 뿐이며, 애국자의 눈에는 그 이외의 아무것도 아니기 때문이다. …(중략)… 스파르타인은 이민족에게는 야심가이며 탐욕적이었으며 불공정했다. 그러나 그들의 성벽 안에서는 무욕과 공정과 화합이 넘쳤다.[58]

애국자란 인간을 희생시키면서 자기 나라 사람을 우선시하는 사람이라면, "'인간(homme)'이란 나머지 인류를 희생시키면서까지 자기 국민을 우선시하길 원하지 않는 사람을 말한다."[59] 시민에게는 애국심이 최상의 덕목이라면, 인간에게는 인류애가 최상의 덕목이다. 그래서 루소는 『산에서 쓴 편지들(Lettres écrites de la montagne)』에서 다음과 같이 말한다. "조국애와 인류애란 이를테면 그 에너지에 있어 양립할 수

---

57   츠베탕 토도로프, 『덧없는 행복: 루소 사상의 현대성에 관한 시론』, p. 56 참조.
58   장 자크 루소, 『에밀』(상), pp. 28-29.
59   츠베탕 토도로프, 『덧없는 행복: 루소 사상의 현대성에 관한 시론』, p. 55.

없는 두 가지 미덕이다."[60] 루소는 같은 맥락에서 "한 인간을 만드느냐 한 시민을 만드느냐의 어느 한 면을 택할 수밖에 없다. 왜냐하면 동시에 두 부류의 사람을 만들 수는 없기 때문이다"[61]라고 말하기도 한다. 현실의 순서나 논리에서 우리는 먼저 시민이 된 뒤에 인류를 생각하게 된다. 그러니 현실적으로 시민이 다른 나라의 이익보다 조국의 이익을 우선시하는 것은 너무나 당연하다. 그런데 이성의 순서나 논리로 보면, 인류가 있고서야 시민이 있다. 인류의 외연은 시민의 외연을 포괄한다. 인류가 없으면 시민도 없다. 인류의 입장에서 보면 애국심은 편협한 감정이요, 제거되고 극복되어야 할 감정이다.

> 조국애에 내재하는 결점이란 무엇인가? 시민은 인류의 일부에 지나지 않는 것을 편애함으로써 근본적인 원리인 평등의 원리를 위반한다는 것이다. 즉 공공연하게 표명하는 것은 아니지만, 인간은 평등하지 않다는 것을 인정한다는 것이다.[62]

카토가 조국애의 논리를 대표한 위대한 시민이었다면, 소크라테스나 스토아 학파의 철학자들은 인류애의 논리를 대표한 위대한 세계 시민주의자였다. 루소는 시민적 자유가 갖는, 앞서 말한 그러한 한계를 극복하기 위해 도덕적 자유의 개념을 도입한 것이다.

> 『사회계약론』에서 규정된 시민적 자유는 법에서 찾을 수 있지

---

60   츠베탕 토도로프, 『덧없는 행복: 루소 사상의 현대성에 관한 시론』, p. 55에서 재인용.

61   장 자크 루소, 『에밀』(상), p. 28.

62   츠베탕 토도로프, 『덧없는 행복: 루소 사상의 현대성에 관한 시론』, p. 61.

만, 도덕적 자유는 법에서 찾을 수 없다. 도덕적 자유는 사람의 마음 깊은 곳에 양심과 이성에 의해 쓰인 자연과 질서의 영원한 법에 존재한다. 『사회계약론』이 시민적 자유를 정치적 권리로 확립시키고 있다면, 『에밀』은 도덕적 자유의 회복을 목적으로 하고 있다.[63]

루소는 『에밀』 제5부 말미에서 도덕적 자유에 대해 다음과 같은 의미심장한 말을 한다.

> 세상에는 나쁜 짓을 하는 사람 외에는 노예라는 것은 없다. 왜냐 하면 그런 자는 반드시 **자기 의사에 반대되게** 악을 행하는 자이기 때문이다. 자유는 어떠한 형태의 정부에도 없다. 자유는 자유로운 인간의 마음속에 있다. 자유로운 인간은 어디를 가나 자유를 지니고 있다. 비열한 인간은 어디를 가나 예속성을 지니고 있다. 어떤 사람은 제네바에 있어도 노예이고, 어떤 사람은 파리에 있어도 자유로울 것이다.[64]

심프슨은 시민적 자유와 도덕적 자유의 차이점을 다음과 같은 재미난 예로 설명하고 있다.

> 그(루소)는 도덕적 자유를 자율 혹은 '자신에게 스스로 부과한 법에 대한 복종'(『사회계약론』)으로 정의했다. 어떤 점에서 이런 종류의

---

63 김용민, 『루소의 정치철학』, p. 130.
64 장 자크 루소, 『에밀』(하), p. 427. 김중현이 옮긴 『에밀』(서울: 한길사, 2009, p. 856)에서 고딕체로 강조된 부분은 '자기 의지에 반해'로 번역되어 있다. 영역본(*Emile*, London, Everyman's Library, 1974)에는 'against his will'로 되어 있다. 필자는 김중현의 번역이 더 적합한 것으로 판단한다.

자유는 그것이 강제나 방해 없이 그들 스스로 선택한 것에 따라 행위하는 개별 시민의 힘을 언급하는 한, 시민적 자유와 유사하다. 시민적 자유가 대안적 행동들에 대한 외적 방해의 부재를 언급하는 것이라면, 도덕적 자유는 적어도 부분적으로 내적 방해에 관계한다. 서론에서는 요점을 설명하기 위해 몇 가지 예를 사용했는데, 첫 번째로는 술주정뱅이를 예로 들었다. 그는 진정으로 만약 자신이 금주한다면 자기 인생은 나아질 것이라고 믿고 있지만, 그렇게 하지 못하고 술에 절어 산다. 그런데 그가 술을 금지하지도 않지만 그렇다고 마시기를 강제하지도 않는 사회에서 살고 있다고 해보자. 이 사람은 법이 침묵하고 있다는 의미에서, 다시 말해 타자로부터 방해받음 없이 그가 원하는 것을 할 수 있는 공간을 법에 의해 보호받고 있다는 의미에서 시민적 자유를 소유하고 있다. 그러나 그는 루소가 말하는 도덕적 자유를 소유하고 있지는 못하다. 왜냐하면 무엇이 선한 것인가 하는 데 대한 그 자신의 판단에 따라 살 능력이 없기 때문이다.[65]

---

65   M. Simpson, *Rousseau's Theory of Freedom* (New York, Continuum, 2006), p. 92.

제6절
칸트에 있어 자율적 자유의
세 가지 구성요소와 루소

지금까지 루소의 자유론을 분석하면서, 루소의 자연적 자유에는 자연의 기계적 법칙에 저항하는 의지의 자발성 요소가, 시민적 자유에는 일반의지의 자기입법성 요소가, 도덕적 자유에는 시민적 자유가 갖지 못하는 보편성 요소가 있음을 밝혔다. 이제 필자는 이 세 가지 요소가 칸트의 자유론에서 고스란히 발견되고 있음을 살펴보고자 한다. 칸트의 자유론도 루소의 자유론 못지않게 복잡하게 전개되고 있는데,[66] 여기서는 칸트가 말하는 '자율로서의 자유'에 대해서만 다룰 것이다.

칸트에 의하면 도덕적 행위주체인 인간은 현상적 측면에서는 철저하게 인과법칙의 지배하에 놓여 있다. 여기서 현상적 측면이란 곧 신체, 욕망, 감정의 측면을 말한다. 인간의 신체와 욕망과 감정은 철두철미 인과법칙의 지배하에 있는데, 인과법칙이란 곧 기계적 법칙이니 현상적 측면에서 고찰된 인간은 기계요, 따라서 자유가 없다. 그런데 만

---

66 이에 대한 자세한 논의는 필자의 『칸트 윤리학과 형식주의』(대구: 경북대학교출판부, 2006) 제5장, 제6장 참조.

약 인간이 현상적 측면만 갖는다면 그런 인간은 도덕적 행위주체가 될 수 없다. 도덕적 행위주체는 자신의 행위 결과에 대해 책임질 수 있는 존재여야 하는데, 인과법칙의 지배하에 있는 존재는 책임질 수 없는 사물적 존재에 불과하기 때문이다. 그래서 칸트는 "자유는 도덕법칙의 존재근거요, 도덕법칙은 자유의 인식근거"라는 유명한 말을 한다.[67] 그런데 인간은 다른 한편 예지적 측면에서 고찰될 수 있다. 이 측면에서 고찰될 때 인간은 인과법칙으로부터 벗어나 행위할 수 있는 의지의 능력, 즉 자유를 갖고 있다. 칸트가 예지적 측면에서 고찰된 인간 의지의 능력으로서 자유를 말할 때, 우리는 루소가 말하는 자연적 자유의 의지 자발성을 떠올리게 된다. 앞서 살펴보았듯이 루소가 말하는 자연적 자유는 자연법칙에 저항하여 행위하는 영혼의 능력이다. 루소는 인간에게 이 능력이 없다면 동물과 구별될 수 있는 아무런 근거도 갖지 못한 것으로 생각한다. 아무리 강조해도 지나침이 없는 것은 루소가 말하는 자연적 자유는 자연상태에서 외톨이 생활을 하는 자연인이 욕망에 따라 자유롭게 행동하는 것이 아니는 것이다. 자연적 자유가 그런 것이라면, 그런 자유는 동물들도 갖고 있다.

원래 칸트가 말하는 자발성은 선험적 자유의 자발성으로, 이 자발성은 하나의 인과 계열을 스스로 개시하는 능력으로서의 자발성이다. 그러나 칸트는 이 능력을 자율적 자유에도 인정한다. 그에게 하나의 도덕적 행위를 하는 것은 하나의 새로운 인과 계열을 개시하는 것이나 마찬가지다. 그러나 이 자율적 자유의 자발성은 그것에다가 루소가 말하는 시민적 자유의 자기입법성이 보태질 때 더 완벽해진다. 루소는 인

---

67   I. Kant, *Kritik der praktischen Vernunft*, p. 4 참조.

간은 어차피 평화롭던 외톨이 생활을 하던 자연상태로 되돌아갈 수 없는 노릇임을 인정한다. 사회상태는 되돌릴 수도 부정할 수도 없는 현실이다. 그럼에도 루소는 이 현실 위에서 '어떻게 하면 자연상태의 인간의 선성, 즉 자유를 회복할 수 있을 것인가?' 하는 문제로 고민하게 된다. 루소는 사회 속의 인간을 일반의지를 가진 '하나의' 인간으로 만들어버림으로써 이 문제를 해결하려 했다. 바로 이 때문에 루소는 전체주의자로 해석될 여지를 남긴다. 이 하나의 인간은 자기가 만든 법에 스스로 복종한다. 즉, 자기입법적 자율성이 성립하게 된다. 이렇게 되면 법은 더 이상 속박이나 구속이 아니다. 일반의지가 자신이 만든 법에 자신이 복종하는 것은 그야말로 일반의지의 자유이자 자율이다. 칸트역시 의지를 자기입법의 능력을 가진 어떤 것으로 보고 있으나,[68] 이는 전적으로 루소의 일반의지에 대한 이론으로부터 배운 것이다.

루소는 하나의 사회를 일반의지를 가진 하나의 인간처럼 만들어버리면서 사회 전체의 의지와 개개 인간의 의지를 일치시켰고, 그러면서 시민으로서의 자기입법적 자유를 확보하게 되지만, 그 자유는 전 인류적 차원의 보편성을 갖지 못한다는 치명적 문제점을 노출하고 있음을 알아차렸다. 이 문제를 해결하기 위해 그는 도덕적 자유 개념을 도입했지만, 필자는 루소가 시민적 자유와 도덕적 자유의 갈등과 대립을 해결·해소했다고 생각하지는 않는다. 루소가 만나게 된 이 갈등은 국가, 종교, 문화에 따른 각각의 지역윤리와 전 인류에게 타당한 세계보편윤리의 갈등 같은 것으로 누구라도 해결하기 어려운 문제다. 그러나 칸트는 이 문제를 윤리적 형식주의라는 학문적 전략을 택함으로써 해

---

68   I. Kant, *Kritik der praktischen Vernunft*, p. 50 참조.

결하려 했다. 그는 윤리적 형식주의를 택하면서 단번에 자유에 그 존재근거를 둔 도덕법칙은 논리적으로 보편화가 가능해야 한다는 입장에 도달한다. 이 입장에 서면, 윤리학은 적어도 그 형식에서 수학 같은 학문으로 이해된다. 루소가 각각의 사회를 일반의지를 가진 하나의 인간으로 만들었다면, 칸트는 전(全) 인류를 선험적 차원에서 순수의지를 가진 하나의 인간으로 만들었다. 그러니 루소에게는 여전히 일반의지가 국경 혹은 사회의 한계를 넘어서면 다른 일반의지와 마찰을 일으키지만 — 루소의 일반의지는 여전히 지역성과 특수성을 갖고 있다 — 칸트의 순수의지(실천이성)는 자기 이외에 타자가 없기에 불화하고 마찰을 일으킬 일도 없다. 칸트는 루소가 마주쳤던 문제를 윤리적 형식주의 전략으로 해결하려 하지만, 그의 이런 시도 역시 성공적이지는 못하다는 것이 필자의 생각이다.

제7절 결론

    카시러는 "루소의 자연 개념은 그의 가장 절친한 친구들조차 오해 했는데, 칸트는 아마도 그 개념의 장점을 가장 공평하게 평가한 최초의 인물일 것이다"라고 말했다.[69] 우리는 더 나아가서 칸트야말로 루소의 자유 개념이 가진 폭발력을 가장 정확하게 파악하고 그 문제점을 가장 정밀하게 선험철학적 지평에서 해결하려고 한 사람이라고 말할 수 있 을 것이다. 물론 우리는 루소 자유론의 세 가지 요소가 칸트 자유론에 서 발견된다 하더라도 칸트 자유론의 독창성이 훼손되는 것은 아니라 고 생각한다. 칸트는 루소에게서 발견되는 이 세 가지 요소를 자신의 선험철학적 지평에서 유기적으로 통합시키고 있기 때문이다.

---

69   E. Cassirer, *Rousseau, Kant, Goethe*, p. 11.

제4장

칸트 도덕철학의 관점에서 본
현행 인성교육의 문제점

제1절 서론

　최근 우리 교육계의 화두는 '인성교육'이다. 인성교육을 위한 다양한 교육정책과 교육 프로그램이 수행되고 있다. 예컨대 중·고등학교에서는 학생들의 봉사활동을 종합생활기록부에 기록하여 대학입시에 반영되도록 하는 교육정책이 실시되고 있다. 이런 상황에서 인격과 인간성을 도덕철학의 핵심 개념으로 삼고 있는 칸트의 인성교육론을 살펴보는 것은 의미 있는 일이라 생각된다. 칸트의 윤리 사상이 프랑스 계몽주의 사상가 루소의 영향을 받았다는 것은 널리 알려진 사실이지만, 『유고(Bruchstuecke aus Kants Nachlass)』에서 칸트는 자신에 대한 루소의 영향을 다음과 같이 고백하고 있다.

　나는 진리를 탐구하려는 성향을 갖고 있었다. 나는 지식에 대한 애타는 갈망과 인식에 있어서 진보하고 싶다는, 휴식을 모르는 열정과 한 걸음씩 진보할 때마다 느끼는 강한 만족감이 있었다. 나는 한때 인식만이 인류의 영광을 형성한다고 생각한 적이 있었으며, 무식한 천민을 경멸했다. 루소가 이러한 나를 바로잡아 주었다. 그러한 맹목적인 편견은 사라졌다. 나는 인간을 존경하는 것을 배웠다. 그리고 인간의 권리를 확립하려는 이러한 견해가 다른 모든 사람에게 가치 있는 일이 되지 못한다고 내가 생각하게 된다면, 나는 나 자신을 보통의 노동자보다 훨씬 무용한 자라고 간주한다.[1]

칸트는 뉴턴을 통해 자연의 법칙성이 발견되었고, 루소에 의해 인간의 인간성이 발견되었다고 생각했다. 칸트철학은 철학사적으로는 경험론과 합리론 간의 대립을 조정하려는 작품이요,[2] 칸트 개인으로서는 기계론적 인간관이 득세하던 시절에 인간의 존엄성을 확보하려는 정신적 투쟁의 작품이라 할 수 있을 것이다. 우리는 이하에서 인성, 즉 인간의 인격성을[3] 그처럼 중시했던 칸트의 인성교육론을 살펴보고, 그런 다음에 칸트 도덕철학의 관점에서 현재 우리 사회에서 행해지고 있는 인성교육의 문제점을 지적하고자 한다.

---

1   E. Cassirer, *Rousseau, Kant, Goethe*, pp. 1-2에서 재인용.

2   칸트철학을 합리론과 경험론의 종합으로 해석할 때 범하는 오류에 대해 언급하고자 한다. 일반적인 해석에 따르면, 칸트는 "개념 없는 직관은 맹목이고 직관 없는 개념은 공허하다"라고 말했는데, "개념 없는 직관은 맹목이고"라고 할 때는 합리론의 입장을, "직관 없는 개념은 공허하다"라고 할 때는 경험론의 입장에 손을 들어주는 방식으로 합리론과 경험론의 종합을 이루었다고 한다. 이는 틀린 말이 아니다. 그러나 칸트의 인식이론에 제한해서 보면 그렇다는 말이다. 그러나 칸트철학을 형이상학적 입장에서 보면 그 말은 틀린 말이다. 칸트는 『순수이성비판』에서 철저하게 직관의 대상이 될 수 없는 개념들은 인식의 대상이 아니라고 했다. 그러니 신이니 영혼이니 하는 개념들은 인식 대상이 아니다. 이 경우 칸트는 명백히 경험론의 입장을 편들어주고 있다. 그러나 『실천이성비판』에서는 도덕신앙의 이름으로 그 개념들을 살려낸다. 이렇게 하면서 그는 합리론을 편들어주고 있다. 칸트가 경험론과 합리론의 종합을 이룬 철학자라는 평가의 진정한 의미는 인식론적 차원에서 찾아져서는 안 되고 형이상학적 차원에서 찾아져야 한다.

3   '인성'이라는 용어는 매우 모호한 말이다. 그것은 사회학적 의미의 '인간의 인간성', 생물학적 의미의 '인간의 특성', 동양철학적 의미의 '인간의 본성'을 의미할 수 있다. 이 모든 경우 거론되고 있는 '인간'은 한결같이 유(類)로서의 인간이다. 또 '인성'이라는 용어는 심리학적 의미의 '인간의 품성'이나 '인간의 개성'을 의미할 수도 있다. 이 경우 거론되는 '인간'은 개체로서의 인간이다. 그러나 필자는 이 장에서 '인성'이라는 말을 도덕철학적 의미인 '인간의 인격성'이라는 의미로 사용하고자 한다. 인격, 성격, 개성의 의미에 대해서는 이 장의 19번 각주를 참조하기 바란다.

제2절
칸트 윤리학에서
인격성, 도덕성 그리고 자유

1) 도덕성의 근거로서의 자유

칸트는 도덕과 자유의 관계를 다음처럼 명료하고 압축적으로 규정하고 있다.

> 나는 자유는 확실히 도덕법의 존재근거(ratio essendi)이지만, 도덕법은 자유의 인식근거(ratio cognoscendi)임을 상기시키려 한다. …(중략)… 자유가 없으면, 도덕법은 우리 인간 안에서 결코 발견될 수 없다.[4]

어떻게 자유는 도덕법의 존재근거인가? 도덕법은 우리에게 당위의 형식으로 다가오는데, 만약 우리가 자연의 경과에만 착안한다면, 당

---

4   I. Kant, *Kritik der praktischen Vernunft*, p. 4.

위는 완전히 무의미하다. 우리는 자연에 대해 무엇이 발생해야 한다고 요구할 수 없기 때문이다. 이는 동그라미가 어떤 성질을 **가져야 한다**고 말하는 것이 무의미한 것과 마찬가지다. 우리는 단지 '자연 중에서 발생하고 있는 것이 사실상 무엇이냐, 혹은 동그라미는 어떤 성질을 갖고 있느냐?' 하는 것만 물을 수 있다.[5] 그럼에도 우리는 인간에게 자연의 경과가 요구하는 것과는 다른 어떤 것, 즉 당위를 행하기를 요구한다.[6] 그런데 자연의 경과는 필연적인 인과법칙의 지배를 받기 때문에 당위는 필연의 인과법칙으로부터 벗어난 어떤 것이지 않으면 안 된다. 따라서 필연의 인과법칙으로부터 벗어난 어떤 것으로서의 당위는 자유를 전제할 때만 의미를 가진다. 도덕법칙은 자유의 전제 위에서 가능한 법칙이기에 도덕법칙은 곧 자유의 법칙이다. 그래서 칸트는 다음과 같이 말한다.

---

5   I. Kant, *Kritik der reinen Vernunft*, B575 참조. 칸트는 또한 다음과 같이 말한다. "실천철학에 있어서 우리에게 중요한 것은 *생겨나는 일*의 근거를 채택하는 일이 아닌, 비록 실제로는 결코 생기지 않더라도 *생겨야 할 것*의 법칙, 즉 객관적으로 실천적인 법칙을 확인하는 일이다."(*Grundlegung zur Metaphysik der sitten*, p. 58)

6   칸트는 당위를 자연과 대립된 것으로만 이해하고 있다. 물론 우리는 "너는 마땅히 양치질을 해야 한다"라고 말하면서 양치질하는 것을 하나의 당위로 만들 수 있다. 그러나 양치질하는 당위는 참된 의미에서의 당위가 아니다. 그것은 "만약 네가 치통의 고통을 당하지 않으려면, 양치질을 해야 한다"라는 조건부 당위다. 그러나 칸트는 조건부 당위는 참된 당위가 아니라고 생각한다. 문제는 과연 칸트가 말하는 정언명법적 당위라는 것이 존재하는가 하는 것이다. 풋(Foot) 여사는 「가언명법의 체계로서의 도덕성」이라는 논문에서 칸트적인 의미의 정언적 의무는 존재하지 않음을 주장하고 있다("Morality as a System of Hypothetical Imperatives," *The Philosophical Review*, Vol. 81, 1972, pp. 305-316 참조). 이에 대해 홈스(R. L. Holmes)는 「도덕성은 가언명법의 체계인가?」(Is Morality a System of Hypothetical Imperatives?, *Analysis*, Vol. 34, 1974)에서 그리고 베커(L. C. Becker)는 「도덕판단의 종착점: 풋 여사에 대한 응답」("The Finiality of Moral Judgements: a Reply to Mrs. Foot," The Philosophical Review, Vol. 82, 1973)에서 반론을 전개하고 있다. 과연 '도덕성이라는 것은 가언명법의 체계에 불과한 것인가, 아니면 정언명법적 의무를 포함하고 있는가?' 하는 것은 홍미로운 문제이지만, 이 장에서는 다루지 않는다.

(후자의 고유한 의미의) 그러한 자유(선험적 자유: 필자 삽입) — 이 자유만이 선천적으로 실천적이다 — 없이는 어떠한 도덕법칙도 가능하지 않고, 도덕법칙에 의거한 어떠한 귀책(歸責)도 가능하지 않다. 바로 그 때문에 사람들은 시간의 경과 중에서 인과성의 자연법칙에 따르는 사건의 모든 필연성을 자연의 *기계성*이라고 명명할 수 있다.[7]

만약 도덕성이라는 것이 정언적 의무의 체계임에도 인간에게 자유가 없다면, 도덕법이라는 것은 헛된 망상에 불과할 것이다. 아사 상태의 사람에게 눈앞에 보이는 음식이 타인의 소유이므로 먹지 말기를 명령하는 것은 금속에 열을 가하면서 금속이 팽창하지 않기를 요구하는 것과 마찬가지로 헛된 것이다. 그래서 칸트는 다음과 같이 말한다.

만일 실천규칙에 의해 최고선에 도달하는 것이 불가능하다면, 최고선을 촉진하기를 명령하는 도덕법은 환상적인 것이 될 수밖에 없으며, 공허한 공상적 목적을 겨냥해 있으므로 그 자체 거짓이 된다.[8]

또한 인간의 의지가 인과적 필연성으로부터 자유로울 능력을 갖고 있지 않다면, 우리는 행위의 공과를 논할 수 없게 된다. 갑돌이가 약속을 지키지 않았을 경우, 사람들은 갑돌이를 비난한다. 왜 갑돌이를

---

7   I. Kant, *Kritik der praktischen Vernunft*, pp. 112-113(강조는 칸트). 그러나 칸트는『순수이성비판』B832에서는 선험적 자유에 대해 다음처럼 말함으로써 앞서 인용된 구절과는 다른 말을 한다. "선험적 자유에 관한 물음은 단지 사변적인 앎에만 관계하기 때문에 실천적인 것이 문제가 될 경우에 우리는 선험적 자유를 무관심하게 제쳐놓을 수 있다." 그런데 칸트는『순수이성비판』의 또 다른 곳에서는 "선험적 자유의 부정은 동시에 모든 실천적 자유를 폐기하는 것이 된다"(B562)라고 말하기 때문에 선험적 자유를 도외시하고 실천적 자유에 대해 논하는 것이 가능할지는 의심스럽다.

8   I. Kant, *Kritik der praktischen Vernunft*, p. 131.

비난하느냐고 물어보면 "갑돌이는 약속을 지킬 수 있었음에도 약속을 지키지 않았기 때문이다"라고 말한다. 이는 결국 갑돌이가 자유의 능력을 갖고 있음을 전제한다. 갑돌이는 자유를 갖고 있기에 자신의 행위에 대해 책임을 져야 하며, 칭찬을 받거나 비난받을 수 있다.[9]

2) 실천이성(의지)과 도덕법칙

칸트는 이성을 이론이성과 실천이성으로 구분한다. 이론이성은 어떻게 인간에게 '보편타당성을 가진 앎'이라는 의미의 인식이 가능한가를 설명하는 이성이다. 실천이성은 어떻게 인간이 도덕법칙에 따르는 도덕적 행위를 하는 것이 가능한가를 설명해주며, 또한 인간이 도덕법칙에 따라 행위하는 것을 가능하게 하는 이성이다.

> (이성의) 실천적 사용에서 이성은 의지를 — 의지는 표상에 대응하는 대상들을 낳는 능력이거나 이런 대상들을 낳도록 자기를 규정하는 능력, 즉 자기 원인성을 규정하는 능력이거나다 — 규정하는 근거들을 다룬다. …(중략)… 그래서 여기에 나타나는 첫째 문제는 순수한 이성은 의지를 규정하기 위해 자신만으로 충분한 것이냐,

---

9   칸트가 『순수이성비판』에서 논하는 인과법칙으로부터의 자유는 소극적 자유이며, 이것은 『실천이성비판』이나 『도덕형이상학 원론』에서 실천이성이 자기입법적으로 구성한 (혹은 발견한) 도덕법칙에 따르는 자율로서의 자유, 즉 적극적 자유가 된다. 칸트적인 의미에서 "의지의 자율은 규칙의 관점에서 행위를 행하고 모든 사람에게 타당한 규칙을 채용하는(혹은 만드는) 능력을 의미하며, 칸트는 인격의 본질을 의지의 자율에서 찾고 있다"(R. S. Downie & Elizabeth Telfer, *Respect for persons*, London, George Allen and Unwin LTD, 1971, p. 22).

혹은 그것은 오직 경험적으로 제약된 이성으로서만 의지의 규정근거일 수 있느냐 하는 것이다. 그런데 이즈음에『순수이성비판』에서는 승인은 되었으나 경험적인 제시는 할 수 없었던 개념, 즉 *자유*의 개념이 나타난다. 만약 우리가 자유의 성질이 인간의 의지에(따라서 모든 이성적 존재자의 의지에도) 사실상 속해 있음을 증명하는 근거들을 발견할 수 있다면, 이를 통해 순수한 이성이 실천적일 수 있음이 단지 증명될뿐더러 경험적으로 한정된 이성이 아니라 순수한 이성만이 무제약적으로 실천인 것 또한 증명된다.[10]

그러나 우리의 전체 상태에 관해 욕망될 만한 값어치가 있는 것은 무엇인가, 즉 무엇이 선이며 유익한 것이냐에 관한 고려는 이성에 의존하고 있다. 그러므로 이성은 법칙도 준다. 이 법칙은 명령이며, 다시 말하면 자유의 객관적 법칙이다. 그것은 무엇이 생겨야 하는가 하는 것을, 비록 아마도 결코 생기지 않는다 하더라도 말해준다. 이 점에서 현실로 발생하고 있는 것만 다루는 자연법칙과 구별된다. 바로 이 때문에 이성이 주는 법칙은 실천법칙이라고 명명될 수 있다.[11]

앞서 살펴보았듯이 자유는 도덕성의 근거다. 자유가 없다면 도덕은 한갓 환상에 불과하다. 그러면 도덕법은 어디에서 나왔는가? 즉, 도덕법의 근원은 무엇인가? 이상의 두 인용문을 통해 우리는 칸트가 도덕법의 근원이 실천이성에 있다는 주장을 하고 있음을 알 수 있다.

---

10   I. Kant, *Kritik der praktischen Vernunft*, pp. 16-17.
11   I. Kant, *Kritik der reinen Vernunft*, B830.

따라서 의무의 근거는 인간의 자연적 성질(Natur des Menschen)에서 혹은 인간이 살고 있는 세계의 환경에서 탐구되어서는 안 되고, 오직 순수이성의 개념에서만 선천적으로 탐구되어야 한다.[12]

어떻게 해서 실천이성이 도덕법의 근원일 수 있는가? 실천이성의 자기입법적 능력을 통해 실천이성은 도덕법의 근원이 될 수 있다. 도덕적 명령은 무조건적이다. 무조건적 명령은 인과법칙의 지배를 받는 자연계에서는 결코 발생할 수 없다. "감성계 자체 중에 있는 원인성의 성질은 결코 무제약적일 수 없다."[13] 칸트는 무조건적 명령이 의지로부터 생겨남을 말한다.

의지는 생명체 ─ 그 생명체가 이성적인 한 ─ 에 속하는 원인성의 일종이요, 자유는 이런 원인성의 특성이다. 이 원인은 자기를 규정하는 외래의 원인들로부터 독립적으로 작용할 수 있다. 이에 비해 자연적 필연성은 이성이 없는 모든 존재자의 원인성의 특성이요, 이성이 없는 존재자들은 외래 원인들의 영향에 규정되어 활동하게 되는 것이다.[14]

의지가 자유이고 또한 외부의 원인들, 즉 자연 원인성과는 독립해서 작용할 수 있는 원인성이라면, 그것은 '자유 원인성(Kausalität durch Freiheit)'이지 않으면 안 된다. 우리는 흔히 자유를 무법칙적인 것과 동

12　I. Kant, *Grundlegung zur Metaphysik der Sitten*, p. 13.
13　I. Kant, *Kritik der praktischen Vernunft*, p. 57.
14　I. Kant, *Grundlegung zur Metaphysik der Sitten*, p. 81.

일시하지만, 칸트에 의하면 자유는 "결코 무법칙적인 것이 아니라 오히려 불변적인 법칙에 따르는 하나의 원인성"[15]이다. 물론 이 경우 "불변적인 법칙"은 도덕법칙이다. 이성은 자연 원인성으로부터 완전히 독립해서 자유롭게 자기가 절대적·무조건적으로 마땅히 행해야 할 행위를 자신이 정한 보편적 도덕법칙에 따라 행할 능력을 갖고 있다.

3) 인격성의 근거로서의 자유

인격이란 무엇인가? 우리는 일상생활에서 '인격(人格)'이라는 개념을 종종 사실적인 용어로 사용하기도 하고 평가적인 용어로 사용하기도 한다. 가령 '인격'이라는 용어를 '물격(物格)'이나 '신격(神格)'이라는 용어와 비교할 경우, 인격이라는 용어는 어떤 존재가 단순한 사물인가, 아니면 인간인가, 아니면 신인가를 사실적으로 구분하기 위해 사용된다. 어떤 존재가 신이기 위해서는 — 물론 이 경우 '신'이라는 개념을 어떻게 이해하느냐 하는 것이 또다시 문제가 되지만 — 기독교적 관점에서는 전지성, 전능성, 거룩함, 무소부재성 같은 속성을 가져야 한다. 어떤 존재가 사물로 분류되기 위해서는 데카르트의 견해에 의하면, 연장성(延長性)을 가지되 본래적으로 자기의식적이지 않아야 한다.[16] 상황윤리학자인 조셉 플레처(Joseph Fletcher)에 의하면, 어떤 존재가 생물학적

---

15 I. Kant, *Grundlegung zur Metaphysik der Sitten*, 같은 쪽.

16 식물인간은 자기의식적이지는 않지만, 본래적으로 자기의식적인 것은 아니므로 단순히 사물이라고 할 수는 없을 것이다. 그런데 데카르트나 루소 같은 사상가들은 동물을 복잡한 기계 정도로 간주했다.

의미의 인간(유전학적으로 '호모사피엔스'라는 종족의 염색체를 갖고 있는 생명체)이 아니라 인격체의 의미인 인간으로 분류되기 위해서는 자기의식, 자기통제, 과거감, 미래감, 타인과 관계 맺는 능력, 타인에 대한 관심, 의사소통, 호기심 등의 능력을 가져야 한다.[17] 사람들은 또한 '인격'이라는 말을 평가적인 용어로 쓰기도 한다. 가령 "그 사람은 참으로 비인격적이다"라고 말할 때, 우리는 그가 인간이 아니라는 것을 주장하고자 하는 것이 아니라 그의 인간 됨됨이가 잘못되어 있음을 비난하는 것이다. 반대로 "그는 정말로 인격자다"라고 할 때, 우리는 어떤 사람의 인간 됨됨이를 칭찬하는 것이 된다. 인격이라는 말이 평가적인 용어로 사용될 때, 인격은 사람마다 그 좋고 나쁨에 차이가 있다. 그러나 인격이라는 말이 사실적인 용어로 사용될 때, 자기의식, 자기통제, 과거감, 미래감, 타인과 관계 맺는 능력, 타인에 대한 관심, 의사소통, 호기심 등의 능력을 갖고 있는 모든 사람은 물격도 신격도 아닌 동일한 인격체다. 그러면 인격이라는 용어는 이처럼 이중적인 의미를 갖고 있으므로 우리는 이 양자를 반드시 구별해야 하는가? 칸트는 인격의 이중적인 의미를 자유의 개념으로 결합하여 제시한다.

인간이 다른 동물이나 사물과 구별되는 근거는 무엇인가? 칸트에 의하면 동물이나 사물들은 한결같이 자연법칙(인과법칙)의 지배를 받는 존재다. 그러나 인간은 '스스로 정한 법칙'(자유법칙)에 따라 행동함으로써 인과법칙의 지배를 벗어날 수 있다.

이성적인 존재의 의지(실천이성)는 자기를 규정하는 외부의 원인이나 자극으로부터 독립하여 스스로 정한 법칙에 따라 작용할 수 있다

---

17   P. Singer, *Practical Ethics* (Cambridge University Press, 1979), pp. 74-75 참조.

는 점에서 자유다.[18] 그러나 동물이나 사물들은 외적 원인이나 자극에 의해 규정당하기만 한다는 점에서 자유로운 존재가 아니다. 달리 말하면, 동물들은 자극(stimulus)-반응(response)의 도식에 따라 움직이지만, 인간은 외부 자극이 우리에게 요구하는 행동이 무엇이든 간에 그 자극에 기계적으로 반응하지 않을 수 있는 능력을 갖고 있다는 것이다. 바람이 불면 나뭇가지는 반드시 흔들거리게 되어 있으며, 발정기가 되면 동물은 반드시 짝짓기를 하게 되어 있다. 그러나 인간은 아무리 배가 고파도 그것이 남의 것일 때는 음식을 먹지 않을 수 있는 능력을 갖고 있다. 그러한 능력은 이성적인 존재로서 인간의 의지(실천이성)가 갖고 있는 자유에 기인한다.

지금까지 논의한 관점에서 보면, 인간이 사실적 의미의 인격체인 이유는 자신이 정한 도덕법칙에 따라 행위할 수 있는 가능적 능력(가능성)을 갖고 있다는 사실에 있다. 이 능력을 조금이라도 갖고 있는 모든 인간은 인격체다. 그리고 인간이 평가적 의미의 인격체인 이유는 도덕법칙에 따라 행위하는 능력, 즉 자유의 능력이 개인에 따라 다르다는 사실에 있다. 바로 이 때문에 더 인격적인 사람과 덜 인격적인 사람의 구분이 있을 수 있다.[19] 칸트

---

18 이에 대해서는 졸저 『칸트철학의 인간학적 비밀』(울산: 울산대학교출판부, 1997) 제7장 '칸트의 의지자유론' 참조. 특히 pp. 299-300을 참조하기 바란다.

19 인격의 사실적 의미와 평가적 의미를 결합하는 이런 입장은 다음과 같은 입장과 대조적이다. "이와 같은 인격의 개념을 인간의 소위 사회적-관계적-공적 속성들을 중심으로 개별자를 이해하는 방식이라고 할 때, '인격의 본성'에 대한 고려 이외에 인격 개념의 또 다른 주요 측면은 '개별자의 측면'이다. 이 조건은 인격이 자연종이나 본질에 의한 분류 개념이 아니라는 것을 의미한다. 즉 인격은 인간의 특정한 속성을 가지고 개별자(개별적 인간)를 이해하는 방식이지, 일의적인 본질에 의해 외연이 결정되는 유적(類的) 혹은 본질적 개념이 아니라는 것이다. 또한 생물학적 자연종과 같이 자연적 본성에 따라 분류할 수 있는 인격종(person kind)이란 없다. 마치 인간종(human kind)이 하나의 자연종이 듯이, 인격에 대응하는 자연종이 따로 있는 것이 아니라는 의미에서 인격은 자연종이 아니다. 그리고 인격은 동일한 하나의(혹은 불변하는 유일의) 본성을 갖는 것도 아니며, 어

떤 공통적 본질을 가지고 그것의 외연을 결정할 수 있는 그런 것이 아니라는 점에서 유적 실체도 아니다"(김선희, 「인격의 개념과 동일성의 기준」, 철학연구회, 『철학연구』 제41집, 1997년 가을호, p. 178). 그러나 김선희는 같은 논문 같은 면에서 "인격과 자아, 인간종의 세 개념은 동일한 개별자들을 이해하는 **존재론적 차이는 없다**(강조는 필자)"라고 말한다. 만약 그렇다면, '인격'과 '인간종'이라는 두 개념은 동연개념(同延槪念)이라는 뜻인데, 그렇다면 이 말은 "인격은 동일한 하나의(혹은 불변하는 유일의) 본성을 갖는 것도 아니며, 어떤 공통적 본질을 가지고 그것의 외연을 결정할 수 있는 그런 것이 아니라는 점에서 유적 실체도 아니다"라는 말과 어떻게 조화할 수 있는지 이해하기 어렵다. 필자의 견해로는 자유의 개념을 통해 이런 문제점을 해결할 수 있다고 생각한다. 모든 인격체는 하나의 **동일한 유적 본질**을 갖고 있는데, 그것은 그가 **자유의 가능성**을 갖고 있다는 것이다. 설령 그가 식물인간이라 하더라도 치료를 잘 받으면 정상적인 인간이 될 수 있다는 가능성을 가진 한, 그 역시 자유의 가능성을 갖고 있다고 할 수 있다. 어린아이는 법적으로 인격체가 아니지만, 우리가 어린아이를 존중하는 이유도 그가 성장하면 자유의 가능성을 갖게 된다는 사실에 의거한다. 그러므로 자유의 가능성을 갖는 것은 '호모사피엔스'라는 종족의 유전적 특질을 갖는 어떤 존재가 인격체가 되기 위한 필요조건이다. 그러나 자유의 가능성만을 갖는 것으로 온전한 인격체가 되는 것은 아니다. 자신이 갖고 있는 자유를 현실화시켜나가지 못하고 외적이고 자연적인 자극에 종속되어버리면 사실적 의미에서는 인격체이지만 평가적 의미에서는 인격체가 아니다. 즉, 훌륭한 인격의 소유자가 아니다. 그러므로 자유의 가능성은 어떤 존재가 인격체가 되기 위한 필요조건이라면, 자유의 실현 혹은 현실화하는 능력은 어떤 존재가 인격체가 되기 위한 충분조건이라고 할 수 있다. 이렇게 생각한다면, 인격은 그 필요조건의 측면에서는 유적인 개념이며, 충분조건의 측면에서는 개체와 관계된 개념이 된다. 예컨대 식물인간은 자율적으로 행동하는 정상적인 인간으로 치유될 가능성을 갖고 있는 한 인격체이기 위한 필요조건을 갖추었지만, 현재 자율적으로 행동할 수 없다는 점에서 인격체가 되기 위한 충분조건을 충족시키지 못하고 있으며, 따라서 온전한 의미의 인격체가 아니다. 브로디(A. Broadie)와 피부스(E. M. Pybus)는 공동논문에서 "개도 이성적이라면, 칸트는 개도 인격체로 간주했을 것이다"라고 말한 뒤에 "'인격'이라는 말의 칸트적인 용어법으로는 인간임(human beinghood)은 인격체임(personhood)이 되기 위한 필요조건도 충분조건도 아니다"라고 말한다(Kant's Concept of "Respect", *Kant Studien*, Bd.66, 1975, p. 59). 물론 칸트는 인간만 인격체로 간주하지 않고 모든 이성적 존재 일반을 인격체로 간주한다. 그러므로 얼핏 생각하면 이성적인 돼지가 있다면 그 돼지는 인격체일 것이며, 이성적인 천사가 존재한다면 그 천사 역시 인격체일 것이다. 그러나 문제는 이성적인 돼지나 개는 존재하지 않는다는 것이다. 그뿐만 아니라 이성적인 천사가 있다 하더라도 그 천사가 이성과 아울러 육체를 갖고 있지 않다면 ― 칸트의 생각으로는 감정적이면서 동시에 이성적인 존재자만이 경향성과 도덕법 사이에서 도덕적 갈등을 느낄 수 있으며, 도덕적 갈등을 느끼면서 자신의 자유를 실현시켜내는 자, 즉 도덕법에 따르는 자만이 인격체일 수 있음을 인식하는 것이 중요하다 ― 그 천사는 우리 인간이 느끼는 도덕적 갈등을 느끼지 않을 것이고, 따라서 인격체일 수 없다. 혹시 신체를 가진 이성적인 외계인의 존재를 생각할 수 있다. 그런 존재는 명백히 인격체일 것이다. 그러므로 '신체를 가진 이성적인 존재자임'은 '인격체'가 되기 위한 필요조건을 충족시키는 것이 되며, 인간은 '신체를 가진 이성적 존재자'의 집합에 포함되므로 인간임은 인격체가 되기 위한 필요조건을 충족시키는 것이 된다.

사람들은 종종 성격(character)을 인격으로 번역하는 경우가 있다. 그러나 성격과 인는 인간이 동물들 처럼 전적으로 자연의 기계성에만 맡겨진 존재가 아니라 자신의 행동방침(도덕법칙)을 스스로 찾아내어 그에 따라 행동해야 하는 존재로 만들어진 것은 자연의 의도가 그러하기 때문이라고 믿고 있다.

　자연은 다음의 것을 의도했다. 인간이 자신의 동물적 현존의 기계적인 명령을 넘어서는 모든 것을 전적으로 자기 자신으로부터 이끌어내야만 한다는 것이며, 또 자신의 본능으로부터 자유롭게, 자신의 이성을 통해 창조한 행복 혹은 완전함 이외의 어떤 다른 행복이

격(person)은 엄격하게 구분되지 않으면 안 된다. 성격은 개나 말 같은 동물들도 갖고 있다. 예컨대 어떤 개는 성격이 사납고 어떤 개는 유순하다. 우리는 "그 사람은 매우 성급한 성격의 소유자다"라고 말해야 하며, "그 사람은 매우 성급한 인격의 소유자다"라고 말해서는 안 된다. 성격이란 어떤 동물이나 인간이 소유하고 있는 유형화된 환경 적응방식을 의미한다. 물론 이 적응방식은 선천적 요인에 의한 것일 수도, 환경적 요인에 의한 것일 수도, 혹은 양자의 결합에 의한 것일 수도 있다. 그 때문에 우리는 일반적으로 성급한 성격의 소유자와 느긋한 성격의 소유자를 구별할 수 있다. 그런데 우리가 이처럼 유형화시킬 수 있는 성격을 어떤 개체에 속한 것으로 생각해서 그 개체의 다른 특징들과 연결하여 이해하게 될 때, 우리는 그 개체의 개성에 대해 말할 수 있다. 예컨대 갑돌이는 성급한 성격의 소유자 부류에 속하면서 낙관적인 사람의 부류에 속하면서 진실한 사람의 소유자 부류에 속한다고 해보자. 그리고 을식이는 성급한 부류의 사람에 속하지만, 비관적인 부류에 속하며 거짓말을 잘하는 사람의 부류에 속한다고 해보자. 갑돌이와 을식이는 성급하다는 점에서는 성격이 같지만, 개성(personality)은 다르다. 개성은 개인에게 일정한 방식으로 행동하게 하는, 개인 안에 있는 제반 구조의 역동적 조직으로, 이 조직은 개인의 신체적·지적·기질적 요인, 흥미 그리고 도덕적 성향 등의 요인으로 짜여 있다고 할 수 있다. 그리고 갑돌이는 '인격'이라는 말의 평가적 의미에서 인격적이지만, 을식이는 비인격적이다. 문용린은 '인성교육'이라는 용어를 영어로 'character education'으로 번역하고 있다(「미국의 인성교육」, 철학과 철학사, 『철학과 현실』, 1995년 가을호, p. 98). 그러나 일반적으로 성격은 그 자체로서는 가치중립적임을 염두에 둘 필요가 있다. 예컨대 과묵한 성격은 좋은 성격이고, 수다스러운 성격은 나쁜 성격이라고 말해서는 안 된다. 모든 성격은 그 나름의 장점과 단점을 동시에 갖고 있다. 어떤 사람에게 과묵함은 그의 장점이면서 동시에 단점이기도 하다. 그렇다면 우리는 어떤 학생의 성격을 일부러 이런저런 성격으로 바꾸기 위해 교육할 필요는 없을 것이다. 필자는 '인성교육'이라는 말을 굳이 영어로 번역해야 한다면 차라리 'humanity education'으로 번역하는 것이 옳다고 생각한다.

나 완전함에도 관여하지 않아야 한다는 것이다. …(중략)… 자연이 인간에게 이성과 이성에 근거한 의지의 자유를 주었기 때문에 이는 이미 자연이 인간에게 마련해준 장비에 관한 자연의 계획을 명백히 보여주고 있다.[20]

이에 반해 『교육학 강의』에서는 인간이 그런 존재로 만들어진 것은 신의 섭리 때문이라고 생각한다.

신의 섭리는 인간이 자발적으로 선을 산출하기를 원했으며, 그리고 말하자면, 신은 인간에게 이렇게 말할 것이다. "세상에 나가라. 나는 너희에게 선을 향한 모든 소질을 갖추어 주었다. 너의 본분은 그것을 계발하는 것이며, 그래서 너희들의 행복과 불행은 오로지 너희들 자신에 달려 있다."[21]

칸트는 물건과 인격을 구분 짓는 기준을 그 존재가 이성에 기초하는 의미의 자유를 갖고 있느냐 없느냐 하는 데서 찾고 있다.

이성이 없는 존재자라면, 수단으로서 단지 상대적 가치밖에 가지지 않으며, 따라서 '물건(Sachen)'이라고 불린다. 반면에 이성적 존재자는 '인격(Personen)'이라고 불린다.[22]

---

20 I. Kant, "Idee zu Einer Allgemeinen Geschichte in Weltbuergerlicher Absicht" (in: Immanuel Kant Wekausbabe XI, hrsg. W. Weischedel, Suhrkamp, 1982), p. 36.

21 I. Kant, Über Pädagogik (in: Immanuel Kant Wekausbabe XII, hrsg. W. Weischedel, Suhrkamp, 1982) p. 702.

22 I. Kant, Grundlegung zur Metaphysik der Sitten, p. 60. 칸트는 Metaphysik der Sitten, p. 569에서는 인격을 "도덕적-실천적 이성의 주체"로 규정하기도 한다.

인격체는 이성에 기초하는 의지의 자유를 가진 존재이기에 자기가 한 행위에 대해 책임을 질 수 있는 존재다. 칸트에게 인격은 그것의 사실적 의미에서건 평가적 의미에서건 그 핵심은 실천이성(의지)의 자유다. 흔히 소를 물가로 끌고 갈 수는 있지만, 물을 마시게 할 수는 없다고 말한다. 인간의 도덕교육과 관련시켜볼 때, 이 말은 영원한 진리다. 강제되어서가 아니라 스스로 도덕적 행위를 할 수 있다는 것이 입증되지 않으면 인간은 인격성을 가질 수 없다. 도덕교육은 인간은 자유로운 존재라는 사실에서 출발해야 하며, 도덕교육은 생도에게 생도 자신이 갖고 있는 자유의 가능성을 각성시키는 것을 목표로 해야 한다. 그런데 인격이라는 것이 자유를 그 본질로 하고 있다는 사실은 우리에게 의미심장한 시사점을 던져준다.

> 페르소나(persona)는 주어진 것이며, 나면서부터 존재하는 것이다. 이에 대해 인격(personality)은 처음부터 형성하지 않으면 안 되는 것이다. 페르소나는 인격을 형성하는 근원이며, 자신의 인생에서 이상을 실현함으로써 인격을 서서히 형성해가는 것이다. 페르소나에는 양(良)과 불량(不良), 다(多)와 소(小)라는 차이는 없지만, 인격에는 그러한 차이가 있다. 인간은 모두 페르소나다. …(중략)… 그러나 모든 사람이 인격을 지니고 있다고 할 수는 없다. 인격은 인간의 자유에 의존한다.[23]

---

23 호안 J. 소삐니야, 『인간은 어떻게 살아야 하나』(박영도 역, 부산: 지평, 1984), p. 47. 칸트도 "그것(의무에 따르는 것: 필자 주)은 틀림없이 인격성(Persönlichkeit)이요, 다시 말하면 전체 자연의 기계성으로부터의 자유요 독립이며, 동시에 독특한 법칙, 즉 자신의 고유한 이성에 의해 주어진 순수한 실천법칙에 복종하는 존재자의 능력이라고 보아지는 것이다"(*Kritik der praktischen Vernunft*, p. 101)라고 말하면서 도덕성과 인격성과 자유를 동일한 지평에서 고찰하고 있다.

여기서 페르소나는 생물학적인 인간의 모습, 즉 인간의 탈을 의미한다. '호모사피엔스'라는 종족의 유전적 특질을 가진 생명체를 의미한다. 이런 생명체가 인격체가 되는 것은 바로 자유에 의해서라는 것이다. 우리는 흔히 "인간의 탈을 썼다고 다 인간인 것은 아니다"라고 말한다. 이 경우 전자의 인간은 페르소나이며, 후자의 인간은 인격이다. 피터스(R. S. Peters)는 인격의 세 가지 특징에 대해 언급하고 있다. 인격은 '입법적 기능(legislative function)'과 '집행적 기능(executive function)', '심판적 기능(judical function)'을 가진다. 인격의 소유자는 자신의 도덕생활을 위해 규범을 정하며, 사회의 인습적 규범을 받아들여 내면화하든지 아니면 자신의 반성적 규범을 형성하든지 한다는 점에서 입법적이다. 그리고 인격의 소유자는 자신이 택한 규범이 명하는 의무나 선행을 수행해낸다는 점에서 집행적이다. 이 경우 지속성 있는 습관 형성이 중요하다. 마지막으로 인격의 소유자는 자신이 택한 규범에 따라 행동하지 못했을 때 자신에 대해 번민하고 후회하고 죄의식을 느낀다는 점에서 심판적이다.[24] 인격이 갖고 있는 이 세 가지 기능은 인간이 자유롭다는 것이 전제되지 않으면 불가능한 것이다. 기존의 도덕규범을 받아들일 것인가, 아니면 자신만의 규범을 만들 것인가를 결정하기 위해 인간은 자유롭지 않으면 안 된다. 자유로서의 이성의 입법적 기능에 대해서는 이미 칸트에 의해 증명되었다. 그리고 약속할 수 있는 유일한 존재로서 인간은 약속을 지킬 수 있기 위해, 즉 집행할 수 있기 위해 자유롭지 않으면 안 된다. 왜냐하면 약속이란 자연법칙에 따라 진행하는 시간의 경과 속에서 그러한 진행과는 독립적인 어떤 행위를 하겠다는 것을 의미

---

24 R. S. Peters, *Moral Development and Moral Education* (London, George Allen & Unwin Ltd., 1981), p. 32 이하 참조.

하기 때문이다. 인격의 심판적 기능 역시 인간의 자유를 전제하지 않으면 안 된다. 인격의 심판적 기능 중의 하나인 후회의 감정에 대해 생각해보자. 사람은 종종 자신의 지난 행위에 대해 '그때 나는 그렇게 행동하지 말았어야 하는 건데' 하면서 후회한다. 이런 후회의 감정이 의미를 갖기 위해서는 후회하는 당사자가 '달리 행동할 수 있었음', 즉 자유임을 전제하지 않으면 안 된다. 바로 이런 이유로 철저한 결정론자였던 스피노자는 후회의 감정에 사로잡히는 것을 어리석은 것으로 간주했다. 그는 『윤리학』 제4부 정리 54에서 다음과 같이 말한다.

> 후회(Reue)는 덕이 아니다. 즉, 이성에서 생기지 않는다. 오히려 어떤 행위를 후회하는 자는 이중으로 비참하거나 무능하다.[25]

그러나 동일한 이유로 칸트는 스피노자와 달리 다음과 같이 말한다.

> 오래전에 저지른 행위에 대해 그것을 다시 기억해낼 때마다 생기는 후회도 사실은 이것(자기책망과 자기질책)에 기초해 있다. 후회는 도덕적 심정에 의해 야기되는 고통스러운 감정이다. 이 감정은 한번 발생해버린 것을 발생하지 않도록 할 수는 없기 때문에 실천적 관점에서는 무용하다. 아니 심지어 불합리한 것이다. …(중략)… 그러나 **후회의 감정은 고통으로서는 전적으로 정당하다**. 왜냐하면 우리의 '가상적(可想的) 실존'의 법칙(도덕법)이 문제일 때는 이성은 아무런 시간적 구별도 인정하지 않고, 오직 사건이 행위로서 나에게 속하느냐

---

25 B. Spinoza, *Die Ethik* (Übersetzt von O. Baensch, Felix Meiner Verlag, Hamburg, 1976), p. 235.

하는 것만 물으며, 그리고 나서 그 사건이 지금 발생했건 오래전에 발생했건 간에, 항상 동일한 후회감을 그 사건과 도덕적으로 결합하기 때문이다.[26]

"도덕교육의 목적이 인격 형성에 있다"라고 한다면,[27] 그리고 세 가지 기능을 가진 인격이 앞서 살펴본 것처럼 자유를 전제로 한다면, 우리는 세 가지 자유를 구분할 수 있을 것이다. 인격은 입법적·집행적·심판적 기능을 갖고 있음을 살펴보았다. 이제 인격의 입법적 기능은 인간의 지적인 능력과, 심판적 기능은 정적인 능력과, 그리고 집행적 기능은 의지의 기능과 주로 관계하고 있음에 주목할 필요가 있다. 그런데 인격의 이 세 가지 기능은 자유를 전제하고 있으므로 우리는 세 가지 자유를 구분할 수 있을 것이다. 즉 지적·입법적 자유, 의지적·집행적 자유, 정서적·심판적 자유가 그것이다. 우리가 흔히 '자유'라고 부르는 것은 이 세 가지 자유의 유기적 통일로서의 자유이지 않으면 안 된다. 그리고 인격의 통합이라는 것은 인격의 이 세 가지 자유가 유기적으로 통합된 것에 다름아니다. 이 중 어느 하나라도 결여되어 있으면 인간은 진정한 자유를 소유하지 못한 것이라 할 수 있다. 예컨대 세척 충동 환자는 정서적 자유를 갖고는 있으나 입법적 자유와 의지적 자유를 갖고 있지 못하다. 그리고 흡연 습관은 건강에 해로운 것임을 알고 있어서 '나는 앞으로 담배를 피우지 않겠다'라고 금연의 결심을 빈번히 하지만 금연에 성공하지 못하는 사람은 입법적 자유는 갖고 있으나, 의지적 자유와 정서적 자유를 갖고 있지 못하다.

---

26 I. Kant, *Kritik der praktischen Vernunft*, pp. 114-115.

27 이돈희, 『도덕교육』(서울: 교육과학사, 1983), p. 16.

제3절
칸트의 인성교육론

1) 인간은 자유존재임을 각성하게 함

칸트는 정신의 도야를 자연적 도야(physische Bildung)와 도덕적 도야 (moralischen Bildung)로 구분한 뒤, 도덕교육의 궁극적인 목표가 자유에 있음을 다음과 같이 말한다.

> 정신의 자연적 도야는 단지 자연을 목표로 하고, 정신의 도덕적 도야는 다만 자유를 목표로 하고 있다는 점에서 이 양자는 구별된 다.[28]

도덕교육의 핵심이 훌륭한 인격체를 길러내는 것이라면, 그리고 인격의 핵심이 자유에 있다면, 우리는 당연히 인간은 동물과 달리 자유의 가능성을 갖고 태어난 존재임을 학생들에게 깨닫게 하지 않으면 안

---

[28] I. Kant, *Über Pädagogik*, (in: Immanuel Kant Wekausbabe XII, hrsg. W. Weischedel, Suhrkamp, 1982), p. 729.

된다. 물론 이 자유는 '자기 기분 내키는 대로 하는 것'을 의미하지 않는다. 그런 자유는 흔히 '방종'이라 부르는 것으로, 동물들도 누리고 있다. 칸트적인 의미의 자유는 앞서 살펴보았듯이 무법적인 것이 아니라 모든 인간에게 공통된 실천이성의 내부에서 '발견되는'²⁹ 도덕법칙을 따르는 데서 성립하는 자유다. 즉, 칸트적인 의미로 자유롭게 행동한다는 것은 실천이성이 명령하는 바에 따라 행동한다는 것이다. 인간을 제외한 도구나 식물이나 동물은 모두 자연법칙의 지배를 받기만 하는 존재들이다. 그러나 인간은 자연법칙의 지배를 일정 부분 벗어날 수 있는 존재, 즉 자유로운 존재다. 교육한다는 것, 특히 도덕교육을 한다는 것은 피교육자의 자유를 전제한다. 문제는 자유가 인정되지 않는 피교육자는 도덕적 행위자가 아니게 되며, 따라서 그런 존재에 대해 도덕교육이라는 것은 처음부터 불필요하다는 것이다. 반면에 피교육자를 자유로운 행위자로 본다면, 도덕교육은 결코 교육자의 의도대로 되지 않을 가능성을 전제한다. 이것이 도덕교육이 본질적으로 직면하고 있는 어려움이다.

현대에 들어와서 실증주의적이고 경험주의적 학풍의 영향을 받아서 사람들은 도덕교육을 교육이 아니라고 생각하게 되었다. 도덕교육은 앞서 언급한 본래적 어려움으로 말미암아 교육을 공학으로 이해하

---

29 사람들은 칸트가 인식론적 구성주의자이듯이 도덕적 구성주의자이며, 도덕적 구성주의자로서 칸트는 정언명법조차 이성이 구성하는 것으로 주장했다고 생각하기 쉽다. 그러나 칸트가 말하는 정언명법적인 도덕법칙은 실천이성의 내부에 내장되어 있는 것이므로 '발견되는 것'으로 이해되어야 한다. 칸트는 "앞서 말한 것으로부터 다음의 사실이 분명하게 된다. 모든 도덕적 개념들은 철두철미 선천적으로 이성 안에 좌석과 기원을 갖고 있다는 것이다"(*Grundlegung zur Metaphysik der Sitten*, p. 39)라고 말한다. 칸트의 윤리학을 도덕적 구성주의(moral constructvism)로 간주하는 롤스조차 정언명법 자체는 구성되는 것이 아님을 인정하고 있다. 롤스의 칸트 해석에 의하면 도덕적 명령의 형식은 구성되는 것이 아니며, 단지 도덕적 명령의 내용만이 구성된다는 것이다(J. Rawls, "Themes in Kant's Moral Philosophy," in; *Immanuel Kant: Critical Assessments*, eds., Ruth F. Chadwick & Clive Cazeazuk, Routledge, London & New York, 1992, p. 26 참조).

는 사람들의 주문이요 노랫말인 "인간행동의 계획적 변화"를 만족시키지 못하기 때문이다. 그들은 의도되지 않은 변화는 교육의 범주에서 제외한다. 정범모는 "이른바 무의도적 교육은 교육의 개념에서 제외되어야 한다"라고 말한다.[30] 그런데 도덕교육은 의도의 결과를 정확하게 실증적으로 예측할 수 없으므로 교육의 범주에서 제외된다. 그들은 그렇게 함으로써 교육의 본질을 오해해버린다. 행동주의 심리학자인 왓슨은 다음과 같이 대담한 주장을 한다.

> 나에게 건강한 어린아이 12명만 맡겨라. …(중략)… 나는 그 가운데 임의로 아무나 한 아이를 골라 훈련시켜서 내가 만들려고 하는 전문가, 의사, 법률가, 예술가 …(중략)… 혹은 도둑으로 만들 수 있다.[31]

왓슨류의 행동주의 심리학에 그 이론적 기초를 두고 있는 이런 교육관을 '제작으로서의 교육관'으로 명명할 수 있을 것인데,[32] 이런 교육관을 주장하는 사람들은 인간의 자유를 부정한다.

전통적 견해에 따르면 사람은 자유롭다. 사람은 자신이 아닌 다른 어떤 원인에 의해 자신의 행동이 결정되지 않는다는 의미에서 자유적이다. 그러므로 그는 자신의 행동에 대해 책임질 수 있고, 간혹 잘못을 저지르면 마땅히 이로 인해 처벌받을 수 있다. 이런 견해는

---

30 이홍우, 『교육의 개념』(서울: 문음사, 1991), pp. 52-53에서 재인용.

31 J. B. Waston, *Behaviourism* (제2판, Routledge, London, 1931), p. 104.

32 '만드는 교육', '기르는 교육', '각성으로서의 교육'의 구분에 대해서는 필자의 책, 『현대사회와 윤리』(대구: 새빛출판사, 2018) 제1부 4장 '교육, 인격, 자유'를 참조하기 바란다.

과학적 분석이 이제까지 알려져 있지 않던, 환경의 행동에 대한 지배관계를 밝혀냄에 따라 이 견해를 밑에 깔고 있는 여러 관행과 더불어 재검토되어야 한다. …(중략)… 과학적 분석, 특히 개인의 행동을 설명하는 데 있어서의 과학적 분석이 발전함에 따라 사람만은 완전한 결정론으로부터 제외된다는 생각은 무너지게 되었다.[33]

그러나 칸트가 말하고 있듯이 "자유는 도덕법칙의 존재근거요, 도덕법칙은 자유의 인식근거"여서 자유와 도덕이 불가분리적으로 결합해 있다면, 도덕교육에서 실증적으로 예측할 수 있는 결과를 요구하는 것은 도덕교육의 본질을 말살하게 될 것이다. 칸트가 보기에 자유는 도덕교육의 본질을 해명하는 열쇠다.

자유의 개념은 모든 *경험론자*에게는 그들을 엎어지게 하는 돌이지만, *비판적인 도덕론자들*에게는 가장 숭고한 실천원칙에 도달하는

---

33 B. F. 스키너, 『자유와 존엄을 넘어서』(차재호 역, 서울: 탐구당, 1987), pp. 32-33. 이 인용문에서 스키너는 인간에게 의지의 자유라는 것이 없음은 과학적 탐구의 결과인 듯이 주장하고 있지만, *Science and Human Behavior* (New York, Macmillian Co., 1953, p. 447)에서는 "과학적 방법을 인간 행동의 연구에 적용하기 위해서는 인간은 자유롭지 않다는 가설이 필요하다"라고 말함으로써 인간에게는 의지의 자유가 없음이 과학적으로 증명된 이론이 아니라 인간행위의 탐구를 위해 편의상 도입된 자의적인 가설임을 인정하고 있다. 그러나 우리가 인간의 행위조차 인과적으로 결정된다는 가설을 일단 받아들여 그 관점에서 보면 모든 인간의 모든 행위가 인과적으로 결정되는 듯이 보일 것이다. 이는 그 가설이 정당하기 때문이 아니라 그 가설은 그 가설로 설명되지 않는 사례를 배척하기 때문이다. 다시 말하면 가설로 세워지는 순간에 확증된 이론이 되어버리는 **자폐적 가설**이기 때문이다. 이와 유사한 또 다른 가설로는 인간의 모든 행위는 이기적인 동기에서 행해진다는 심리학적 이기주의의 가설, 인간의 모든 행위는 성적(性的)인 동기에서 행해진다는 프로이트의 가설이 있다. 이런 가설들은 가설이라기보다는 차라리 하나의 고집이라고 할 수 있다. 스키너처럼 인간의 의지자유가 인정되면 인간에 대한 과학적 탐구는 불가능하므로 인간에 대한 과학을 위해 인간의 의지자유를 부정해야 한다는 것은 과학을 위해 인간을 희생시키는 과학주의의 잘못이 될 것이다.

열쇠다.[34]

스키너나 정범모 류의 교육관은 칸트의 말대로 이 자유의 개념에 좌초한 전형적인 사례들이요, 도덕교육의 본질을 오해한 대표적인 사례들이다. 그러나 도덕교육은 인간이 파블로프의 개가 아니라는 사실에서부터 시작하지 않으면 안 된다. 그뿐만 아니라 도덕교육은 학생들에게 인간은 파블로프의 개가 아니라는 사실을 각성시키는 것을 근본적인 사명으로 삼지 않으면 안 된다. 파블로프의 개는 자극(stimulus)에 대해 기계적으로 반응(response)하지만, 인간은 자극과 반응 사이에서 사유(thinking)한다.[35] 파블로프의 개의 행동은 S-R 모델로 설명되지만, 인간은 S-T-R 모델로 설명되어야 한다. 도덕교육은 인간성 속에 있는 자유의 가능성을 각성시켜 현실화하도록 도와준다. 자유의 각성은 결코 자연스럽게, 즉 자연적 발전과정에 따라 이루어지는 일이 아니다. 자유의 각성은 점진적으로 혹은 자연적 과정에 따라 이루어지는 것이 아니라 비약적으로 이루어진다. 스키너나 정범모 류의 교육관은 도덕교육과 여타 다른 교육의 차이점을 인정하지 않는다. 그들은 인과법칙 이외에 인간을 지배하는 또 다른 법칙, 즉 자유의 법칙이 있다는 사실을 인정하지 않기 때문이다. 그러므로 그들에게 있어 교육한다는 것은 도덕교육이건 다른 교육이건 마찬가지로 본질적으로 파블로프의 개로 이해된 인간을 훈련하는 것이 되어버린다. 그러나 칸트는 도덕교육과

---

34 I. Kant, *Kritik der praktischen Vernunft*, p. 8.

35 이때 '사유'란 데카르트적인 의미로 사용되어야 한다. 그는 사유를 "의심하고, 이해하고, 긍정하고, 부정하고, 무엇을 하고 싶어 하고, 또 하지 않고, 그리고 상상하고 감각하는 것이다"라고 정의한다(R. Descartes, *The Philosophical Works of Descartes I*, trans. E. S. Haldane & G. R. T. Ross, Cambridge University Press, 1979, p. 153).

여타의 다른 교육을 엄격히 구별한다. 칸트에 의하면 교육은 연습과 훈육으로 이루어지는 자연적인 교육과 격률에 의해 이루어지는 도덕교육으로 나누어지는데, 자연적인 교육의 경우에 생도는 '수동적'이지만, 도덕교육의 경우 생도는 '능동적'이라는 점에서 이 양자는 엄격히 구별된다.[36] 이 경우 '수동적'이라는 말은 교육이 자연의 기계적 인과성에 따라 진행된다는 것이고, '능동적'이라는 말은 생도의 자유에 기초해서 이루어진다는 뜻이다. 그래서 칸트는 다음과 같이 말한다.

> 만약 도덕적인 훈련이 본보기, 협박(강요), 처벌 등에 근거 지어진다면 모든 것은 파괴될 것이다. 그렇다면 그것은 단순한 훈육(disziplin)에 불과하다. 어린아이는 단지 습관적으로 선하게 행동하지 않고 자신의 격률에 따라 선하게 행동한다는 것을, 그리고 그 선을 행할 뿐만 아니라 그것이 선이기 때문에 선을 행한다는 것을 통찰해야 한다.[37]

2) 책임지는 존재로 교육함

최근에 사회 제도나 구조가 개별적인 인간의 행위에 미치는 영향력을 고려해야 한다는 주장이 강하게 대두되고 있다. 확실히 사회제도나 구조가 개인의 행위에 미치는 영향력에 대해 무관심했던 전통적인 윤리학에 대해 이런 주장은 명백히 새로운 통찰을 제공하고 있음이 사

---

36   I. Kant, *Über Pädagogik*, p. 735 참조.

37   I. Kant, *Über Pädagogik*, p. 735.

실이다. 문제는 사람들이 사회제도나 구조가 개인의 행위를 전적으로 규정하기 때문에 개인의 자율성이라는 것은 하나의 환상에 불과하다고 주장할 때 생겨난다. 손봉호 교수는 이런 주장을 '구조결정론적 사회윤리'로 명명한다.

> 논의의 편의상 사회문제의 해결을 전적으로 구조변혁으로만 가능할 뿐만 아니라, 그 구조의 변혁 자체가 개인들의 윤리적 결단에 의해서가 아니라 구조 자체의 발전논리에 의해 이루어진다고 주장하는 입장을 '구조결정론적 사회윤리'로 부르겠다.[38]

개인에 대한 구조의 영향력을 그 어느 때보다 중시하게 된 현대적 상황에서 구조결정론적 사회윤리는 많은 사람을 사로잡고 있다. 그러나 구조결정론적 사회윤리의 가장 커다란 문제점은 개인의 자율성과 밀접한 연관성이 있는 책임의 문제를 제거해버린다는 것이다. 언젠가 여러 사람을 살인한 어떤 범죄자가 자신을 박대한 사회와 불우한 성장 환경을 핑계 대면서 "내가 사람을 죽인 것이 아니고, 이 사회가 나를 살인하게 만들었다"라고 항변한 것을 본 적 있다. 그는 자기를 살인으로 몰고 간 내적·외적 자극의 연쇄와 그 연쇄의 필연성만을 고려한 나머지 마치 어떤 사람이라도 자신의 입장과 처지에 놓이게 되면 자신처럼 살인했을 것이라는 생각을 갖게 된 것이다. 그는 자신에게 있는 자유의 가능성에 대해 눈뜨지 못한 것임에 분명하다. 우리가 학생을 자기 행위에 책임질 줄 아는 인간으로 교육하기 위해서는 먼저 학생이 자신의

---

38   손봉호, 「사회윤리와 종교」(한국철학회 논문집, 『철학』 제32집, 1989년 가을호), p. 63.

자유에 대해 각성하도록 하지 않으면 안 된다.

우리는 칸트가 '자유의 주관적 조건'에 대해 언급하고 있음에 주목할 필요가 있다. 칸트는 다음과 같이 말한다.

> 책임의 정도는 자유의 정도에 의존적이다. 자유는 행위하는 능력뿐만 아니라 그에 덧붙여서 행위의 동인(Bewegunsgrund)과 대상에 대한 인식을 포함하고 있다. 이것들은 자유의 주관적인 조건들인데, 이것들이 없으면 책임도 물을 수 없다. 만약 어떤 어린아이가 귀중한 물건을 깨뜨렸다면, 그 아이는 자기 행위의 대상을 인식하지 못하고 있기 때문에 우리는 그 아이에게 책임을 물을 수 없다.[39]

어린아이는 자기가 한 행위가 얼마나 잘못된 것인가를 모를 때가 있다. 이 경우 우리는 그 아이를 도덕적 비난의 대상으로 삼을 수 없고, 교육적 꾸중의 대상으로 삼을 수는 있다. 그래서 칸트는 "도덕적 도야를 할 때, 무엇이 선하고 악한 것인가에 대한 개념을 아주 일찍이 어린아이에게 가르쳐야 한다"[40]라고 말한다. 그러면 무엇이 선이고 무엇이 악인가를, 혹은 무엇이 의무인가를 어떻게 교육해야 하는가? 흔히 도덕 교사들은 어린아이에게는 도덕교육을 정의적 측면에서 접근하는 방식으로 수행하고, 고등학생에게는 인지적 측면에서 접근하는 방식으로 수행하는 것이 효율적이고 바람직하다고 생각한다. 그러나 칸트는 어린아이에게도 그들 차원의 도덕적 인식능력을 도야시키는 것이

---

39 I. Kant, *Moral Mronguius* (in: Kant's Schriften 27. 2, 2, Berlin, Walter de Gruyter, 1978), pp. 1439-1440.

40 I. Kant, *Über Pädagogik*, p. 740.

필요함을 강조한다.

> 많은 점에서 어린아이는 그들의 이성을 사용할 필요는 없다. 어린아이들은 모든 것에 관해 당치도 않은 말을 꾸며대서는 안 된다. 그들은 자신의 교육에 연관된 모든 것에 대한 원리를 알 필요는 없으나, 그것이 의무에 관계하자마자 우리는 그 초보적 원리들을 그들에게 가르쳐야 한다. 그런데 우리는 이성인식을 어린아이의 머릿속에 넣어주기보다는 오히려 그것을 어린아이로부터 끄집어내도록 힘써야 함에 주목해야 한다.[41]

이 인용문에서 "이성인식을 어린아이의 머릿속에 넣어주기"란 도덕적 이성인식을 어린아이에게 주입하는 것을 의미하며, "그것(이성인식)을 어린아이로부터 끄집어내는" 것은 어린이 스스로 어떤 것이 도덕적 선이고 의무인가를 깨우치도록 교사나 부모가 옆에서 도와주는 것을 의미한다. 그러면 어떻게 하면 그렇게 할 수 있는가? 이에 대해 칸트는 적어도 기계적 훈련을 통한 바람직한 습관을 갖게 하는 것을 어린아이에 대한 도덕교육의 전부로 생각하는 우리의 도덕교육 현실에서 보면 매우 의미심장하고 귀담아들을 필요가 있는 말을 한다.

> 도덕적 도야는 격률(Maxmien)에 기인해야지 훈육에 기인해서는 안 된다. 후자는 나쁜 버릇을 저지하고, 전자는 사고방식을 형성시킨다. (그렇게 해야만: 필자 삽입) 어린아이가 어떤 충동에 따라 행동하는 데 익숙해지지 않고 격률에 따라 행동하는 데 익숙해진다는 점에 주목해

---

41   I. Kant, *Über Pädagogik*, p. 737.

야 한다. …(중략)… 어린아이는 격률에 따라 행동하는 것을 배워야
하며, 그 격률의 정당성을 *스스로 깨우쳐야 한다*. 그렇게 하는 것은
어린아이로서는 어려운 일이며, 그런 까닭에 어린아이를 도덕적으
로 도야시키는 일은 부모와 교사의 측면에서 많은 통찰을 가져야 함
을 쉽게 알 수 있다.[42]

어린아이가 그 정당성을 스스로 깨우친 격률에 따라 행동하기를
가르치는 것은 그의 내부에 있는 도덕법칙에로의 자유, 즉 실천이성의
자유를 각성시키는 계기를 제공할 것이다. 자유를 인식하지 못한 어린
아이는 자기 행위의 잘못을 결국 모든 것을 남의 탓이나 외부 탓으로
돌리며, 자신의 책임을 인정하지 않을 것이다. 물론 교사나 부모가 어
린이의 도덕적 책임의식을 고취시키기 위한 교육을 할 때는 책임의 주
관적 등급을 충분히 고려해야 한다.

행위에 대한 책임의 주관적 등급은 행위에 있어서 극복되어야
했던 장애물의 양에 따라 판단되어야 한다. (감성의) 자연적 장애가
크면 클수록, 그리고 (의무의) 도덕적 장애가 작으면 작을수록 선한
행위는 그 사람의 공로로 간주되어야 한다. 예컨대 내가 전혀 모르
는 사람을 상당한 자기희생을 감수하고 엄청난 곤경으로부터 구출
했을 경우가 그러하다. 이와는 반대로 자연적 장애가 적으면 적을수
록, 그리고 의무에 기초한 도덕적 장애가 크면 클수록 의무의 위반
에 대해 나에게 더 많은 책임이 물어진다.[43]

---

42 I. Kant, *Über Pädagogik*, pp. 740-741.
43 I. Kant, *Metaphysik der sitten*, p. 335.

예컨대 약속을 이행하는 사람의 경우를 생각해보자. 약속을 어기게 만드는 여러 가지 외적인 사정이 많음에도, 즉 자연적 장애가 큼에도 내적으로 아무런 갈등 없이, 즉 도덕적 장애 없이 약속을 지키는 사람이 있을 것이다. 그러나 약속을 어기게 만드는 사소한 외적인 장애만 발생해도 내적으로 많은 갈등을 느끼면서 겨우 약속을 지키는 사람이 있을 수 있다. 이 경우 전자의 사람은 후자의 사람에 비해 도덕적으로 더 훌륭하다고 할 수 있다. 만약에 전자의 사람이나 후자의 사람이나 다 같이 약속을 위반했다면 후자의 사람은 전자의 사람에 대해 더 많은 도덕적 책임을 물어야 할 것이다. 그러므로 교사나 부모는 아이의 행위를 드러난 결과만을 고려하면서 지도해서는 안 되고, 아이가 어떠한 자연적·도덕적 장애를 극복하면서 행동했는가를 고려하면서 지도해야 한다.

3) 인격을 목적으로 대우하도록 교육함

우리는 소유만능주의 시대에 살고 있는 것처럼 보인다. 소유만능주의 시대의 모토는 '가져라, 그리고 인간 대접 받아라'이며, 소유만능주의 시대의 제1 원리는 '나는 소유한다. 그러므로 나는 존재한다'이다. 물론 나는 소유물 없이도 물리적으로 존재한다. 그러나 소유물이 없을 때 나는 사회적으로 그 존재를 인정받지 못한다. 마치 사람들은 인격의 크기가 소유물의 크기에 정비례하는 듯이 생각한다.[44] 그러나 인격

---

44 자본주의적 소유만능주의에 대해서는 졸저 『현대인의 삶과 윤리』(대구: 형설출판사, 1998), p. 127 이하를 참조 바란다.

이란 소유물과는 아무런 관계가 없음을 누구나 알고 있다. 인격이란 전자연의 기계성으로부터 독립해서 자유롭게 행동할 수 있는 존재자, 즉 이성적 존재자의 특징을 나타내는 말이다. 칸트에 의하면 인간의 "이성적 본성(vernuenftige Natur)은 목적 자체로 존재한다."[45] 동물들을 포함해서 '물건'이라고 불리기도 하는, 이성이 없는 존재는 수단으로서의 상대적 가치밖에 가지지 못하는데, 이성적 존재자만이 목적 자체로 존재하는 이유는 무엇인가? 우리는 칸트가 인격을 목적 자체로 규정하고 있는 몇몇 구절을 인용해볼 필요가 있다.

> 인간은 그리고 모든 이성적 존재자는 목적 자체로서 *존재*하고, 이런저런 의지의 임의적 사용을 위한 **수단으로서**뿐만 아니라 자기 자신뿐만 아니라 딴 이성적 존재자를 향한 모든 행위에 있어서 항상 *동시에 목적*으로 고찰되어야 한다.[46]

> 모든 피조물에 있어서 인간이 의욕하고 지배하는 일체는 단지 **수단으로서** 사용될 수 있다. 오로지 인간과 모든 이성적 피조물만이 **목적 자체다**. 인간은 말하자면 도덕법의 주체요, 도덕법은 인간의 자

---

45 I. Kant, *Grundlegung zur Metaphysik der sitten*, p. 61. 이 인용문에서는 칸트가 '이성적 본성'이 목적 자체로 존재한다고 말하고 있는데, 이는 칸트가 『도덕형이상학』에서는 또한 "자연의 체계 속에 있는 현상적 인간은 사소한 중요성만을 가지며, 다른 동물과 똑같은 가치를 가진다"라고 말하는 것과 연관해서 볼 때 매우 중요한 의미를 갖고 있음에 주목해야 한다. 칸트는 인간에게서 도덕법칙에 따라 행위할 수 있는 능력으로서의 이성, 즉 인간의 예지적 자아 혹은 본체적 자아만이 목적 그 자체이며, 현상적 자아는 목적 자체로 간주되어서는 안 됨을 암시하고 있다. 현상적 자아는 수단으로 취급되어야 한다는 것이다. 그런데 인간은 예지적 자아와 현상적 자아의 통합체이므로 수단으로서만 취급되어서는 안 되고 언제나 동시에 목적으로 취급되어야 한다는 것이다.

46 I. Kant, *Grundlegung zur Metaphysik der sitten*, pp. 59-60.

유가 가지는 자율로 인해 신성한 것이다.[47]

　목적들의 서열에 있어서 인간은(동시에 모든 이성적 존재자는) **목적 자체** 그것이다. 다시 말하면, 인간은 그 누구에 의해서도(하나님에 의해서라도) 동시에 그 자신이 목적이 되어 있음 없이, 단순히 수단으로만 사용되어서는 안 된다. 따라서 우리 인격 안에 있는 인간성은 우리 자신에게 **신성한** 것이다.[48]

　이상의 인용문들을 통해 칸트가 인간이 자신의 의도하에 가치를 부여한 모든 사물은 오로지 '상대적 목적(수단)'에 불과하지만 — 왜냐하면 "주관이 갖고 있는 특수한 종류의 욕구능력에 대한 목적의 관계만이 그 목적에 가치를 부여하기 때문이다"[49] — 인간은 그가 갖고 있는 **인격성의 측면**에서는 어떤 경우에도 수단으로 취급되어서는 안 되는 '절대적 목적'(목적 자체)으로 간주함을 알 수 있다. 인간의 인격성은 심지어 하나님에 의해서도 수단으로 취급되어서는 안 됨을 주장한다.[50]

47　I. Kant, *Kritik der praktischen Vernunft*, p. 102.

48　I. Kant, *Kritik der praktischen Vernunft*, p. 151.

49　I. Kant, *Grundlegung zur Metaphysik der sitten*, p. 59.

50　사람들은 흔히 칸트의 입장을 맹목적 인간중심주의 혹은 인간종족중심주의로 오해하곤 한다. 즉 칸트는 인간을 위해 인간 이외의 모든 것을 수단시하는 입장을 취했으며, 칸트의 이런 입장은 결국 환경파괴를 위한 이론적 근거가 되었다는 것이다. 그러나 이렇게 말하는 것은 칸트에 대한 잘못되고 부당한 평가다. 칸트는 인간을 현상계와 예지계에 속한 이중적인 존재로 보고 있음이 주지의 사실이다. 그래서 인간을 경험적 자아와 예지적 자아로 구분해서 설명한다. 칸트가 설명상의 편의를 위해 구분한 것을 해석가들은 마치 인간을 두 동강 낸 것처럼 해석하지만[이런 해석이 잘못임을 필자는 졸저 『칸트철학의 인간학적 비밀』(울산: 울산대학교출판부, 1997)에서 상세히 지적하고 있다], 하여간 칸트를 인간종족중심주의자로 보는 견해가 타당하려면 칸트는 현상학적 자아로서의 인간중심주의를 주장했어야 한다. 그러나 칸트가 인간을 목적 자체로 간주할 때의 인간은 결코 현상적 자아로서의 인간이 아니라 인격체로서의 인간이다. 칸트는 인격체로서의 인간중심주의를 주장하고 있다. 그는 현상적 자아로서의 인간에 대해서는 다음처럼 말한

인간은 자신의 의도와 목적에 따라 다른 사물에 대해 가치를 부여한다. 따라서 다른 사물들은 인간의 목적 실현에 얼마나 유용하냐에 따라 값이 매겨진다.[51] 그렇다면 만물을 평가하고 그 값을 매기는 인간 자체는 값을 매길 수 없는 존재이지 않으면 안 된다. 값이 매겨지는 존재는 '물건'이라고 불리는데, 만약 인간 자체도 값이 매겨질 수 있다면, 인간 역시 물건에 불과하게 될 것이다. 그래서 칸트는 이렇게 말한다.

> 목적의 왕국에 있어 모든 것은 *가격*(Preis)을 가지거나 *존엄*(Würde)을 가지거나다. 가격을 가지는 것은 동일한 가격의 다른 어떤 것에 의해 대체될 수 있다. 이에 반해 모든 가격을 초월해 있어서 어떠한 동격의 것도 허용하지 않는 것은 존엄을 가진다.[52]

가격이 상대적인 가치라면 존엄은 모든 상대적인 가치를 초월해 있는 가치, 하나의 절대적인 가치를 의미한다. 도덕법칙에 따라 행위할

다. "'자연의 체계 속에서의 인간(현상적 인간: homo phänomenon)'은 사소한 중요성만을 가지며, 땅의 자손으로서 여타의 다른 동물과 똑같은 가치(pretium vulgare)를 가진다."(I. Kant, *Metaphysik der sitten*, p. 569) 이 말은 칸트가 인간종족중심주의자가 아님을 분명하게 보여주고 있다. 칸트는 인간종족중심주의자가 아니라 인간인격중심주의자라고 할 수 있다. 인간인격중심주의는 결국 인간의 감각적·육체적 욕구충족을 중심에 두는 인간중심주의가 아니다. 그것은 인간의 정신적·이성적 이상실현을 중심에 두는 인간중심주의로, 이 두 종류의 인간중심주의를 구분하는 것은 매우 중요한 일이다. 필자는 졸저『현대인의 삶과 윤리』(대구: 형설출판사, 1998), pp. 300-302에서 인간종족중심주의를 폐쇄적 인간중심주의로, 인간인격중심주의를 개방적 인간중심주의로 명명한 바 있다.

51 이 경우 '인간의 목적'이라는 말은 인간의 육욕적·감각적 목적을 의미하는 것으로 받아들여져서는 안 된다. 칸트에게 인간의 본래적 목적은 자연이 인간에게 준 이성에 기초한 자유의 완전한 발현, 즉 도덕법칙에 따르는 삶이다(I. Kant, "Idee zu einer Allgemeinen Geschichte in Weltbuergerlicher Absicht," p. 36 참조).

52 I. Kant, *Grundlegung zur Metaphysik der sitten*, p. 68.

가능성을 가진 존재만이 목적 자체가 될 수 있으며, 존엄성을 가진다. 바로 그 때문에 인간은 만물의 영장이다. 사람들은 흔히 인간이 만물의 영장인 이유를 인간이 만물을 자기 마음대로 사용하고 지배할 수 있는 존재이기 때문이라고 생각하는 경향이 있다. 그러나 칸트적인 입장에서 보면 이는 잘못된 것이다. 인간이 목적 자체이고 따라서 존엄성을 가진 존재라면, 인간을 목적으로 대접하고 존엄한 존재로 대접한다는 것은 인간을 어떻게 대접하는 것인가? 우리는 여기서 먼저 칸트가 인간을 **수단으로만** 대접하지 말라고 한 것에 주목할 필요가 있다. 또한 우리는 칸트가 인간을 **목적으로만** 대접하라고 한 것은 아님에 주목할 필요가 있다.

> 너는 너 자신의 인격의 인간성이건 또는 다른 모든 사람의 인격의 인간성이건, 인간성을 단순히 **수단으로만** 사용하지 말고 동시에 **목적으로** 사용하도록 행위하라.[53]

모든 인간관계는 상호 수단적인 측면을 갖고 있다. 예컨대 사제관계를 생각해보자. 교사에게 학생의 존재는 직장생활의 유지를 위한 가장 기본적인 조건이다. 학생이 없는 학교나 교수는 생각할 수 없다. 그러므로 학생의 존재는 궁극적으로 교사의 생계유지를 위한 수단이 된다. 반면에 학생에게 교사의 존재는 졸업 후 사회에 진출해서 직장을 갖는 데 필요한 지식을 전달받기 위한 수단이다. 부자관계나 부부관계, 친구관계에도 상호 수단적인 측면이 있다. 칸트 역시 인간관계는 그런

---

53   I. Kant, *Grundlegung zur Metaphysik der sitten*, p. 61.

측면이 있음을 인정한다. 그럼에도 칸트는 인간을 수단으로만 간주하지 말고 **동시에 목적으로도** 간주해야 한다고 말한다.

그러면 인간을 목적 자체로, 혹은 존엄한 존재로 간주하라는 것은 인간을 어떻게 대우하라는 말인가? 이 물음에 답하기 위해 우리는 다시금 인간이 어떤 근거에서 목적 자체이며 존엄한 존재인가를 다시 환기할 필요가 있다. 우리는 앞에서 칸트가 인간의 이성적 본성을 목적 자체이며 존엄한 것으로 간주하는 이유를 인간이 자율적 이성을 가지고 있다는 사실에서 찾고 있음을 살펴보았다. 그렇다면 인간을 목적으로, 존엄한 존재로 대접하라는 것은 어떤 인간이 갖고 있는 자율적 이성을 존중하라는 게 될 것이다. 그러면 타인의 자율적 이성을 존중하라는 것은 구체적으로 무엇을 의미하는가? 레이첼스는 이를 알기 쉽게 설명해준다. 만약 누군가가 자신의 친구로부터 갚을 능력도 없이 돈을 빌리고 싶어 한다고 가정해보자. 생각한 끝에 그는 친구에게 돈을 갚을 뜻이 없으면서도 며칠 내에 돈을 갚겠다고 거짓으로 약속하고 돈을 빌렸다고 하자. 물론 이 경우 당신은 빌린 돈으로 불우 이웃을 돕기 위한 성금을 낼 생각이며, 친구는 부자이기 때문에 그 정도의 돈이 없어도 아무런 지장을 받지 않는 사람이다. 그럼에도 그는 자기 친구의 인격을 수단시한 것이 된다. 친구는 그의 거짓말로 인해 그가 무엇 때문에 돈을 빌리려 하는지 모를 뿐만 아니라 또 그가 돈을 갚을 의사도 없다는 사실도 모른 채 돈을 빌려주는 행위를 한다. 그의 행위는 잘못된 정보에 의거하고 있는데, 이 잘못된 정보는 그에게 잘못된 판단, 즉 자유에 기초한 판단을 내리지 못하게 만들었으며, 결국 그의 자유를 방해한 것이 된다. 반대로 그가 자기 친구의 인격을 목적으로 대접하려 한다면 어떻게 해야 하는가? 그는 친구에게 불우 이웃을 돕기 위한 성금을 내기 위해 돈을 빌리려 하며, 그 돈을 갚을 수 없다는 사실을 친구에게 알려주어야 한다. 그러면 그의 친구는 자신의 자유로운 이성적 능력을 이용하여, 또 자신의 소원과 가치관 그리고 삶의 방식을 참고하여 그에게 돈을 빌려줄 것인지 말 것인지를 자유롭고 자발적으로 결정할 수 있다. 이 경우 그는 자기 친구의 인격을 목적으로 대우하는 것이 된다.[54]

어린아이가 올바른 인격체로 성장하고 또 타인을 인격체로 대접할 줄 아는 인간이 되기를 원한다면, 어린아이의 자율적 이성을 존중하는 교육을 베풀어야 할 것이다. 흔히 가정에서 어른들은 아이들이 호기심 어린 질문을 하면, "애들은 알 필요 없어"라고 말한다. 물론 아이들이 알 필요가 없거나 설명해주어도 모르는 사항들이 있을 것이다. 그러나 적어도 도덕적 자기결정을 요구하는 사안에 대해서는 그런 방식으로 반응하는 것은 매우 비교육적인 일이 될 것이다. 그리고 인간은 그 인격으로 인해 존엄한 가치를 갖게 된다는 가르침은 교사가 아이들이 인격 이외의 다른 요소로 타인을 경멸하는 버릇을 가지지 않도록 교육해야 하는 과제를 갖고 있음을 말해준다. 아이들은 종종 자신의 친구가 지나치게 홀쭉하다든지 뚱뚱하다든지, 혹은 집이 가난하다든지 하는 이유로 조롱하는 경우가 있다. 사실 최근 우리 사회에서는 같은 평수의 아파트에 사는 아이들끼리만 어울리는 경향이 있다는 이야기가 신문 지상에 보도되기도 한다. 이런 현상은 인간을 인격체로 대우하도록 하는 교육이 잘못 수행되고 있기 때문일 것이다. 사실 칸트도 다음과 같이 말하고 있다.

---

54   J. Rachels, *The Elements of Moral Philosophy* (2nd edition, New York, McGraw-Hill, Inc., 1993), pp. 129-130 참조.

어떤 방법으로도 한 아동이 다른 아동에게 창피를 주도록 허용해서는 안 된다. 행운의 특권에 기인한 모든 오만을 방지해야 한다.[55]

만약 어린아이에게 그 자신을 다른 사람의 가치와 비교하라고 주의를 환기시키는 것은 질투를 생기게 한다. 오히려 어린아이는 이성의 개념에 따라 자신을 평가해야 한다.[56]

아파트의 평수에 따라, 혹은 몰고 다니는 차의 크기에 따라, 혹은 차지하고 있는 직위나 사회적 신분에 따라 사람을 평가하고 그에 따라 사람을 자기의 목적실현을 위한 수단으로만 이용하는 것이 다반사가 되어 있고, 또 그런 현상이 초등학교 학생들 사이에도 만연한 우리의 현실에서는 학생들에게 '이성의 개념에 따라' 사람을 평가하는 것을 교육하는 것은 우리나라 인성교육의 화급한 과제가 아닐 수 없다.

4) 도덕법에 대한 존경심에서 행위하도록 교육함

보통 우리는 자신의 이익과 일치하는 경우에만 도덕을 따른다. 이 경우 이익을 목표로 도덕을 따른다면, 외견상 우리는 도덕적인 행위를 한 것이 된다. 그러나 이런 경우 실상 도덕은 이익을 위한 수단에 불과하다. 칸트는 무엇보다 이것을 경계했다. 그래서 칸트는 도덕성(Moralität)과 적법성(Legalität)을 엄격히 구분한다.

---

55   I. Kant, *Über Pädagogik*, pp. 752-753.
56   I. Kant, *Über Pädagogik*, p. 752.

행위들이 갖고 있는 모든 도덕적 가치의 본질은 **도덕법이 의지를 직접적으로 규정한다는 점**에 의존한다. 도덕법에 합치했다 하더라도 어떤 종류의 것이든 감정에 ···(중략)··· 의거해서만 결의하고 **도덕법 자체를 위해** 결의하지 않는다면, 행위는 실로 **적법성**을 가지지만 **도덕성**을 가지지는 않는다.[57]

만약 우리가 의무를 위해 의무를 수행하지 않고 다른 어떤 목적, 예컨대 명예나 금전이나 처벌 때문에 의무를 수행한다면, 우리의 행위는 도덕성을 상실한다는 것이다. 물론 칸트는 우리가 금전이나 명예로부터 얻을 수 있는 즐거움을 누리지 않을 때만 도덕적이 된다고 말하는 것은 아니다. 우리가 의무를 위해 의무를 수행했을 때, 부수적으로 명예나 부가 수반될 수 있다. 칸트가 이런 식으로 획득된 명예나 부조차 부정하는 것은 아니다. 페이튼이 잘 지적하고 있듯이 "순수한 실천이성은 행복에 대한 모든 요구를 포기해야 한다고 주장하는 것이 아니라 단지 의무가 문제 되는 순간에 행복을 고려해서는 안 된다는 것을 주장한다."[58] 그런데 "의무는 법칙에 대한 존경으로 행하는 행위의 필연성이다."[59] 칸트는 우리의 행위가 도덕적인 행위가 되기 위해서는 그 어떤 경향성이 동기가 되어 행해져서는 안 된다고 생각한다. 심지어 타인에 대한 동정심에서 행위해서도 안 된다고 생각한다. 그러면 우리의 행위가 도덕적 행위가 되기 위해서는 어떤 동기에서 행동해야 하는가? 우리의 의지를 도덕법칙이 직접적으로 규정한다는 사실을 의식할 때

---

57 I. Kant, *Kritik der praktischen Vernunft*, p. 84.

58 H. J. Paton, *The Categorical Imperative: A Study in Kant's Moral Philosophy* (New York, Harper & Row, Publishers, 1967), p. 56.

59 I. Kant, *Grundlegung zur Metaphysik der sitten*, p. 26.

생기는 도덕법칙에 대한 존경심에서 행동해야 한다.

도덕법칙에 대한 존경(Achtung)은 유일한 그리고 **의심할 수 없는** 도덕적 동기다.[60]

칸트의 이 말을 더 잘 이해하기 위해 칸트의 인간관을 살펴볼 필요가 있다. 칸트는 "인간(우리의 통찰에 따르면, 모든 이성적인 피조물 또한 그렇지만)의 위에 서 있는 도덕적인 단계는 도덕법에 대한 존경이다"라고 말한다.[61] 또한 다음과 같이 말하기도 한다.

이제 주목해야 할 두 가지 사실이 있다. 첫째로 존경은 감정에 미치는, 따라서 이성적 존재자의 감성에 미치는 작용이듯이, 존경은 감성에 따라 도덕법에 존경을 바치기를 강요받는 그러한 존재자의 유한성을 전제한다는 것이며, 둘째로 최고의 존재자 혹은 모든 감성으로부터 자유로운 존재자 — 이런 존재자에게 감성은 실천이성에 대해 아무런 방해도 될 수 없다 — 는 법칙에 대해 존경하기를 강요받지 않는다.[62]

이 말은 감성적이면서 동시에 이성적인 존재자인 인간에게서만 도덕법칙에 대한 존경이라는 독특한 현상이 존재한다는 말이다. 필자는 이성적이면서 동시에 감성적인 인간존재의 특징을 이원론적으로

---

60   I. Kant, *Kritik der praktischen Vernunft*, p. 92.

61   I. Kant, *Kritik der praktischen Vernunft*, p. 99.

62   I. Kant, *Kritik der praktischen Vernunft*, p. 89.

이해하지 않고 일원론적으로 이해하기 위해서는 인간을 가능적 무한자로 규정해야 함을 이미 다른 곳에서 지적했다. 칸트는 인간을 감성(유한성)과 이성(무한성)의 통합체인 가능적 무한자로 보고 있다. 가능적 무한자로서 인간은 본성상 현실적 무한을 향해 무한히 전진하지만 — 그리고 그렇게 전진하는 것을 계속하는 한에서만 가능적 무한자로 머물 수 있다 — 가능적 무한은 이론적으로는 결코 현실적 무한에 이를 수 없다는 것이 가능적 무한의 본질이기도 하다. 바로 그 때문에 가능적 무한자인 인간이 현실적 무한자인 신의 존재를 이론적으로 증명하려는 모든 시도는 원칙적으로 불가능한 시도가 된다는 것이 칸트의 생각이었다. 그리고 칸트는 인간이 현실적 무한에 이를 수 있는 길을 도덕의 영역에서 찾고 있다.[63] 인간이 가능적 무한자라는 것은 앞서 암시되었듯이 두 가지 특징적인 모습을 보여준다. 첫째로 인간은 현실적 무한에 이르는 것을 **숙명적으로 원할 수밖에 없다는 것**이며, 둘째로 그럼에도 인간은 그것에 **이론적으로는 도달할 수 없다는 것**이다. 바로 그 때문에 칸트는 다음과 같이 말한다.

> 인간의 이성은 어떤 종류의 인식에서는 특수한 운명을 지니고 있다. 즉, 이성은 자신이 거부할 수도 없고 그렇다고 대답할 수도 없는 문제로 괴로워하는 운명이다. 거부할 수 없음은 문제가 이성 자체의 본성에 의해 이성에 과해져 있기 때문이요, 대답할 수 없음은 그 문제가 인간 이성의 모든 능력 바깥에 있기 때문이다.[64]

---

63 이에 대해서는 졸저 『칸트철학의 인간학적 비밀』 제1장 '칸트의 선험철학적 인간관'을 보라.

64 I. Kant, *Kritik der reinen Vernunft*, A Ⅶ.

이처럼 인간이 그 본성상 추구하지 않을 수도, 그렇다고 이론적으로 도달할 수도 없는 것은 실천철학적으로는 인간에게 존경의 대상이 된다. 그러므로 존경의 감정은 선천적 감정이다. 인간은 선천적으로 현실적 무한을 향한 열망을 갖고 태어나기 때문이다. 물론 지금의 문맥에서 현실적 무한은 자유에 기초한 도덕법칙과 도덕법칙에 근거한 영혼 불멸, 그리고 영혼 불멸에 기초한 신의 존재를 의미한다. 우리가 도덕법칙과 영혼 불멸, 신을 향해 나아가려는 열망에서 생기는 존경심에서 행위하지 않고 다른 어떤 경향성에서 행위한다면, 우리는 결코 현실적 무한에 이르지 못할 것이다. 왜냐하면 경향성이라는 것은 명예욕이건 쾌락이건 물욕이건 간에 한결같이 외적으로 제약된 동기들에 불과하기 때문이다. 경향성의 동기는 결국 칸트적인 사고방식에 의하면, 인과법칙의 지배를 받는 동기들이요, 인과법칙이란 제약된 것들 상호 간의 필연성만 보여줄 뿐이다. 제약된 것들 상호 간의 필연성은 자유를 부정하는 데서 성립한다. 그뿐만 아니라 제약된 것들 상호 간 필연성의 연결고리를 아무리 확장시켜도 우리는 자유와 도덕법칙, 영혼 불멸, 신에 도달할 수 없다는 것이 『순수이성비판』의 제3, 제4 이율배반에서 칸트가 하고 있는 주장이다. 그러므로 칸트가 도덕법칙에 대한 존경에서 행위해야 도덕적인 행위가 될 수 있다고 말했을 때, 그 말이 의미하는 바는 결국 인간은 오로지 단적으로 무제약적인 것을 향한 열망이 동기가 되어 행위할 때만 도덕적일 수 있다는 것이다. 그러므로 도덕법에 대한 존경은 **유일한** 도덕적 동기다. 그리고 인간이 가능적 무한자인 한, 즉 인간이 형이상학적 동물인 한 그것은 또한 *의심할 수 없는* 도덕적 동기이기도 하다. 칸트는 또한 존경의 감정은 이성이 산출한 것임을 주장한다.[65] 우

---

65   I. Kant, *Kritik der praktischen Vernunft*, p. 89 참조. 또한 *Grundlegung zur Metaphysik der*

리는 칸트의 이런 주장도 가능적 무한자로서의 인간이라는 칸트의 인간관으로 설명할 수 있다. 통상 사람들은 이성과 감성을 구별하며, 이성에서는 어떤 감정도 생기지 않는다고 생각한다. 그리고 많은 칸트 연구가들은 칸트가 존경을 일종의 '선천적 감정'이라고 말했을 때 당혹스러워한다. 모든 감정은 후천적으로만 발생한다고 생각하기 때문이다. 그래서 사람들은 칸트가 자신의 도덕이론을 수립하기 위해 체계상의 모순을 범하면서까지 '존경'이라는 선천적 감정을 도입한 것으로 간단히 해석해버리곤 한다. 즉, 행위의 방향은 이성이 제시할 수 있다 하더라도 행위의 동기는 결코 이성이 될 수 없는데, 감성이 행위의 동기가 되어서는 안 된다고 생각한 칸트는 결국 '둥근 사각형' 같은 모순적인 말인 '선천적 감정'이라는 말을 만들었다는 것이다. 선천적인 것은 결국 이성에서 유래하므로 '선천적인 감정'이란 결국 '이성적인 감정'이 되는데, 이는 형용모순이 된다. 그러나 그 나름의 설득력을 갖고 있는 이런 비판은 '인간적 이성' — '신적 이성'이 아닌 — 과 가능적 무한을 동일시하는 칸트의 입장에서 보면 잘못된 것임을 알 수 있다. 가능적 무한자로서 인간의 이성은 현실적 무한을 향한 열망을 갖고 있는데, 그 열망은 선천적인 것이지 않으면 안 된다. 그 열망을 갖고 있어야만 인간은 현실적 무한을 향한 무한한 행진을 계속할 수 있으며, 그런 한에서만 인간(가능적 무한)은 인간(가능적 무한)으로서의 동일성을 유지하면서 존속할 수 있다. 그러므로 그 열망은 선천적인 열망이다. 그렇다면 그 열망은 어디에서 생겨나는가? 우리는 이성을 가능적 무한자로 이해했다. 그리고 가능적 무한자의 특징은 무한을 향한 무한한 행진을 무한

Sitten, p. 28에서는 "비록 존경이 일종의 감정일지라도 그것은 외적 영향에 의해 수용된 감정이 결코 아니고 이성개념에 의해 **스스로 만들어진 감정이다**"라고 말한다.

히 계속하는 것이라고 했다. 이런 점에서 본다면 이성 자체가 하나의 무한한 열망 이외의 다른 것이 아니다. 그러므로 도덕법칙과 영혼 불멸, 신을 향하여 나아가려는 열망으로서의 '존경'은 결국 이성에서 유래하는 것이요, 어떤 의미에서 이성 자체다. 무한을 향해 나아가려는 열정이 이성 자체요 순수의지다. 이성에서 유래한 것이 아니라면 그것은 어디에서 유래하는가? 이성 이외에 인간에게 무한을 가르쳐주는 것은 아무것도 없다. 바로 이런 이유에서 칸트는 "법칙에 대한 존경은 도덕성에 대한 동기가 아니라 주관적으로 동기라고 고찰된 도덕성 자체다"라고 말한다.[66] 그렇다면 주관적으로는 도덕법에 대한 존경이 동기가 되어 한 행위는 객관적으로 도덕법 자체가 동기가 되어 한 행위가 된다. 칸트에게 도덕법에 대한 존경에서 한 행위는 도덕법 자체가 동기가 되어 한 행위요, 이성이 동기가 되어 한 행위이며, 이는 현실적 무한에 대한 열망이 동기가 되어 한 행위요, 자유가 동기가 되어 한 행위이며, 의무의식으로 말미암아 행한 행위이며, 결국은 도덕법 자체를 위해 한 행위다.

어린아이에게 처음부터 도덕법에 대한 존경에서 행위하도록 하는 것은 어린아이에게 처음부터 56+33=89라는 것을 추상적으로 깨우치게 하는 것이 불가능하듯이 아마도 불가능할 것이다. 그래서 우리는 어린이용 수판이나 손가락을 이용해서 산수를 가르치듯이, 여러 가지 예화를 이용해서 도덕교육을 할 수 있다. 그럼에도 우리는 어린아이에게 도덕적인 사람이 된다는 것은 도덕법 자체를 위해 행위하는 것이라는 사실을 분명하게 가르쳐주지 않으면 안 된다.

---

66   I. Kant, *Kritik der praktischen Vernunft*, p. 89 참조.

예컨대 만약 어린아이가 거짓말을 한다면, 그를 벌해서는 안 되고 경멸로써 대하고 장차 사람들이 너를 믿지 않을 것이라는 등의 말을 해주어야 한다. 어린아이가 나쁜 일을 할 때는 벌을 주고 착한 일을 할 때는 상을 주면 어린이는 보상받기 위해 선을 행한다. 그리고 후에 세상살이를 하면서 선이 반드시 보상을 받는 것은 아니며, 악이 반드시 벌을 받는 것은 아님을 알면, 그는 어떻게 출세할 수 있는가 하는 것만 관찰하는 인간, 그리고 자신에게 유익을 주는 것으로 발견한 것에 따라 선이나 악을 택하는 인간으로 성장할 것이다.[67]

그리고 어린아이에게 축복은 덕에 대한 보상이 아니라 덕 자체이며, 또한 우리는 욕망을 억제함으로써 축복을 향유하는 것이 아니라 반대로 우리가 축복을 향유하기 때문에 욕망을 억제한다는 사실을 분명히 이해시켜야 한다.[68]

5) 준칙이 보편적 법칙이 될 수 있는지를 검토하는 자세를 기르도록 교육함

콜버그의 도덕발달이론에 의하면 인간의 도덕발달은 크게 세 가지 수준으로 나누어진다. 첫 번째 수준은 인습 이전의 수준이며, 두 번째 수준은 인습의 수준이고, 세 번째는 원리적 수준이다. 그리고 각각의 수준은 다시금 2단계씩 세분됨으로써 모두 6단계로 구분된다. 제1

---

67   I. Kant, *Über Pädagogik*, p. 740.
68   B. Spinoza, *Die Ethik*, V. Teil, Lehrsatz 42, p. 295 참조.

단계는 처벌과 복종 단계이며, 제2단계는 도구적 교환 단계, 제3단계는 인격 상호 간의 순응 단계, 제4단계는 사회체계와 양심의 유지 단계, 제5단계는 우선적 권리와 사회계약 단계, 그리고 마지막 제6단계는 보편적인 윤리 원칙 단계다.[69] 여기서 주목하고자 하는 것은 제6단계인 보편적인 윤리 원칙 단계다. 콜버그의 설명에 의하면, 다음과 같다.

> 이 단계는 사회제도의 근원이나 기초가 되는 도덕적 관점의 조망을 취한다. 이 조망은 도덕의 본질을 인식하고 있거나, 타인의 인격을 수단으로서가 아니라 목적으로 존경하는 것이라는 기본적인 도덕적 전제를 인식하는 모든 합리적인 개인이 취하는 조망이다.[70]

도덕발달의 최종적 단계, 따라서 도덕교육의 궁극적 목표가 되어야 하는 제6단계는 결국 인간이 보편적인 도덕원리에 부합하는 방식으로 행위하기를 요구한다. 칸트 역시 사용하는 용어와 표현방식의 차이에도 콜버그와 본질적으로 같은 주장을 한다. 그는 우선 준칙과 법칙을 구별한다.

> *준칙*은 행위의 주관적 원리이며 *객관적인 원리*, 즉 실천법칙과 구별되어야 한다. 전자는 주관의 조건에 따라(왕왕 주관의 무지와 경향성에 따라서도) 이성에 의해 설정되는 실천규칙을 포함하고 있다. 그래

---

69 L. Kohlberg, *The Philosophy of Moral Development: Moral Stage and Idea of Justice* (Harper and Law, Publishers, San Francisco, 1981), xxxviii. 콜버그의 도덕발달 6단계론에 대한 좀 더 자세한 내용은 같은 책 pp. 409-411 참조.

70 L. Kohlberg, *The Philosophy of Moral Development: Moral Stage and Idea of Justice*, p. 412.

서 그것은 주관의 행위에 의거한 원칙이다. 그러나 법칙은 모든 이성적 존재자에게 타당한 객관적인 원리요, *행위가 의거해야 하는* 원칙, 즉 명법이다.[71]

그런데 모든 명법은 정언명법이거나 가언명법이거나다. "가언명법은 가능한 행위의 실천적 필연성을 우리가 원하는(또는 원할 수 있는) 어떤 다른 것을 성취하기 위한 수단으로 생각하는 것이다. 정언명법은 다른 어떤 목적과는 아무런 관계없이 행위 자체상 객관적-필연적인 것으로 생각하는 것이다."[72] 그런데 정언적 명법은 유일한 것이며, 그것은 다음처럼 기술된다.

너의 행위의 준칙이 너의 의지를 통해 보편적인 법칙이 되어야 하는 듯이 그렇게 행위하라.[73]

이 말은 결국 인간은 그 타당성이 보편적으로 인정되는 도덕원리에 따라 행위하기를 요구하는 콜버그의 주장과 다를 바 없다. 그러면 우리가 아동에게 그 타당성이 보편적으로 인정되는 도덕원리에 따라 행위하게 하려면 어떻게 해야 하는가? 이 문제와 관련하여 칸트의 다

---

71 I. Kant, *Grundlegung zur Metaphysik der Sitten*, p. 51. 칸트는 어떤 행위 원리가 이성에 대해 강제적인 한 이성의 명령이라고 하며, 이러한 명령의 법식(Formäl)을 '명법(Imperativ)'이라고 부른다(*Grundlegung zur Metaphysik der sitten*, p. 41).

72 I. Kant, *Grundlegung zur Metaphysik der Sitten*, p. 43.

73 I. Kant, *Grundlegung zur Metaphysik der Sitten*, p. 51. 칸트는 같은 의미의 명법을 다음과 같이 표현하기도 한다. "그 준칙을 통해 네가 그 준칙이 하나의 보편적인 법칙이 되는 것을 동시에 의욕할 수 있는 그런 준칙에 따라서만 행위하라"(*Grundlegung zur Metaphysik der Sitten*, p. 51).

음의 말은 중요한 점을 시사해주고 있다.

도덕교육을 함에 있어서 가장 먼저 힘써야 할 것은 성품을 형성하는 것이다. 성품은 격률에 따라 재빨리 행동하는 재능에 있다. 격률은 처음에는 학교의 격률이고, 그 후 인류의 격률이다. 처음에 어린아이는 법칙(규칙)에 복종해야 한다. 격률도 법칙이긴 하나 주관적 법칙이며, 그것은 인간의 고유한 오성에서 생긴다.[74]

교사는 막연히 "휴지를 버리지 말아라", "거짓말을 해서는 안 된다", 혹은 "이유 없이 남을 괴롭히는 일은 나쁜 일"이라는 식의 이야기를 반복하는 대신에 아동 스스로 어떤 규칙을 정해서 행동하도록 유도해야 한다. 그리고 왜 그런 규칙을 택했는지 아동 스스로 이유를 댈 수 있도록 교육해야 하며, 더 나아가서 그 규칙은 어떤 점에서 좋으며 어떤 점에서 나쁜지를 깨우치도록 교육해야 한다. 그런 훈련을 통해 아동은 점차 성장하면서 자신의 준칙을 법칙에 일치시켜나가게 될 것이다.

---

74   I. Kant, *Über Pädagogik*, pp. 740-741.

제4절
칸트적 도덕철학의 관점에서 본 현행 '인성교육'의 문제점

1) 봉사활동 점수화의 문제점

우리 사회에서는 학생들의 봉사활동이 점수화되어 대학입시에 반영되고 있다. 양로원이나 고아원 같은 곳에서 얼마나 봉사했는가, 혹은 몇 번이나 헌혈했는가 하는 것들이 기록되고 점수화된다. 대학에서도 봉사활동을 학점화하는 추세다. 이는 기존의 지식 위주 도덕교육의 문제점을 보완하기 위해 도입된 궁여지책이다. 예컨대 물리교육은 학생들이 물리학적 지식을 이해하게 되는 것 자체를 궁극적인 목적으로 하지만, 도덕교육의 궁극적 목적은 도덕적 지식의 이해가 아니라 도덕적 행위라는 관점에서 보면, 봉사활동의 점수화는 그 나름의 설득력을 갖는다. 그럼에도 봉사활동의 점수화는 도덕성의 본질을 훼손시킨다는 결정적인 비판에 직면하지 않을 수 없다. 모든 도덕적 행위는 자발성을 그 생명으로 하고 있다. 물론 칭찬을 받기 위해 학교 운동장에 있는 휴지를 줍는 행위는 비난에도 불구하고 운동장에 휴지를 버리는 행위보다는 바람직하지만, 참된 도덕적 행위는 아니다. 어떤 학생이 점수를 위해 헌혈했다면 그 학생은 도덕적 행위를 한 것이 아니라 단지 적법한 행위를 했을 뿐이다. 칸트는 결과적으로 의무에 적합한 행위(pflichtmäßig)와 내면적 동기에서 의무로 말미암은(aus Pflicht) 행위를 구분한 뒤, 전자의 행위는 적법성을 가지며, 후자의 행위만이 도덕성을 가진다고 말한다. 앞서 인용했지만 한 번 더 인용한다.

> 행위들의 도덕적 가치의 본질은 **도덕법이 의지를 직접적으로 규정한다는 점**에 의존한다. 도덕법에 합치했다 하더라도 어떤 종류의 것이든 감정을 …(중략)… 매개해서만 결의하고 **도덕법 자체를 위해** 결의하지 않는다면, 행위는 실로 **적법성**을 갖기는 하지만 **도덕성**을 포함하지는 않을 것이다.

최근 우리 사회에서는 효도법을 제정하고 효도세를 신설하자는 주장이 있다. 소위 각계 원로 108명이 모여 만든 단체인 '효 세계화 운동본부'에서 그런 주장을 하고 있다. 이에 대해 다음과 같은 비판이 있다.

> 이러한 세의 신설이나 법 제정은 다 좋은 의도에서 나온 묘안임에 틀림없다. …(중략)… 그렇지만 결과적으로 효는 세제 감면을 받거나 아파트를 우선적으로 분양받기 위한 수단이 될 수밖에 없을 것이다.[75]

도덕성은 그 자체가 목적이지 다른 어떤 것을 위한 수단이 되어서

---

[75] 정진홍, 「도덕성 회복의 윤리」(『녹색평론』, 1994년 11~12월, 통권 제19호), p. 11.

는 안 된다. 만약 우리가 바람직한 행위라고 생각하는 것들의 목록을 만들어서 그 모든 행위에 점수를 부여하거나 포상하는 방식으로 학생들에게 바람직한 행동을 하도록 강제한다면 결국 도덕의 영역은 사라지고 법의 영역만이 남을 것이다. 그러나 이는 법 만능주의적인 발상이 될 것이다. 법 만능주의에 대해 법학자 최종고는 다음과 같이 경고한다.

> 파괴된 인간성의 회복을 위해 법질서는 어떻게 되어야 할 것인가? …(중략)… 실제로 흉악한 범죄자가 많이 발생할수록 더욱 강력한 제재 조치로서 형법을 강화해왔다. 1990년에 우리는 드디어 '폭력과 범죄와의 전쟁'을 선포하여 전 국가적으로 '전시상태'에 들어가기도 했다. …(중략)… 그러나 그대로 어느 정도 단속되는 듯하다가 시간이 지나면 더욱 범죄가 확산되는 것 같이 보인다. 어느 사회에나 있는 것으로 결코 발본색원되는 것이 아니고, 오히려 인간은 흉포와 폭력을 보면 그것이 범죄자에 의해 행해졌든 국가에 의해 행해졌든 더욱 그것을 닮게 된다는 것이 학자들의 지적이다. …(중략)… 이렇게 본다면 범죄에 대항하여 강력한 입법을 하는 것만이 능사가 아니고 오히려 범죄를 빈발시키는 인간성의 파괴 현상 자체를 더욱 심각히 진단하고 대처해야 한다는 논리가 된다. 물론 형법이 방관해서도 안 되지만 법률 만능주의적 사고방식으로 범죄에 접근해서는 더욱 역효과가 난다는 사실을 지적하는 것이다.[76]

도덕이 법의 기초이며, 법의 문제는 도덕으로 해결해야 한다는 관

---

76 최종고, 「법질서 의식과 인간성 회복」(『인간성의 회복』, 정해창 외 10인 공저, 한국정신문화연구원, 1994), pp. 140-141. 필자 역시 졸고 「도덕위기의 현주소와 그 원인」(『인문과학』, 경북대학교 인문과학연구소, 1991)이라는 글에서 범죄의 문제를 법적으로만 해결하려는 것은 평면적이고 군사문화적인 발상임을 지적한 적 있다.

점에서 볼 때, 도덕적 당위를 법제화하는 것, 즉 도덕의 문제를 법의 문제로 바꾸어 해결하려는 것은 본말전도의 근본적 잘못을 범하는 것이라고 말하지 않을 수 없다. 법으로 인간성을 회복할 수는 없을 것이다. 혹자는 봉사활동의 점수화는 바람직한 행위인 봉사활동을 권장하지만, 형법은 바람직하지 못한 특정 행위를 억제하는 것을 목표로 한다는 점에서 그 양자는 다르다고 말할 수도 있다. 이는 틀린 말은 아니다. 그러나 이 양자는 결국 권장되는 행위나 금지되는 행위를 하지 않으면 불이익을 받게 된다는 점에서는 다를 게 없다. 혹자는 또 설령 봉사활동을 점수화하는 방식으로 억지로라도 봉사활동을 하게 함으로써 처음에는 점수를 위해 봉사활동을 하던 학생들이 나중에는 봉사활동 자체의 매력에 이끌려 봉사활동을 하게 되는 도덕교육적 효과를 기대할 수 있는 이점이 있다고 말할 수도 있다. 물론 소수의 학생은 그렇게 될 수도 있다.[77] 그러나 다수의 나머지 학생들은 그렇게 되지 않을 것이다. 문제는 그렇게 되지 않는 이 다수 학생의 경우에는 억지로 봉사활동을 하게 함으로써 도덕성을 죽이는 일이 된다는 것이다. 이는 마치 꼽추의 등을 펴기 위해 망치질함으로써 굽어진 등을 펴지만 꼽추를 죽이는 것과 마찬가지 잘못이 될 것이다. 결과적으로 봉사활동을 하게 했지만, 그래서 적법성을 획득했지만, 봉사활동을 하는 마음씨(Gesinnung)는 순수하지 못하기 때문에 도덕성을 죽여버리게 된다. 봉사활동에 점수를 부여하는 것은 어린아이에게 쓴 알약을 먹이기 위해 알약 표면을 감미롭게 만드는 데 비유될 수 있다. 그러나 영악한 아이는 당분만 빨아먹

---

77 정확한 통계자료에 근거한 것은 아니지만, 강제된 봉사활동이 계기가 되어 참된 봉사활동을 하게 되는 사례는 신문 지상에 보도되는 것과 달리 거의 전무하다는 것이 일선 교사들의 증언이다.

고 쓴 약은 뱉어버린다. 사실 이런 우려는 현실화되고 있다. 일부 부잣집에서 자기 아이 이름으로 봉사활동을 대신해주는 아르바이트 학생을 구한다는 이야기가 들린다. 그리고 관공서에서 봉사활동을 하는 학생 중에는 2시간만 활동해놓고 6시간 활동한 증명서를 받아간다고 한다. 정직을 팔아 봉사점수를 받는 이 학생의 경우 과연 봉사활동을 통해 인성이 올바로 될 것인지 삐뚤어지게 될 것인지는 물어볼 필요조차 없는 일이 아닌가.

2) 도덕교육 분산의 문제점

우리 사회에는 도덕 교과를 독립적인 교과로 인정하지 않으려는 움직임이 있다. 우리는 그 이유를 세 가지 정도로 생각해볼 수 있을 것이다. 첫째로 지금까지의 도덕교육은 지적인 측면에 치중함으로써 학생들에게 그들이 소유한 도덕적 지식을 행동화하게 하는 데 실패했다는 것이다. 둘째로 특히 초등학교 도덕교육의 경우 교사가 학생들에게 전달할 도덕적 지식이라는 것이 매우 상식적인 것이어서 '이런 상식적인 지식을 학생들에게 전수하기 위해 특별히 전담 교사가 필요한가?'라는, 도덕 전담 교사의 존재의의에 대한 회의론이 대두되었다. 셋째로 모든 교사는 1차적으로 도덕 교사라는 교육학적 상식에 입각하여 도덕 교과 폐지론이 언급되고 있다. 그러면 그 대안은 무엇인가? 전 교사의 도덕 교사화를 통한 생활 예절교육이 그 대안이다. 그렇게 되면 영어 교사도 도덕 교사요, 수학 교사도 도덕 교사다. 그리고 모든 교사는 학교 현장에서 그때그때 학생들의 생활 예절을 지도한다. 오로지 도덕

교사만이 학생들의 생활을 지도하란 법이 어디에 있는가? 도덕 전담 교사제는 도덕 교사 이외의 다른 교사들이 학생들의 도덕 생활 지도에 무관심하게 만들었다. 일견 도덕 전담 교사 폐지론은 그럴듯해 보인다. 그러나 좀 더 면밀히 고찰해보면, 이는 아주 잘못된 것임이 백일하에 드러난다. 첫째로 지금까지의 도덕교육이 실패했다는 것부터 살펴보자. 지금까지의 도덕교육이 실패했다는 현실진단은 정확하다. 그러나 그 실패의 원인이 도덕 전담 교사제에 있었던 것은 아니다. 앞서 암시된 대로 도덕 교사를 지배 이데올로기 주입교육의 최첨병으로 악용해온 역대 정권이 지금까지의 도덕교육을 망친 장본인이다. 해방 이후 지금까지 도덕 교사에게 도덕 교사 본연의 임무를 수행할 기회를 주어보지도 않고서 도덕 전담 교사를 두어봤자 도덕교육이 실패했으므로 도덕 전담 교사를 없애야 한다고 말하는 것은 설득력이 없는 주장이다. 둘째로, 도덕 교과의 내용이 너무 상식적이어서 '이런 상식적인 도덕적 지식의 교육을 위해 과연 도덕 전담 교사가 필요한가?'라는 의구심에 답해보고자 한다. 실상 학교 도덕교육의 현장에서는 자기 전공과목만으로는 책임시수를 채우지 못하는 교사가 책임시수를 채우기 위해 도덕 교과를 맡는 것이 관행이 될 정도로 '도덕 교과는 아무나 맡아도 되는 과목' 정도로 인식되어 있다. 만약 도덕 교과의 내용이 상식적인 것이어서 도덕 교과는 아무나 맡아도 되는 것이라고 한다면, 도덕 교과는 불필요한 과목이 될 것이다. 가령 '길에 쓰레기를 버리는 행위는 나쁜 것이다'라는 것은 상식이다. 만약에 도덕이라는 것이 이처럼 뻔한 상식을 가르치는 것으로 끝나는 과목이라면, 확실히 도덕 교사는 불필요한 존재다. 그러나 우리는 도덕가와 도덕철학 혹은 윤리학을 구별하지 않으면 안 된다. 칸트 같은 위대한 윤리학자도 자기가 새로운 도덕을 만든 것이 아님을 말하고 있다. 칸트는 자신의 윤리학에 대해 "도덕의 새로운 원리가 아니라 오로지 새로운 표현 공식이 세워져 있을 따름이다"라고 비난한 것에 대해 다음과 같이 반문한다.

누가 도대체 모든 도덕성의 새로운 원칙을 소개해서, 마치 이전의 세상 사람이 의무가 무엇임을 알지 못했거나 혹은 의무에 대해 완전하게 잘못 생각하기나 한 것처럼, 도덕을 이제 와서 처음으로 발견하려 했단 말인가?[78]

길에 쓰레기를 버리는 것이 나쁜 것임을 가르치는 것이 도덕 교사가 할 일이 아니고, **왜 나쁜가를 학생들의 발달 수준에 맞추어 다양한 도덕철학적 각도에서 분석하고 비교하고 설명하는 것**을 통해 쓰레기 문제에 대해 그가 몸담고 살아가는 공동체의 도덕관을 깨우치게 하는 것이 도덕 교사가 할 일이다. 만약 도덕 교사에게 상식적인 도덕을 넘어서는 새로운 도덕을 가르치기를 요구한다면 이는 칸트조차 할 수 없는 일을 요구하는 일이 될 것이다. 만약에 도덕교육이 공동체의 도덕관을 깨우치게 하는 식으로 전개된다면(마땅히 그런 식으로 전개되어야 하지만), 도덕 교과는 결코 아무나 맡아서는 안 되는 과목이 될 것이다. 도덕 교과는 아무나 맡아도 된다는 사고방식이 만연해 있다는 것은 사람들이 아직까지 도덕 교과의 본질적 특성에 대해 무지함을 말해주는 것이 될 것이다. 셋째로 모든 교사는 1차적으로 도덕 교사이기에 도덕 전담 교사는 불필요하다는 주장에 대해 살펴보자. 이 말은 일견 그럴듯하게 들리

---

78   I. Kant, *Kritik der praktischen Vernunft*, p. 8.

지만, 실상은 모호한 말이다. 첫째로 그 말은 모든 교사는 도덕적으로 학생들의 본이 되어야 하며, 학생들의 기본생활을 지도해야 할 의무를 갖고 있다는 뜻으로 풀이될 수 있다. 이는 결코 틀린 말이 아니다. 사실상 지금까지 교육 현장에서 도덕 교사 이외의 다른 교사들은 학생들의 생활지도에 무관심한 경향이 없지 않았다. '나는 영어만 잘 가르치면 된다'라거나 '나는 수학만 잘 가르치면 된다'라는 생각을 버리고 영어 교사도 수학 교사도 학생들의 생활지도를 통한 인성교육에 관심을 가져야 함은 당연한 일이다. 만약 도덕 교사가 하는 일이 '살인은 나쁜 일이다'라거나 '약속을 어기는 것은 나쁜 일이다'라거나 '거짓말을 해서는 안 된다'라거나 하는 도덕적 상식들을 학생들에게 전달하고 주입하는 것이라는 도덕 교사관이 옳다면, 모든 교사는 교사로서 학생들에게 도덕적 본이 되어야 하며 학생들의 기본 생활 예절을 지도해야 하므로 모든 교사는 1차적으로 도덕 교사이며, 따라서 도덕 전담 교사는 불필요하다는 주장이 성립한다. 그러나 도덕 교사가 해야 할 일이 학생들에게 도덕적 상식을 전달하고 주입하는 것이 아니라 거짓말을 하고 약속을 어기는 것이 **왜 나쁜 일인가**를 학생들의 발달 단계에 **맞추어** 학생들에게 토론하고 설명하게 하는 일이라면, '모든 교사는 1차적으로 도덕 교사다'라는 말은 거짓이 된다. 모든 교사는 도덕적인 인간이어야 하며, 학생들의 기본 생활 예절을 지도해야 하지만 ─ 그리고 이 말은 맞는 말이다 ─ 모든 교사는 1차적으로 도덕 교사는 아니다. 만약 우리가 도덕 교사가 해야 할 일을 도덕가에게 맡기는 것으로 학교에서의 도덕교육이 충분히 이루어질 수 있다고 생각한다면, 이는 윤리학이라는 학문이 불필요하다고 말하는 것이 될 것이다(물론 우리는 도덕 교사는 도덕가가 아니어도 된다고 말하는 것은 아니다. 오히려 어떤 다른 교사보다 더 도덕적이어야 할 것이다).

이상과 같은 이유에서 우리는 도덕을 교과로서가 아니라 생활 예절로 가르쳐야 한다는 주장은 잘못된 것이라고 생각한다. 그리고 도덕을 교과로서가 아니라 생활 예절로 가르쳐야 한다는 주장은 과거의 잘못을 또다시 반복하려 한다는 점에서도 심각한 반대에 봉착하지 않을 수 없다. 이와 관련하여 조난심은 다음과 같이 지적한다.

> 최근에 교육개혁 차원에서 인성교육의 강화가 주장되고, 그 방법으로 실천중심의 도덕교육이 강조되고 있다. …(중략)… 그러나 실천중심의 도덕교육에 의해 도덕과 교육이 대치되어야 한다는 식의 주장은 문제가 있다. 앞에서 지적한 바와 같이 도덕과가 교과로 가르쳐지지 않았을 때의 문제점은 2차 교육과정의 경험에서 이미 충분히 보았기 때문이다. 우리는 익히 알다시피, 1960년대의 2차 교육과정에서는 도덕과가 아니라 '반공 도덕 생활영역'을 설정하여 전 교과를 통해 도덕교육을 실시했다. 그러나 학교 현장에서는 제대로 교육이 이루어지지 않아 제3차 교육과정에서는 도덕과를 하나의 교과로 설정하게 된 것이다.[79]

3) 습관 들이기식 훈련 위주 도덕교육의 문제점

만약 현재 우리 사회에서 도덕교육 대신에 거론되는 인성교육이 독립교과로서의 도덕 교과를 없앤다는 전제하에 논의되는 것이라면, 그런 도덕교육으로는 인격의 핵심적 요소인 지적 · 입법적 자유를 각

79 　조난심, 「인성교육과 도덕교과서」(『철학과 현실』, 1995년 겨울), p. 71.

성시키지 못할 것이다. 물론 생활 예절교육도 중요하고, 바람직한 습관을 형성시키는 교육도 중요하며, 또 수련활동을 하게 하여 학생들의 담력을 키워주는 것도 중요하다. 그러나 그런 모든 것은 학생들의 지적·입법적 자유의 각성을 전제하지 않으면 별 의미가 없다. 생각이 확실해져 신념이 되고, 신념에서 행동이 나오고, 행동이 반복되어 습관이 형성되며, 습관에 따라 운명이 달라진다는 말이 있다. 이런 관점에서 보면 인격의 입법적 자유, 집행적 자유, 심판적 자유 중에서 입법적 자유가 가장 중요하다고 할 수 있을 것이다. 사람들은 흔히 도덕교육에서 습관의 중요성을 강조한다. 아리스토텔레스는 특히 실천적 덕의 요체인 중용의 덕에 이르기 위해서는 습관의 형성이 중요함을 강조했다. "한 마리의 제비가 봄을 만들지 못하는 것"처럼[80] 한 번의 선행으로 유덕한 사람이 되는 것은 아니다.[81] 아리스토텔레스는 도덕교육에서 습관의 중요성을 누구보다 분명하게 파악하고 있었던 사람이다.

> 남과 교제함에 있어서 우리는 자신이 행하는 행위에 의해 올바른 사람이 되거나 옳지 못한 사람이 되며, 또 위험에 직면하여 우리가 하는 행위로 말미암아, 즉 무서워하거나 혹은 태연한 마음을 지니거나 하는 습관을 얻게 됨으로써 용감하게 되기도 하고 겁쟁이가 되기도 한다. …(중략)… 그렇다면 우리가 아주 어릴 때 이런 습관을 형성하느냐 저런 습관을 형성하느냐 하는 것은 결코 사소한 차이를

---

80 Aristoteles, *Nicomachean Ethics*, 1098a, In: The Basic Works of Aristoteles (ed. R. Mckeon, Random House New York, 1970), p. 934.

81 아리스토텔레스는 "지적인 덕은 주로 그것의 발생과 성장이 가르침에 의존한다. …(중략)… 반면에 도덕적 덕은 습관의 결과로 발생한다. 이런 이유로 'ethicke(도덕)'라는 말은 'ethos(습관)'라는 말을 약간만 바꾸어서 만들어지게 된 것이다"라고 말하기도 한다 (*Nicomachean Ethics*, 1103a).

가져오는 것이 아니며, 그것은 매우 중요한 차이를 가져온다. 아니 모든 차이가 거기서 비롯된다.[82]

그러나 우리는 아리스토텔레스가 습관만이 유덕한 사람이 되기 위한 필요충분조건으로 간주했다고 해석해서는 안 된다. 김태길은 이와 관련하여 "실천의 덕에 관하여 아리스토텔레스가 풀고자 하는 첫째 문제는 '실천의 덕은 어떻게 생기느냐?'라는 것이다. 그 물음에 대해 아리스토텔레스는 '실천을 통해, 즉 습관에 의해'라고 대답한다. …(중략)… 그러나 이 주장에는 일종의 모순이 포함된 것이 아닐까. 즉, 미리 유덕하지 않다면 어찌 유덕한 행위를 실천할 수 있을까?"[83]라는 문제점을 제기한다. 그리고 그는 로스(W. D. Ross)의 견해에 의거하여 다음과 같은 방식으로 대답한다.

이 반문에 대한 아리스토텔레스의 답변은 로스가 시사한 바와 같이, 대략 다음과 같을 것으로 생각된다. '유덕한 사람'이란 (i) 자기가 하는 일이 무엇인가를 알고, (ii) 영속적인 품성의 결과로서, (iii) 이성적 행위 그 자체를 위해 이성적으로 행위하는 사람이다. 예컨대 정직해야 한다는 신념 없이 사실상 정직한 사람은 정직의 '덕'을 가진 사람이 아니며, 어른의 간섭에 못 이겨 부지런한 사람은 아직 근면이라는 '덕'의 소유자가 아니다.[84]

---

82 Aristoteles, *Nicomachean Ethics*, 1103b.
83 김태길, 『윤리학』(서울: 박영사, 1995), p. 40.
84 김태길, 『윤리학』, pp. 40-41.

만약에 도덕적 신념형성의 근본이 되는 지적 · 입법적 자유의 각성이 그 밑바탕에 깔려있지 않다면, 아무리 고상한 습관이라도 그 습관은 결코 도덕적 습관이 될 수 없을 것이다. 그것이 밑바탕에 깔려있지 않으면, 어떤 사람이 아무리 근면하더라도 그의 근면은 로봇의 근면함보다 나을 것이 없을 것이다. 그것이 밑바닥에 깔려있지 않은 상태에서 형성된 습관은 자동기계의 습관에 불과하다는 말이다. 칸트는 이상의 내용을 다음과 같이 좀 색다르게 표현하고 있다.

> 만일 인간 의지의 자유가 틀림없이 후자(심리적 자유)라고, 즉 선험적 자유가 아니라고 한다면 그러한 자유는 필경 자동기계의 자유보다 조금도 나을 것이 없다. 자동기계는 한 번만 그 나사를 틀어주기만 하면, 저절로 그 운동을 계속하는 것이다.[85]

상벌체계에 입각한 생활 예절교육은 예의 바른 인간을 만들어낼 수 있을는지는 모르나, 거세된 수퇘지 같은 인간을 양산하게 될 것이다. 거세된 수퇘지는 양순하여 주인이 다루기는 쉽지만 생산능력, 즉 창조성은 없다. 그것은 본질적으로 예의 바른 기계다. 길들이기식 교육은 칸트 시대의 독일에서도 행해졌던 것으로, 칸트는 그러한 교육에 대해 개탄했다.

> 우리는 훈육, 도야 그리고 문명화의 시대에 살고 있으나 아직 도덕훈련의 시대와는 멀리 떨어져 있다.[86]

---

85 I. Kant, *Kritik der praktischen Vernunft*, p. 113.
86 I. Kant, *Über Pädagogik*, p. 708. 칸트는 "인간은 자신의 야만성을 억제해야 한다는 점에

인성교육은 학생들에게 '인간은 동물과는 차원을 달리하는 존재, 즉 도덕을 통해 자유에 이를 수 있는 존재'라는 사실에 대해 각성하도록 도와주는 데서 출발해야 하고, 또 그 사실을 각성하도록 도와주는 것 이상의 것을 할 수 없다.

도덕교육에는 왕도도 없고 새로운 해법도 없지만, 그렇다고 포기할 수도 없다는 점에서 도덕교육의 어려움이 있다. 이런 상황에서 우리가 할 수 있는 것은 피교육자의 자유를 각성시키기 위한 모든 정성과 노력을 들인다는 것뿐이다. 피교육자의 자유를 각성시킴에 있어서 가장 중요한 요인 중의 하나는 도덕 교사를 위시한 모든 교사의 도덕적 수범임은 말할 필요조차 없는 일이다. 지금까지의 도덕교육, 즉 지배 이데올로기 주입식 도덕교육, 기본생활 예절교육을 등한시한 도덕교육이 하나의 잘못된 극단이라면 지금까지의 도덕교육이 실효를 거두지 못했다고 해서 독립교과로서의 도덕교육을 포기하는 것 역시 또 다른 잘못된 극단일 것이다.

서 훈육되어야 하고, 어떤 기능을 획득해야 한다는 점에서 도야(개화)되어야 하며, 또 사회에서 제대로 처신하기 위해 문명화되어야 한다고 말하며, 마지막으로 인간은 도덕화되어야 한다"라고 말한다(*Über Pädagogik*, pp. 706-707 참조).

제5절 결론

　　최근 우리 교육계의 화두는 인성교육이다. 인간을 인간답게 만드는 것이 중요하다는 것이다. 그러나 과연 '인간을 인간답게 만드는 기계적인 교육 방법이 있는가?' 하는 근본적인 의문이 떠오른다. 칸트는 인간의 인간 됨을 '인격성'이라 불렀으며, 이 인격성의 핵심은 도덕성이며, 도덕성의 핵심은 자유라고 말했다. 자유 없는 인격은 없다. 그럼에도 최근 우리 사회에서 광범위하게 실시되고 있는 '점수 따기 봉사활동'은 도덕성의 핵심인 자유를 부정하는 바탕 위에서 실시되고 있다는 근본적인 문제점을 갖고 있다. 이런 점에서 본다면 인간의 인격성과 도덕성의 핵심인 자유를 파괴하는 방식으로 인간을 인간답게 만들려는 봉사활동은 자기모순적 교육활동이라 하겠다. 또한 인성교육론자들은 인간다운 인간을 육성하기 위해서는 주당 1~2시간씩 실시되는 정규 도덕 교과를 통한 교육으로는 불가능하기 때문에 모든 교과를 통해 인성교육이 실시되어야 한다고 주장한다. 이는 얼핏 듣기에 그럴듯한 말이지만, 이 주장 역시 인간을 길들여야 할 대상으로 간주하며 자유의 주체로 보지 않는다는 근본적인 문제점을 갖고 있다. 칸트는 인간이 인간답게 되는 것은 길들여짐에 의해서라기보다 근본적으로 사고의 혁명을 통한 자유의 각성에 의해서라고 생각한다.

　너무나 비도덕적인 사람들이 많아서 돈으로 상징되는 여러 가지 혜택을 주어서라도 도덕적인 행위를 하게 하려는 것인지는 몰라도 어떻든 봉사활동의 점수화와 그것을 통해 학생들에게 봉사활동을 습관화하도록 하겠다는 것은 칸트 윤리학의 관점에서는 결코 받아들일 수 없는 사고방식이다. 칸트 윤리학의 관점에서 본다면, 우리 사회에 봉사활동이 이처럼 차고 넘친 적은 없음에도 진정한 봉사정신이 이토록 메말라버린 적도 없다. 물론 칸트 윤리학의 모든 것이 진리는 아니다. 그러나 많은 도덕론자가 공유하는 진리는 바로 도덕성 자체가 목적이어야지 다른 어떤 것을 위한 수단이 되어서는 안 된다는 것이며, 강제되어서가 아니라 자발적으로 행동할 수 있음을 입증해 보이지 못한다면, 인간은 고귀하고 존엄한 존재라는 말은 단지 공허한 수사학적 표현에 불과하다는 것이다.

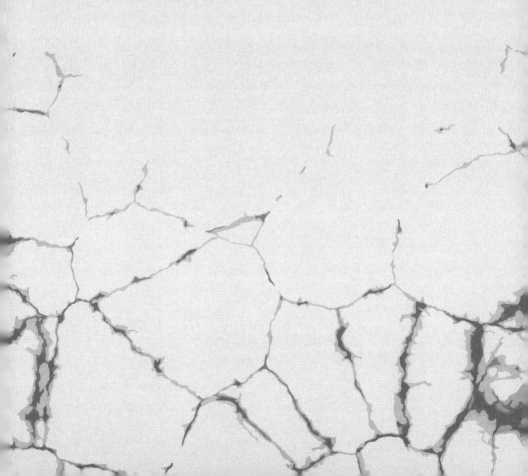

제5장

도덕성의 본질에 대한 물음:

칸트, 아리스토텔레스, 정의주의

제1절 서론

    도덕철학의 역사를 살펴보면, 도덕성의 본질에 관해 다양한 대립적인 논쟁이 이어져왔음을 알 수 있다. 서양 윤리학의 역사에서 가장 먼저 제기된 문제 중의 하나는 도덕법의 기원에 관한 문제였다. 도덕적 명령의 기원이 신에게 있다는 기독교의 신명령론, 아주 먼 과거부터 대대로 이어져온 관습에 있다는 관습론, 자연에 있다는 자연법론, 사회계약설의 사회계약론, 칸트의 이성명령론 등이 있다.[1] 도덕의 기원 문제와 엮인 또 다른 해묵은 논쟁은 '도덕규범은 시공을 초월하여 타당한가, 아니면 시대와 장소에 따라 상대적인가?' 하는 윤리적 상대주의와 절대주의 간의 논쟁이 있다. 그다음에 행위의 도덕성을 평가함에 있어 '행위자의 동기가 중요한가, 아니면 행위자의 행위가 만들어내는 결과가 중요한가?' 하는 논쟁이 있다. 즉, 동기주의와 결과주의 간의 논쟁

---

1   도덕의 기원은 신에게 있다는 기독교적 입장을 'Devine Command Theory'라고 하는데, 사람들은 이를 '신명령론'으로 번역한다. 그렇다면 도덕의 기원을 관습에 두는 이론을 'Custom Command Theory(관습명령론)'로, 도덕의 기원을 이성의 명령에서 찾는 칸트의 입장을 'Reason Command Theory(이성명령론)'로, 자연법론은 'Nature Command Theory(자연명령론)'로, 그리고 사회 구성원들의 계약에서 도덕의 기원을 찾는 계약론의 입장을 'Society Command Theory(사회명령론)'로 부를 수도 있겠다.

이다. 그리고 우리에게 '도덕규범에 따라 행동하도록 하는 것이 이성인가, 감정인가, 의지인가?' 하는 문제도 있다. 주지주의, 주정주의, 주의주의 논쟁이 그것이다.[2] 물론 이런 논쟁 외에도 도덕실재론과 반실재론 간의 논쟁이나 도덕성의 본질을 둘러싸고 원칙의 윤리학과 덕 윤리학 간의 논쟁도 있으며, 최근에 진화생물학이나 여성주의 윤리학자들이 제기한 새로운 논쟁도 있다. 필자는 이 장에서 도덕성의 본질에 관해 합리성, 합당성, 감정표출의 개념을 둘러싸고 전개되는 논쟁을 칸트, 아리스토텔레스, 정의주의를 중심으로 다룬 뒤, 도덕성의 문제는 합리성(rationality)의 문제도 아니고, 취향(taste)의 문제도 아니며, 합당성(reasonableness)의 문제임을 밝히고자 한다. 만약 도덕성의 본질이 합당성이라고 한다면, 우리는 도덕절대주의와 도덕상대주의의 이분법에서 해방될 길을 찾게 될 것이다.

---

2 주지주의, 주정주의, 주의주의 논쟁도 두 가지 측면에서 고찰될 수 있을 것이다. 즉, 사실상의 측면과 당위상의 측면이다. 인간의 행위가 이성에 의해 인도된다면, 이는 '사실상의 주지주의'일 것이다. 그러나 인간의 행위가 이성에 의해 인도되지 않을 때도 있지만, 그렇게 되는 것은 바람직하지 않고 이성에 의해 **인도되어야** 한다고 말한다면, 이는 '당위상의 주지주의'일 것이다. 대부분 윤리학자들은 이런 구분을 하지 않지만, 이런 구분은 주정주의나 주의주의에 대해서도 적용할 수 있다. 소크라테스가 "무엇이 선인지를 알면 선을 행하며 고의로 악을 행하는 사람은 없다"라는 주장을 하면서 '사실상의 주지주의'를 주장하고 있다면, 플라톤은 이성의 명령에 거역하는 영혼의 비합리적인 부분을 인정함으로써 스승의 '사실상의 주지주의'를 포기하고 '당위상 주지주의'를 주장한다.

제2절 예비적 고찰

　　생산적인 논의를 위해 '합리성', '취향', '합당성'이라는 개념들에 대한 개략적인 설명을 해두고자 한다. 특히 '합리성'과 '합당성'의 개념은 학자들에 따라 약간씩 다르게 사용하기에 이 개념들을 어떤 의미로 사용하는지를 밝혀둘 필요가 있겠다. 이런 작업이 선행되어야 하는 이유는 '합리성'과 '합당성'이라는 용어가 일반인은 말할 것도 없고 전문 학자들도 혼용해서 사용하는 경우가 있기 때문이다. 예컨대 모서(P. K. Moser)는 합리성의 개념을 설명하면서 다음과 같이 말한다.

　　철학자들은 특징적으로 '합리성(rationality)'을 소유하기를 갈망하고 있다. 그러나 그들은 정확하게 같은 것을 찾아낸 것은 아니었다. 대략적으로 합리성은 합당성(reasonableness)이지만, 일부 철학자들만이 합리성이 이성에 의존한다고 생각하며, 이성이나 합당성에 대한 공통된 이해를 갖고 있다.[3]

3　D. M. Borchert (ed.) *Encyclopedia of Philosophy* (2nd edition, Macmillan Reference USA, Thomson Gale, 2006), Vol. 8. p. 253.

'합리성의 본질이 무엇이며, 합당성의 본질은 무엇인가?' 하는 문제에 대해 최종적으로 완벽한 해답을 얻은 뒤에야 우리의 논의를 전개하는 것이 가능하다면, 필자는 지금 당장 책 쓰기를 중단해야 할 것이다. 그러나 '합리성'이라든지 '합당성' 같은 개념에 대한 대략적인 정의만으로도 논의를 전개하는 것이 가능하다고 생각한다. 필자는 합리성이 무엇인지에 대한 대략적인 합의를 얻으려면, 먼저 이성이 무엇인지에 대해 살펴볼 필요가 있다고 생각한다. 이성은 사유능력이다. 그러면, 사유란 무엇인가? 철학적인 상식으로 말한다면, 사유란 1차적으로 개념을 만드는 인간의 능력이다. 개념에 대응하는 실재물이 있느냐 없느냐 하는 보편자 논쟁은 제쳐놓더라도 인간이 개념적 사유를 한다는 것은 분명하다. 개념은 특정한 의미 덩어리가 언어로 표현된 것이다. 그다음에 사유한다는 것은 개념과 개념을 결합하는 것이다. 그것을 '판단'이라고 한다. 인간은 판단하는 능력을 갖고 있다. 그다음에 판단과 판단을 결합하는 능력을 갖고 있다. 그것을 '추리능력'이라 부른다. 인간은 개념창조능력, 판단능력, 추리능력을 갖고 있으며, 인간이 가진 이런 사유능력에 합치하는 것을 '합리성'이라 한다. '합리성'의 개념은 다양한 용례를 갖고 다양한 의미로 사용된다. '수단적 합리성', '목적적 합리성', '도구적 합리성', '절차적 합리성', '수학적 합리성', '경제적 합리성' 등이다. 그럼에도 '합리성(合理性)'이라는 용어가 '이성에 부합하다' 혹은 '이성에 합치하다'라는 것인바, 앞서 언급한 다양한 용례는 이성이 적용되고 사용되는 영역의 다양성에서 만들어진 것일 뿐 이성이 작동하는 방식은 같다고 보아야 할 것이다. 이는 플라톤식으로 말한다면, 용기 있는 행동은 상황에 따라 다양한 모습을 보이지만, 용기의 본질은 같은 것이나 마찬가지다.

일부 윤리학자는 윤리학 문제는 수학이나 과학 문제들과 같이 인간의 이성으로 해답을 찾을 수 있다고 생각한다. 합리성 문제라는 것이다. 플라톤, 스피노자, 칸트가 대표자다. 플라톤은 기하학 영역에서 이데아의 존재를 증명한 뒤, 그 연장선상에서 윤리학의 영역으로 나아가면서 덕목들의 이데아가 있다고 주장한다. 스피노자의 주저인 『에티카』의 부제가 '기하학적 방법으로 서술된(nach geometrischer Methode dargestellt)'임은 널리 알려진 일이다. 칸트는 도덕의 문제를 '실천이성'의 문제로 간주했다.[4] 윤리학의 영역에서 합리성은 우리가 도덕과 관련된 어떤 행위를 할 때, 정당화가 가능한 이성적 근거나 이유를 제시할 때 획득된다. 그렇다면 윤리학의 문제는 시공을 초월하여 절대적으로 타당한 진리를 갖고 있어야 할 것이다. 소위 '절대론적 윤리설'로 불리는 이런 입장에 따르면 선과 악의 절대적인 기준, 옳음과 그름의 절대적인 기준이 존재한다는 것이다. 절대론적 윤리설의 지지자들은 윤리학 문제를 합리성 문제로 생각하는 경향이 강하다. 그들은 윤리학 문제들을 수학이나 논리학, 과학 문제와 동일선상에 있는 문제로 본다. 수학이나 논리학 문제는 정답과 오답이 분명한 문제요, 정답과 오답이 가려지기 전에는 사람들 간에 논의하겠지만, 일단 정답이 찾아진 뒤에는 더 이상

---

4   칸트는 수학과 철학을 그 탐구 방법에서 엄격하게 구분하고 있다. 철학이 개념에 따르는 추리적인 이성 사용 방법에 의지한다면, 수학은 '개념의 구성'에 의지하는 직관적인 이성 사용 방법에 의지한다(*Kritik der reinen Vernunft*, B747 참조). 수학의 개념은 그 개념에 대응하는 직관이 주어져야 실재성을 갖는다는 것이다. 이런 입장에서 보면 '무한'이라는 개념은 그에 대응하는 직관이 주어지지 않기에 실재성이 인정될 수 없다. 따라서 그것은 인식의 대상이 아니다. 그러나 무한에 대해 사유할 수는 있다. 철학에서는 무한에 대해 사유하는 것이 허락된다. 그러나 그런 사유는 독단적 사유다. '칸트의 선험철학이 독단적이 아니라는 근거는 무엇인가?' 하는 것이 문제가 되겠으나(이에 대해서는 필자의 책 『칸트의 인간관과 인식존재론』, p. 352 이하 참조), 어쨌건 칸트가 철학과 수학을 구분했다고 해서 철학이 '합리성의 학문'의 외연에서 벗어나는 것은 아니다. 칸트는 철학자나 수학자나 둘 다 이성 기술자로 보기 때문이다(*Kritik der reinen Vernunft*, B745 참조).

의 논의는 불필요하고 학습이 요구된다. 그리고 2+3=5라는 수학적인 진리는 시공간을 초월하여 참인 명제다. 이런 진리는 맥락초월적-상황초월적 진리다. 이 경우 맥락이나 상황에는 역사적 · 문화적 · 종교적 · 정치-사회적 맥락이나 상황 등이 포함된다. 이러한 맥락초월적 영역은 객관적이고 절대적인 진리가 거주하는 영역이다. 이 영역에서는 참다운 진리를 잘 이해하고 깨우치는 학습이 중요하다. 윤리학적 진리는 수학적 진리와 같은 종류의 진리라고 생각하는 사람들은 윤리학도 맥락과 상황으로부터 초월적인 진리, 따라서 객관적이고 절대적인 진리를 갖고 있으며, 사람들은 이러한 진리를 발견하고 이해하고 학습하는 것이 중요하다고 생각한다. 도덕성의 본질이 합리성이라고 한다면, 도덕은 나라와 민족에 따라 다를 수 없다. 이는 3+5의 합이 몇인가 하는 물음에 대해 그 답이 나라마다 다를 수 없는 것이나 마찬가지다. 플라톤과 비판기의 칸트가 이런 입장을 갖고 있다. 도덕의 문제가 합리성의 문제라고 생각하는 사람들은 다음과 같은 질문을 받을 것이다. '그렇다면 왜 세상에는 도덕적 불일치가 존재하는가?', '수학이나 과학 영역에서는 지식의 진보가 일어나는데, 왜 윤리학 영역에서는 그런 진보가 일어나지 않는가?', '왜 우리는 앞서 언급한 그런 윤리적 문제들에 대한 정답을 찾지 못하고 있는가?' 이런 질문에 그들은 '도덕 문제는 어려운 문제이며, 우리가 윤리학적 탐구를 올바로 하지 못하고 있기 때문'이라고 답할 것이다. 올바른 방법론을 갖고 탐구하면, 우리는 정답을 얻게 될 것이라는 말이다.

이런 입장과 대립해서 당장 소피스트들은 윤리학 문제는 절대적 기준을 갖고 처리될 문제가 아니라고 하면서 플라톤의 입장에 반대했다. 그들은 상대주의 윤리설을 주장했다. 도덕은 나라마다, 민족마다,

시대에 따라 다르며, 선악의 절대적 기준이나 옳음과 그름의 절대적 기준 같은 것은 없다는 것이다. 절대주의 윤리설과 상대주의 윤리설 간의 논쟁은 2,500년 동안 지속되어온 윤리학적 논쟁이다. 상대주의 윤리설은 세부적으로 '기술적 상대주의(descriptive relativism)', '분석윤리학적 상대주의(meta-ethical relativism)' 그리고 '규범적 상대주의(normative relativism)' 등으로 분류된다. 고대 그리스의 프로타고라스나 문화인류학자 루스 베네딕트(R. Benedict)는 기술적 상대주의의 대표자다. 이들은 사람들이 다양한 도덕적 기준을 갖고 삶을 영위하는 것을 기술한다. 문화상대주의도 기술적 상대주의의 일종이다. 기술적 상대주의를 수용하는 사람 중에는 여전히 논란이 되는 도덕적 문제에 대해 오로지 하나의 올바른 도덕적 정답이 있을 것으로 생각하는 사람이 있을 수 있다. 분석윤리학적 상대주의는 이런 생각을 단호하게 거부한다. 규범적 상대주의란 나와는 다른 도덕성을 채택한 타인들의 도덕적 관례를 심판하거나 방해하는 것은 잘못된 일이라는 이론이다.[5] 대체로 윤리적 상대주의자는 도덕 문제에 의미 있는 토론은 불가능하다고 생각한다. 그냥 서로 간에 가치관의 차이를 인정하고, 나의 가치관을 타인에게 강요하거나 설득하거나 주입하려는 것을 그만두어야 한다. 현대의 포스트모더니즘이 이런 입장을 강하게 표명하고 있다. 그 신봉자들은 문화 간, 국가 간, 개인 간에 존재하는 차이와 다름을 신성시하면서, 그 차이와 다름을 보편자의 잣대로 재단하고 억압하는 것은 제국주의적 폭력이라고 비난한다. 현대의 정의주의는 심지어 우리가 가치 문제라고 생각한 것이 기실 감정의 문제에 불과하다고 한다. 가치 문제가 개인적 기호 문제로

---

5   E. Craig (ed.), *Routledge Encyclopedia for Philosophy*, Vol. 6 (London, 1998), p. 540 참조.

이해된 것이다. 그렇다면 윤리적 문제로 정답을 찾기 위해 하는 모든 토론은 어리석은 일이 된다. 파란색 옷을 입을 것인가 말 것인가 하는 것은 순전히 취향 문제로서 토론할 필요가 없기 때문이다.

윤리학이 추구하는 것이 합리성이 아니라 합당성이라는 견해를 가진 학자들이 있다. 합당성의 개념이 무엇이냐에 대해서도 연구자들은 정확한 일치를 보지 못하고 있다. 매튜 립맨은 다음과 같이 말한다.

> 가능한 한 과학은 합리성의 모델이 되길 시도한다. 과학은 발생할 일을 예견할 수 있거나 발생할 일을 설명할 수 있는 법칙을 만들어내고자 한다. …(중략)… 그러나 세상의 많은 측면, 특히 인간의 행위와 관련된 것들은 과학의 특징인 엄밀성만으로 다루어지거나 공식화될 수 없다. '어림'이라는 것이 필요하다. 우리의 생각이나 사물의 모습이 정확하게 부합하기를 기대하기보다 오히려 적절함의 감각을 발달시켜야 한다. 우리는 모든 세세한 부분에서 올바른(right) 해결책이 아니라 공평한 해결책에 도달하는 것으로 만족해야 한다. 엄밀히 말해서 결과가 '합리적(rational)'이지 않더라도 분별 있고 합당한(reasonable) 것이라면 만족해야 한다. 특히 윤리적인 논쟁에서 그렇다.[6]

립맨이 합당성을 과학적 엄밀성과 대비하면서 '분별 있는 어림짐작'으로 풀이하려 한다면, 팀 스프로드는 합당성에는 비판적(critical) · 창의적(creative) · 언명적(committed) · 맥락적(contextual) · 체현적(embodied) 측면이 있으며, 합당하게 사유할 줄 아는 사람은 그런 측면들을 적절하

---

6   M. Lipman, *Thinking in Education* (2nd edition, Cambridge University Press, 2003), p. 21.

게 이용할 수 있고 조정할 수 있다고 말한다.[7] 롤스는 합당성을 직접 정의하는 대신에 그것이 갖는 두 가지 측면에 대해 설명한다. 첫째로 사람들이 타자들도 그렇게 받아들일 것을 전제로 협력의 공정한 조건이 되는 원칙과 기준을 기꺼이 준수할 태도를 갖고 있을 때, 그 사람은 합당하다. 둘째로 합당한 개인은 일반적인 선 자체에 의해 움직이지 않고, 자유롭고 평등한 사람들이 수용할 수 있는 그런 조건하에서 서로 협력할 수 있는 사회세계(social world)를 갈망한다.[8] 롤스는 립맨과 스프로드가 말하는 합당성과는 완전히 다른 합당성에 대해 언급하고 있다. 롤스는 합리성과 합당성의 구분에 대해 더 흥미로운 주장을 펼친다.

> 내 생각에 합당한 것(the reasonable)과 합리적인 것(the rational)의 구분은 칸트에게까지 거슬러 올라간다. 그 구분은 『도덕형이상학 정초』와 다른 저작들에 있는 정언명법과 가언명법의 구분에서 발견된다. 합당한 것은 순수실천이성을 나타내고, 합리적인 것은 경험적 실천이성을 나타낸다.[9]

롤스 입장에서 합당성에 도달하기 위해서는 '나'와 '타자'를 포함한 복수의 개인들이 요구되는데, 그 합당성이 칸트의 순수실천이성을 나타낸다는 것이다. 그러나 칸트의 순수실천이성은 선험적 행위주체로서 복수가 아니라 단수다. 이런 이유로 필자는 롤스의 칸트 해석에

---

7   T. Sprod, *Philosophical Discussion in Moral Education* (London and New York, Routledge, 2001), p. 14 참조.

8   J. Rawls, *Political Liberalism* (New York, Columbia University Press, 1993), pp. 48-49 참조.

9   J. Rawls, *Political Liberalism*, pp. 48-49.

동의하지 않는다.

현대 영국의 교육철학자인 피터스는 합리성과 합당성을 구분하면서 하나의 예를 든다. 예정된 휴가를 잘 보내기 위해 매달 저축하는 것은 'rational'하다. 그렇게 하는 데는 추리작용이 들어 있고, 그렇게 추리해야 할 불가피한 이유가 있다. 휴가를 즐기려면 일정한 돈이 들기 때문이다. 이와 비교해볼 때, 어떤 사람이 주어진 환경에서 가능한 한 최선의 이유들을 고려하고 타인들의 조언에 귀를 기울인다면 그는 'reasonable'하다고 할 수 있다. 'reasonable'이라는 용어는 추리작용에 더하여 타인의 합리적인 권고를 경청하여 자신의 생각과 행동에 반영한다는 점에서 분별 있는 행동이라 할 수 있다.[10]

필자는 좁은 의미의 합리성을 맥락초월적-상황초월적으로 사고하는 이성의 특징으로, 합당성을 맥락과 상황에 처해 사고하는 이성으로 이해하고자 한다. 합리적 사고의 주체는 하나 — 칸트는 이것을 '선험적 자아'로 부른다 — 이다. 그러나 맥락과 상황이 무수히 많기 때문에 합당한 사고의 주체는 여럿(복수)이다. 그리고 합당한 사유주체는 여럿일 수밖에 없지만, 그들은 맥락과 상황에 갇혀서(종속되어) 사고하는 것이 아니라 단지 맥락과 상황에 놓여서 사고하는 것일 뿐이기에 자신을 둘러싸고 있는 맥락과 상황을 그때그때 대상화해서 볼 수 있다. 그들에게는 반성적 사유 능력이 있다. 따라서 합당한 사유주체 간에는 토론이 가능하다. 합리적 사고주체는 순수이성이지만, 합당한 사고주체는 특수한 정치-사회적이고 역사-문화적 상황에 놓여 있는, 몸과 정신의 결합체인 구체적 개인들이다. 아리스토텔레스는 윤리학의 역사에

---

10   신득렬, 『현대교육철학』(서울: 학지사, 2003), p. 345 참조.

서 도덕 문제를 합당성 문제로 이해한 최초의 인물로 보인다. "선이 무엇인지 알면 선을 행한다"라고 주장한 주지주의 윤리설을 제창한 소크라테스와 그의 입장을 계승한 플라톤이 윤리학의 문제를 합리성 문제로 이해했다면, 그들의 반대편에 서 있던 대표적 소피스트인 프로타고라스는 "인간은 만물의 척도이다"라는 주장을 하면서 윤리학의 문제를 각자의 선호 문제로 보았다. 물론 프로타고라스는 현실적으로는 관습을 중시했지만, 그가 제출한 인간척도명제(Homo mensura Satz)는 현대의 극단적 주관주의 윤리설을 연상시킨다. 그런데 아리스토텔레스는 이 양자 사이에서 윤리학의 문제는 순수하게 이성적인 문제, 다시 말해 합리성 문제도 아니고, 그렇다고 극단적 주관주의의 입장도 아닌, 부분이성적 문제 혹은 합당성 문제로 본 것이다.

우리는 합리성과 합당성의 개념을 학자들에 따라 다르게 사용하는 것을 살펴보았다. 필자는 넓은 의미의 합리성을 세 가지로 나누어 생각해보고자 한다. ① 맥락초월적-상황초월적 합리성(좁은 의미의 합리성), ② 맥락종속적-상황종속적 합리성 ③ 맥락고려적-상황고려적 합리성이 그것이다. 필자는 ③의 합리성을 특별히 '합당성'으로 부르고자 한다. ①의 합리성의 대표적인 예는 수학이나 과학에서 찾을 수 있다. 예컨대 5+7=12라는 수학적 진리는 시공을 초월하여 타당한 진리다. 나중에 자세히 살펴보겠지만, 칸트는 윤리학 영역에서도 이런 진리가 있다고 믿고 있다. 행위자나 공동체나 국가가 처해있는 맥락과 상황을 무시하는 ①의 합리성은 절대론적 윤리설과 밀접하게 연결될 것이다. 칸트의 윤리설이 이 경우에 해당한다. 물론 기독교 윤리는 절대론적 윤리설이지만, 합리성과는 무관하기 때문에 모든 절대론적 윤리설의 절대성이 합리성에 기초하는 것은 아님을 알 수 있다. 행위자나 공동체나 국가가 처해있는 특정 맥락과 상황을 절대시하는 ②의 합리성에 기초한 도덕에 기초하여 살아가는 사람들은 외부자의 시각에서 볼 때, 자신들의 삶의 방식을 고정되고 정적이며 닫힌 삶의 방식으로 고수하려 하기 때문에 고정된-정적인-닫힌 상대주의자가 될 것이다. 예컨대 여성할례나 명예살인이 행해지는 이슬람 문화권의 상대주의가 이런 경우일 것이다. 비록 이슬람 문화권에서도 이런 악습에서 벗어나려는 내적움직임이 감지되고 있지만, 그런 악습을 고수하려는 강력한 기운도 건재하다. 중국의 모수오족은 결혼하지 않으면서 남녀 간의 사랑을 기반으로 일생에 파트너를 자유롭게 몇 번씩 바꾸어가며 모계사회를 이루어 살아가는 전통을 지금까지 고수하고 있는데, 중국 모수오족의 경우도 닫힌 상대주의 윤리설에 해당하는 사례가 될 수 있을 것이다. 물론결혼제도를 갖지 않는 모수오족도 요즘처럼 전 세계가 광범위하게 교류하면서 엄격한 의미의 닫힌 상대주의를 고수하기 어렵게 되었다. ②의합리성은 사람들이 이런저런 계기로 형성되어 굳어진 —— 그렇게 굳어질 당시에는 그 나름의 이유를 갖고 있다 —— 도덕적 관례를 절대시하여 기존의 도덕적 관례를 둘러싸고 있는 상황의 변화에도 불구하고 기존의 관례를 합리화하려 들 때 사람들이 보여주는 합리성이다. 모순적인 표현처럼 보이겠지만, 이는 불합리한 합리성이다. 적지 않은 종교적근본주의 윤리가 이런 모습을 보여주는 것으로 생각된다. 필자가 여기에서 합당성으로 부르고자 제안하는 ③의 합리성은 행위자나 공동체나 국가가 처해있는 맥락과 상황을 무시하지도 절대시하지도 않고 충분히 고려할 뿐이다. '맥락과 상황을 고려하는 합리성(합당성)'이라는 말에서 '고려하다'라는 말이 무엇을 의미하는지 불분명하게 여겨질 수 있겠다. 예컨대 중앙아시아의 티베트인은 조상이 죽으면 망자의 시신을 독수리들이 뜯어 먹는 '조장(鳥葬)'을 하는 것으로 알려져 있다. 이 경우 어떤 티베트인이 자신들의 장례 방식에 거리를 두고, 왜 그들이 그런 장례 방식을 취하게 되었는가를 검토한다고 하자. 그가 자기들이 거주 하는 지역의 특성상 망자를 화장할 땔감 나무가 충분하지 않다는 지리 적-기후적 특성 때문에 그런 장례 풍속이 만들어졌음을 알게 되었다 고 하자. 그는 티베트인이 조장의 장례 풍속을 택할 수밖에 없는 그 나름의 맥락적-상황적 이유를 알게 된 것이다. 그런 장례 풍속을 만들어 낸 맥락적-상황적 이유가 달라지면, 장례 풍속도 달라질 수 있음을 인식하게 된다. 이것이 우리가 앞서 사용한 '고려하다'라는 말의 의미다. 그는 현재의 티베트인이 채택하고 있는 조장의 장례 풍속을 만들어낸 맥락적-상황적 이유를 절대화하지 않기에 조장의 장례 풍속은 조상대대로 이어져온 전통으로서 무조건 고수되어야 한다고 생각하지 않는다. 만약에 고수되어야 한다고 생각한다면, 그는 티베트인이 처해 있는 맥락과 상황을 절대시하는 닫힌 상대주의자가 될 것이다. ③의 합리성, 즉 합당성에 기초한 도덕은 정태적이 아니라 역동적이며, 닫힌 것이 아니라 열려있으며, 일정한 기간 동안 사회 구성원들에게 통용되고 수용되는 도덕규범을 제공한다는 점에서 '잠정적 절대주의' 윤리설이다. '잠정적 절대주의'라는 용어는 형용모순처럼 보일 수 있겠으나, 이는 인간이 가능적 무한자라는 관점에서 보면 충분히 이해될 수 있고 정당화될 수 있다고 생각한다.[11]

---

11 '가능적 무한자로서의 인간'이라는 개념에 대해서는 필자의 책 『칸트의 인간관과 인식존재론』 제1장 '칸트의 선험철학적 인간관'을 보라. 그리고 '열린 상대주의', '닫힌 상대주의', '잠정적 절대주의'라는 개념에 대해서는 필자의 다른 책 『도덕윤리교육의 철학적 기초』(대구: 경북대학교출판부, 2015) 제3장 '도덕·윤리교육과 잠정적인 도덕적 진리'를 보라. 특히 3절 '도덕·윤리교과의 교재내용과 잠정적 진리'를 참조하기 바란다.

제3절
칸트와 이성의 학문으로서의 윤리학

칸트가 이성주의 윤리학자인 것은 잘 알려진 사실이고, 따라서 칸트가 윤리학을 합리성의 학문으로 보았다는 것은 쉽게 추리할 수 있다. 문제는 '칸트가 도덕 문제를 합리성 문제로 볼 수밖에 없었던 이유가 무엇인가? 하는 것이다. 칸트가 도덕 문제를 합리성의 영역에 속하는 문제로 볼 수밖에 없었던 데는 두 가지 중요한 이유가 있다. 첫 번째는 그가 윤리학을 자신이 구상했던 비판적 형이상학의 일부로 보았다는 것이다. 두 번째는 그가 보편적 도덕법칙을 발견하기 위해 윤리적 형식주의를 채택했다는 것이다.

1) '도덕의 형이상학(Metaphysik der Sitten)'으로서의 『실천이성비판』

사람들은 칸트의 『실천이성비판』을 전적으로 윤리학적 저술로만 간주하려는 경향이 있다. 물론 그 책에서 칸트는 행위의 최상원칙을 탐구하고 있음은 사실이다. 그러나 『실천이성비판』을 살펴보면, 칸트의 관심이 선험적 자아의 자유에 근거하여 선험윤리학을 확립하는 방식으로 영혼 불멸과 신의 존재 같은 형이상학 문제를 해결하려 하고 있음을 알 수 있다.[12]

---

12 칸트 연구자들 사이에 번역어의 통일이 이루어지지 않아 혼란이 가중되고 있다. 필자는 기존의 관행에 따라 transzendental은 '선험적'으로, a priori는 '선천적'으로 번역하여 사용하고 있다. 여기에서 번역어 문제를 길게 논하기에는 부적절하지만, 한 가지만은 언급하고 싶다. 연구자 중에는 transzendental을 '초월적'으로 번역하는 경우도 있는데, 이 번역어는 transzendental이 '선천적(a priori) 인식의 가능성 조건을 인식적 경험에 앞서서 고찰한다'라는 의미로 풀이되는 한, 『순수이성비판』에 등장하는 transzendental에 관해서는 부적절한 번역이다. 왜냐하면 『순수이성비판』에서 칸트가 수행한 인식적 경험의 가능성 조건에 대한 meta적 분석 결과에 따르면, 물자체에 대한 인식은 불가능하고 따라서 감성계를 넘어서는(초월하는) 형이상학은 과학 같은 학문이 될 수 없다는 것이 결론이기 때문이다. 물론 칸트는 『순수이성비판』의 '선험적 분석론'을 일종의 형이상학, 즉 '자연의 형이상학(Metaphysik der Natur)'으로 이해하고 있긴 하다. 그러나 이 경우 Metaphysik의 Meta는 physik(natur)에 대한 'Meta적 연구'라는 뜻이지 physik을 '넘어서다'라는 뜻이 결코 아니다. 이는 영어인 metaethics에서 meta가 '넘어서다'라는 뜻이 아니라 ethics가 학문으로 성립할 수 있는지를 한 걸음 물러서서, 즉 '반성적 차원에서 연구하다'라는 뜻을 가질 뿐인 것과 비슷한 사용법이다. 칸트의 철학을 '초월철학'으로 부르는 것은 metaethics를 '초월윤리학'으로 부르는 것만큼이나 어색한 일이다. 물론 metaethics를 '선험윤리학'으로도 번역하지 않으며, 그렇게 번역해서도 안 된다. 왜냐하면 metaethics는 윤리학이 학문으로 성립할 수 있다는 것 자체를 의심스럽게 생각하며, 따라서 인간이 하는 윤리적 경험의 가능성 근거를 윤리적 경험에 앞서서 밝히는 작업, 즉 도덕성에 대한 선험적 해명작업을 하지 않기 때문이다. 이런 이유로 학자들은 metaethics를 궁여지책으로 '분석윤리학'으로 번역하기도 한다. 그뿐만 아니라 일각에서 주장하듯이 a priori를 '선험적'으로 번역하는 것이 옳다면, a priori한 종합판단의 가능성 조건을 연구하는 meta적인 작업은 '선험론적'으로 번역하는 것이 더 올바를 것이다. 그래야만 '선험적'과 '선험론적'이 동일한 어근인 '선험'을 공유하는 장점을 가지게 된다. 그러나 a priori를 '선험적'으로 번역하고, transzendental은 '초월적'으로 번역하는 것은 앞서 말한 그런 장점을 갖지 못하게 된다. a priori에 대한 기존 번역의 사소한 잘못을 바로잡으려다가 transzendental을 '초월적'으로 번역하는 것은 바로잡으려는 사소한 실수보다 훨씬 더 근본적인 잘못을 저지르는 것이 된다. a priori를 '선천적'으로 번역하는 것은 칸트철학의 근본 의도를 오해하게 만들지 않지만, transzendental을 '초월적'으로 번역하는 것은 칸트철학의 근본 의도를 오해하게 만들어버리기 때문이다. 빈대 잡으려다 초가삼간 태우는 격이다. 칸트는 『실천이성비판』에서도 transzendental이라는 용어를 사용하는데, 이 경우에는 '도덕적 경험의 가능성 조건을 도덕적 경험에 앞서 미리 검토한다'라는 뜻으로 사용된다. 그래서 칸트가 『실천이성비판』에서 제시하는 윤리학을 '선험윤리학'으로 부르는 것이 정당화된다. 칸트는 『판단력비판』에서도 미감적 경험에 앞서 미감적 경험의 가능성 조건을 연구하고 있는데, 이 역시 '초월적 미학'으로 불리기보다는 '선험적 미학'으로 불리는 것이 타당할 것이다. 심지어 교육학계에서는 transcendental pedagogy라는 용어도

칸트는 '비판'만이 학으로서의 형이상학을 성립시킬 수 있기 위한 잘 음미되고 확증된 전 계획과 그 계획을 실현하기 위한 모든 수단을 포함하고 있으며, 그 이외의 어떤 수단과 방법에 의해서도 학으로서의 형이상학은 불가능하다고 단언한다.[13] 물론 이 경우 학으로서의 형이상학은 칸트가 『순수이성비판』의 전반부에서 제시하고 있는 소극적·부정적 형이상학(선험적 형이상학, 자연의 형이상학) —— 이 형이상학의 결론은 물자체 불가인식설이다 —— 은 물론이고, 『실천이성비판』에서 제시하고 있는 적극적·긍정적 형이상학(실천형이상학, 도덕의 형이상학)을 포괄한다. 이런 점에서 본다면 칸트가 『순수이성비판』 후반부에서 제시하는 전통적인 사변적 형이상학의 불가능성에 대한 증명 —— 이것 자체가 학의 안전한 길에 들어선 일종의 선험적 형이상학이다 —— 은 학으로서의 형이상학 일반의 가능성을 부정하기 위한 것이 아니라 칸트가 건설하고자 했던 학으로서의 형이상학의 반면(半面)을 구성하고 있는 셈이다. 물론 그 나머지 반면은 『실천이성비판』에서 제시되고 있는 실천형이상학이다. 그러므로 선험적 형이상학의 관점에서 칸트의 실천형이

사용되고 있는데(W. Willis & D. Fasko, Jr., 『도덕철학과 도덕심리학』, 박병기 외 역, 경기도: 인간사랑, 2013, p. 77), 이를 '초월적 교육학'으로 번역할 수는 없을 것이다. 칸트로서는 transzendental이라는 하나의 독일어에 '선험적'이라는 의미와 '초월적'이라는 의미를 모두 담아서 쓸 수 있었고, 또 그 용어를 서양의 고·중세철학과의 연관성 속에서도 사용할 수 있었지만, 그 말을 번역해서 사용해야 하는 우리 입장에서는 그 두 의미를 다 가두어 쓸 용어가 없다는 것이 문제다. 그래서 부득이 하나를 골라 써야 하는 우리 입장에서는 삼 비판서에서 공동으로 사용할 수 있는 '선험적'이 더 타당한 번역어라는 것이 필자의 생각이다. 그러면 종래에 '선천적'으로 번역되어 사용되던 a priori는 어떻게 번역하는 것이 좋을 것인가 하는 문제가 생긴다. 필자는 이 문제에 관한 한 '선천적'으로 번역하는 데 별다른 문제가 있다고 생각하지 않는다. 한국칸트학회에서는 이 용어를 '아프리오리'로 음역하는 것을 제안하고 있는 것으로 알고 있는데, 만약 학회판 칸트 전집이 출간된다면 그 제안을 따르는 것도 한 가지 방법이라고 생각한다. 번역어 문제에 관해 더 자세한 논의는 이 책의 부록을 보기 바란다.

13   I. Kant, *Prolegomena* (Felix Meiner Verlag, Hamburg, 1971), p. 134 참조.

상학 역시 학으로서의 형이상학이 될 수 없다고 생각하는 것은 칸트를 크게 오해하는 것이 된다. 오히려 선험적 형이상학과 실천형이상학은 상호 유기적으로 보완하고 있으며, 그 양자가 결합해야만 진정으로 하나의 온전한 학으로서의 형이상학이 된다는 것이 칸트의 생각이다.

칸트가 제시하는 학문의 안전한 길에 들어선 형이상학의 중심에 선험적 자아의 개념이 있다. 그가 인식의 문제를 해명한 바에 따르면, 인간이 보편타당한 인식적 경험을 할 수 있는 이유도 모든 인간이 동일한 '선험적 자아(transcendental self)'를 갖고 있기 때문이다. '시공간'이라는 동일한 직관 능력과 '오성의 범주'라는 동일한 사유 능력을 갖고 있기 때문이다. 칸트는 선험적 자아를 '경험적 자아(empirical self)'와 대비시켜 설명하고 있다. 인간은 태어나는 시점도 태어나는 장소도 다 다르며, 따라서 그에게 영향을 주는 문화와 기후와 종교와 역사가 상이함에도 5+7=12라는 사실에 동의하는 것은 바로 모든 인간이 갖고 있는 선험적 자아가 같기 때문이다. 그러나 인간은 음식에 대한 선호도가 각기 다르고, 성격도 각기 다르며, 특정 종교에 대한 호오도 다르다. 이는 인간이 갖고 있는 경험적 자아가 각기 다르기 때문이다. 경험적 자아는 인간이 태어난 나라와 그가 속한 문화의 영향을 받아 형성된다. 칸트의 해명에 따르면, 인간이 보편타당한 도덕적 경험을 할 수 있는 이유도 선험적 자아의 자유에 있다. 선험적 자아는 객관성과 절대성의 원천이다. 경험적 자아는 주관성과 상대성의 원천이다.

이제야 인간 심성의 두 능력, 즉 인식 능력과 욕망 능력의 **선천적인 원리들**이 발견되었고, 그런 능력 사용의 조건들, 범위, 한계 등이 규정되었으며, 이로써 학으로서의 체계 있는 이론철학과 실천철학

에 대한 기초가 놓였다.[14]

선험적 형이상학 없는 실천형이상학은 무근거하고, 실천형이상학 없는 선험적 형이상학은 무용하다고 할 수 있다. 칸트가 선험적 형이상학을 실천형이상학의 기초로 간주하고 있음은 다음의 말에서도 분명하게 알 수 있다.

> 장차 '도덕형이상학(eine Metaphysik der Sitten)'을 저술하려고 생각하면서, 나는 이 『도덕형이상학 정초(Grundlegung zur Metaphysik der Sitten)』를 먼저 출판한다. 도덕의 형이상학을 위한 기초로서는 『순수실천이성비판』이외에 딴 기초가 없다. 이것은 형이상학의 기초가 이미 출판된 순수사변이성비판 이외에는 없는 것과 마찬가지다.[15]

칸트는 범주의 선험적 연역은 형이상학의 가능성을 확증한다고 말하기도 하고, '어떻게 선천적 종합판단이 가능한가?'라는 과제의 해결 여부에 따라 형이상학의 성패가 결정되기도 한다는 말을 한다.[16] 칸트의 이런 말들도 이상의 관점에서 보면 아주 잘 이해될 수 있다. 선천적 종합판단 가능성의 성공적 해명이나 범주의 선험적 연역의 해명은 그 자체로 선험적 형이상학이 되며, 물자체는 인식될 수 없음을 증명하면서 인간의 인식을 가능한 한 경험의 한계 안에 제한시키는 선험적 형이상학은 실천적 형이상학의 가능성을 확보해주는 역할을 한다.

---

14 I. Kant, *Kritik der praktischen Vernunft*, p. 12.

15 I. Kant, *Grundlegung zur Metaphysik der Sitten*, pp. 15-16.

16 I. Kant, *Kritik der reinen Vernunft*, B19 참조.

그러므로 범주의 선험적 연역이 실패하거나 선천적 종합판단이 가능한 이유가 설명되지 않는다면 선험적 형이상학은 물론이거니와 선험적 형이상학에 힘입어서만 그 가능성이 확보되는 실천형이상학도 불가능하게 되며, 따라서 학으로서의 형이상학은 불가능하게 된다. 칸트가 범주의 선험적 연역이 형이상학의 가능성을 확증한다고 할 때, 혹은 "'어떻게 선천적 종합판단이 가능한가?'라는 과제의 해결 여부에 따라 형이상학의 성패가 결정되기도 한다"라는 말을 할 때, 그가 말하는 '형이상학'은 단지 선험적 형이상학만을 의미하는 것은 아니다. 그는 이미 선험적 형이상학과 실천형이상학의 상호보완적 체계로서 하나의 새로운 형이상학을 염두에 두고 있었다. 우리는 바로 이러한 하나의 형이상학을 칸트철학이 비판철학으로 불리고 있는 점을 감안해서 '비판적 형이상학'[17]으로 명명할 수 있을 것이다.

칸트의 비판적 형이상학은 그 누구도 부정할 수 없는 두 가지 이성의 사실 위에 확립되어 있다. 그 하나는 뉴턴 역학이 보여주고 있듯이 인식적 경험이 있다는 사실이다. 다시 말해 객관성과 보편성, 필연성을 가진 수학적 인식과 자연과학적 인식, 즉 수학이나 물리학에서의 선천적 종합판단이 있다는 사실이다. 이것은 '순수이론이성의 사실'이라 불릴 수 있는바, 칸트는 『순수이성비판』에서 이 사실의 토대 위에 '자연의 형이상학'을 건설한다. 또 하나 다른 사실은 도덕적 경험이 있다는 사실이다. 이는 그 어떤 도덕적 회의론자도 부정할 수 없는 사실로, 칸트는 이를 '실천이성의 사실'로 부른다. 칸트는 『실천이성비판』

---

17 필자는 최재희 선생의 『순수이성비판』 번역본(박영사, 1974), p. 36에서 '비판적 형이상학'이라는 표현을 빌려 쓰고 있다. 이에 대한 자세한 설명은 필자의 책 『칸트의 인간관과 인식존재론』의 부록 '칸트에 있어서 형이상학의 새로운 길'을 참조하기 바란다.

에서 이 사실의 토대 위에 '도덕의 형이상학'을 건설한다. 칸트는 이 두 가지 이성의 사실들이 어떻게 가능한지 그 가능성 조건을 밝히는 것을 자신의 학문적 과업으로 받아들인다.『순수이성비판』에서는 '어떻게 순수이론이성의 사실이 가능한가?'라는 문제를 다루고 있다면,『실천이성비판』에서는 '어떻게 실천이성의 사실이 가능한가?'라는 문제를 다룬다. 칸트는 인식 문제를 해명하는 방식으로 자연의 형이상학(선험적 형이상학)을 확립한다. 그리고 도덕 문제를 해명하는 방식으로 도덕의 형이상학(실천형이상학)을 확립한다. 형이상학은 객관성과 보편성, 필연성을 가진 지식의 체계이며, 합리성의 표본이 되는 지식이다. 칸트는 윤리학을 통해 형이상학을 완성하려 했기에 도덕법칙에 그 어떤 예외도 허용하지 않는 엄격주의를 취할 수밖에 없었다.

2) 형식주의 윤리학으로서『실천이성비판』

선험성과 형식성에 대한 칸트의 애착은 그의 저술 곳곳에서 발견되고 있다.『순수이성비판』에서 개진되고 있는 칸트의 인식론을 '선험적 형식주의 인식론'으로 부를 수 있듯이, 칸트가『실천이성비판』이나『도덕형이상학 정초』에서 개진하고 있는 윤리학을 '선험적 형식주의 윤리학'으로 부를 수 있다. 비판기의 칸트 윤리학이 선험윤리학이 아니라는 주장을 펼치는 경우가 있다.[18] 그러나 이런 주장은 칸트의 의도와 결과를 섞어서 말하고 있는 듯이 보인다. 만약 누군가가 칸트의 의도가

---

18   이충진, 「칸트 실천철학은 선험철학인가?」(한국칸트학회 논문집,『칸트연구』제18집, 2006) 참조.

선험윤리학을 확립하는 것이 아니라고 주장한다면, 이는 잘못일 것이다. 칸트는 다음과 같이 말한다.

> 형이상학은 순수이성의 사변적 사용의 형이상학과 실천적 사용의 형이상학으로 나누어진다. 즉, 자연의 형이상학(Metaphysik der Natur)과 도덕의 형이상학(Metaphysik der Sitten)이다. 자연의 형이상학은 만물의 이론적 인식에 관해 단지 개념들로부터 나온(따라서 수학은 제외한) 모든 순수한 이성적 원리들을 포함한다. 후자는 행함과 행하지 않음을 **선천적-필연적으로 규정하는** 원리들을 포함한다. 그런데 도덕성이란 온전히 **선천적으로 원리에서 도출될 수 있는,** 행위의 유일한 합법칙성이다. 그러므로 도덕의 형이상학은 원래 순수 도덕이요, 그것의 근저에는 아무런 인간학(즉, 경험적 조건)도 없다.[19]

이렇게 말하기도 한다.

> 그러므로 의무의 근거는 인간의 본성 혹은 인간이 놓여 있는 세계의 환경 안에서 탐구되어서는 안 되고, 그야말로 순수이성의 개념 속에서 선천적으로 탐구되어야 한다.[20]

칸트가 도덕 문제를 선험적 차원에서 다루려 했다는 또 다른 강력한 증거는 소위 보편적 법칙의 법식으로 불리는 정언명법, 즉 "그대 의지의 준칙이 항상 동시에 보편적 입법원리로서 타당하도록 행위하라"

---

19 I. Kant, *Kritik der reinen Vernunft*, B869.

20 I. Kant, *Grundlegung zur Metaphysik der Sitten*, p. 13. 이 인용문에서 칸트가 말하는 인간의 '본성(Natur)'은 인간의 생물학적 자연을 말한다.

라는 것을 '순수한 실천이성의 근본법칙'으로 명명한 뒤, 이것을 실천적 차원의 선천적 종합판단으로 간주하고 있는 데서 발견된다.

> 이 근본법칙의 의식을 우리는 이성의 사실이라고 부를 수 있다. …(중략)… 이 근본법칙은 순수한 직관이든 경험적 직관이든 그 어떠한 직관에도 기초하지 않은 '선천적인 종합명제(synthetischer Satz a priori)'로서 우리에게 강제적으로 다가오기 때문이다.[21]

칸트는 『도덕형이상학 정초』에서도 정언명법을 "선천적이고 종합적인 실천명제"로 간주한다.[22] 이러한 근본법칙에 대한 의식은 자유의 의식보다 앞설 뿐만 아니라 거부될 수 없는 의식이다.[23] 칸트에 의하면, 이러한 근본법칙에 대한 의식은 사람이라면 그가 어느 시대에 어떤 문화권에서 살았는지와 관계없이 누구나 갖고 있다는 것이며, 이는 어떠한 도덕적 회의론자라도 부정할 수 없는 실천이성의 사실이다. 우리는 여기서 칸트가 『실천이성비판』에서 보여주는 논의구조와 『순수이성비판』에서 보여주는 논의구조가 유사함에 주목할 필요가 있다. 그는 『순수이성비판』에서 선천적 종합판단이 현실적으로 존재한다는 사실을 확인한 뒤에 '여하히 선천적 종합판단이 가능한가?'라는 물음을 던지며, 인식경험의 가능성 조건을 선험적으로 해명하고 있다. 마찬가지로 『실천이성비판』에서는 실천적인 선천적 종합명제의 존재를 확인한 뒤, '여하히 실천적인 선천적 종합명제가 가능한가?'라는 물음을 던지

---

21 I. Kant, *Kritik der praktischen Vernunft*, pp. 36-37.
22 I. Kant, *Grundlegung zur Metaphysik der Sitten*, p. 50 참조.
23 I. Kant, *Kritik der praktischen Vernunft*, p. 37 참조.

며 도덕경험의 가능성 조건을 선험적으로 해명하고 있다.

어떻게 도덕성의 명법이 가능한가 하는 문제는 말할 것도 없이
해결해야 할 유일한 문제다.[24]

칸트는 '도대체 선천적 종합판단이 가능한가?'라고 묻는 대신에
'여하히 선천적 종합판단이 가능한가?'라고 묻는다. 그러면 실천철학
영역에서도 이론철학 영역에서 그 존재를 전제할 수 있었던 그런 선천
적 종합판단을 실천이성의 사실로서 받아들이는 칸트의 입장이 수용
될 수 있는 것인지는 의문의 여지가 있으나,[25] 두 비판서의 논의구조가

---

24   I. Kant, *Grundlegung zur Metaphysik der Sitten*, p. 49.

25   첫 번째 의문은 '도대체 실천적인 선천적 종합판단은 가능한가?'라고 묻지 않고, '여하히
     실천적인 선천적 종합판단이 가능한가?'라고 묻는 것은 정당한가 하는 것이다. 과연 그
     런 판단의 존재를 전제하는 것은 정당한 일인가? 그런 판단의 존재가 전제될 수 있는 것
     이 아니라면, 칸트는 '여하히 가능한가?'라고 물을 것이 아니라 '도대체 가능한가?'라고
     물어야 할 것이다. 이에 칸트는 "정언명법에 부합하는 행위를 하는 사람들을 만날 수 있
     기에 우리는 '어떻게 그런 행위를 하는 것이 가능한가?'라고 묻는 것은 정당한 일"이라고
     답할 것이다. 그러나 과연 우리는 정언명법에 부합하는 행위를 하는 행위자를 만날 수 있
     을까? 정직하라는 도덕법칙에 대한 순수한 존경심에서 정직을 행하는 사람이 있을 수 있
     을 것이다. 그러나 동기주의를 채택하고 있는 칸트의 입장에서는 '도덕법칙에 대한 순수
     한 존경심에서 정직을 행하는 사람이 있다'라고 단정할 수는 없는 노릇이다. 행위의 동기
     는 내면적인 것이기에 우리는 다른 사람의 동기를 들여다볼 수 없기 때문이다. 그럼에도
     칸트는 순수한 동기에서 도덕법칙에 일치하는 행위를 하는 것이 가능하다고 주장한다.
     '그것이 어떻게 가능한가?'라고 물으면, 그것은 자유에 의해, 즉 인간이 자유로운 의지를
     가졌기에 가능하다고 한다. 결국 칸트는 모종의 순환논증에 빠지게 되는 듯이 보인다. 도
     덕법칙의 존재를 증명하기 위해 자유에 의존하며, 자유를 증명하기 위해 도덕법칙에 의
     존한다. 결국 칸트가 직면하게 되는 논리적 딜레마는 증명해야 할 도덕법칙을 전제해버
     리는 선결문제 요구의 오류를 범하거나, 아니면 순환논증의 오류를 범한다. 칸트 자신도
     이런 문제를 분명히 의식하고 있었으며, 『도덕형이상학 정초』에서 그 문제가 제거되었다
     고 말하고 있으나(*Grundlegung zur Metaphysik der Sitten*, p. 89 참조), 납득하기 어려운
     말이다. 두 번째 의문은 칸트가 실천적 차원의 선천적 종합판단이라고 말한 그 판단이
     과연 '제1 비판서에서 말한 수학이나 물리학에서의 선천적 종합판단과 같은 종류의 선천
     적 종합판단인가?' 하는 것이다. "그대 의지의 준칙이 항상 동시에 보편적 입법원리로서
     타당하도록 행위하라"라는 '순수한 실천이성의 근본법칙'은 순수한 직관이든 경험적 직

평행적이며, 논의지평이 선험적 지평임은 분명하다. 칸트는 자신이 이론철학과 실천철학을 학의 안전한 길에 올렸다는 커다란 자부심을 갖고 있었다.[26]

그런데 우리는 '왜 칸트가 선험성이나 형식성을 그토록 중시했는가?'라는 물음을 던져볼 수 있을 것이다. 칸트는 행위자의 개인적인 사정이나 문화적 · 시대적 · 종족적 특수상황과 무관하게, 요컨대 일체의 경험적인 제약과 무관하게 통용될 수 있는 보편화 가능한 준칙(도덕법칙)을 밝혀내는 방식으로 비판적 형이상학의 후반부를 구성하는 도덕의 형이상학을 건설하려 했다. 어떤 준칙이 일체의 경험적인 제약과 무관하게 통용될 수 있는 보편화 가능한 준칙이 될 수 있다는 것은 순수실천이성의 관점에서 채택할 수 있는 도덕법칙이 존재한다는 것이다. 과연 그런 도덕법칙은 존재하는가? 만약 존재하지 않는다면, 윤리학은 학이 될 수 없을 뿐만 아니라 그런 도덕법칙을 발견하는 작업을 통해 비판적 형이상학을 건설하려는 칸트의 시도는 헛일이 될 것이다.

그러면 인간에게 존경의 대상으로서 명령의 형식으로 다가오는 도덕법칙은 어떻게 알려지는가? 이 문제에 제대로 대답하려면, 우리는 소위 칸트 윤리학의 형식주의에 대해 고찰하지 않으면 안 된다. 칸트 이전의 윤리학자들은 '인간은 어떻게 행위해야 하는가?'라는 문제에 답하기 위해서는 먼저 선이 무엇인지를 알아야 한다고 생각했다. 선이 무엇인지를 파악하면 그 선을 추구하는 것이 도덕적 규범이 된다. 이런 점에서 본다면 선에 대한 인식이 우선이고, 법칙은 그러한 인식에 따

관이든 그 어떠한 직관에도 기초하지 않은 '선천적인 종합명제'라고 한다. 그러나 직관에 기초하지 않은 종합명제라는 것은 칸트가 제1 비판서에서 제시하는 주장과 상충한다.

26   I. Kant, *Kritik der praktischen Vernunft*, p. 12 참조.

라나오는 것이다. 그런데 선은 통상 윤리적 탐구의 대상으로 간주되기에 이런 선악 중심적 윤리학은 결국 대상 중심적 윤리학이요, 실질주의 윤리학이라 할 수 있다.[27] 그리고 이런 실질주의 윤리학은 통상 목적론적 윤리학이다. 그러나 실질주의 윤리학의 문제점은 첫째로 '어떤 실질(내용)이 행위의 보편적 목표가 될 수 있는가?' 하는 문제에 대해 아무런 해답을 제시할 수 없다는 것이다. 만인에 의해 모든 시대 모든 장소에서 받아들여질 수 있는 실질이란 존재할 수 없다는 것이다.[28] 윤리학적 실질주의는 윤리학적 상대주의로 가는 길이다. 칸트는 도덕상대주의를 극복하려면 우리가 주목해야 할 것은 도덕적 명령의 형식이라고 생각한다. 칸트는 도덕이 시대와 지역, 나라와 민족에 따라 다르다는 사실을 부인하는 것은 아니다. 그럼에도 모든 도덕은 항상 "너는 마땅히 X해야 한다"라는 형식으로 주어진다는 사실은 부정할 수 없다. 물론 그 X, 즉 도덕적 명령의 내용은 적어도 현실적으로 관찰되는 바에 따르면 지역과 민족에 따라 다르다. 그러나 그 X를 담고 있는 형식은 동일하다. 우리가 도덕적 명령의 형식의 이러한 동일성, 즉 "너는 마땅히 X해야 한다"를 심사숙고하면 다음 사실을 알 수 있다.

---

27 칸트에게 있어 형식과 실질(질료 혹은 내용)의 구분에 대해 실버는 다음과 같이 설명한다. "우리는 형식이나 실질이라는 용어들이 개념이나 인식에 관계하게 될 때, '형식적인(formal) 것'과 '실질적인(material) 것'에 대한 칸트의 구분을 염두에 두어야 한다. 인식 혹은 하나의 개념이 어떤 대상을 언급할 때, 그것은 실질적인 것이다. 그러나 인식이나 개념이 단순히 오성이나 이성의 형식을 언급한다면, 달리 말해서 어떤 인식이나 개념이 그 대상들의 차이점을 고려함 없이 오로지 사유 그 자체의 보편적 법칙에 대해서만 언급한다면 그것은 형식적인 것이다. 그러므로 특수한 대상에 대한 언급이 있느냐 없느냐 하는 것이 개념이나 인식이 형식적인 것인가, 실질적인 것인가를 결정한다. 이런 규정에 의하면, 선에 대한 전통적인 개념은 실질적인 개념임이 분석적으로 도출된다."(J. R. Silber, "The Copernican Revolution in Ethics: The Good Reexamined", *Kant, Studien*, Bd. 51, 1959/60, p. 86)

28 I. Kant, *Kritik der praktischen Vernunft*, p. 69와 p. 23 참조.

순수한 실천이성의 규칙은 '사람이 단적으로 특정 방식에 따라 행위해야 한다'라고 말한다. 그래서 이 실천규칙은 무조건적이요, 절대적으로 선천적 · 실천적인 명제라고 생각된다. 이런 실천적 명제는 단적으로 또 직접적으로 …(중략)… 의지를 규정하며, 객관적으로 규정한다.[29]

실질주의 윤리학의 두 번째 문제점은 인간에게서 발견되는 이성의 임무를 제대로 설명하지 못한다. 실질주의 윤리학은 결국 우리에게 쾌 — 그것이 행복이건 명예건, 아니면 돈이건 지식이건, 그것도 아니면 사랑이건 우정이건 — 를 가져다주는 것은 선으로, 고통을 가져다주는 것은 악으로 규정한 뒤, 쾌를 획득할 수 있는 효율적인 규칙을 도덕적 의무로 제시한다. 예컨대 홉스는 삶을 욕구 충족을 위해 애쓰고 혐오를 회피하며 생명활동을 유지하는 운동과정으로 이해하면서, 선을 어떤 사람이 욕구하는 대상으로, 악을 혐오하는 대상으로 정의한다.[30] 인간의 삶에 대한 이런 이해방식에 관한 칸트의 평가에 따르면, 삶에 대한 홉스식 이해방식에서 이성은 단지 "감성적 존재로서의 그(인간)의 욕구를 충족시키는 도구로만"[31] 쓰일 뿐이다. 그러나 이성의 임무는 그 이상이어야 한다.[32] 『도덕형이상학 정초』에서도 칸트는 이와 유사한 주장을 제시한다. 만약 자연이 유기적 생명체에 제공한 자연적 소질들이 그 생명체에게 가장 적합한 것이라는 가정을 받아들인다면, 인

---

29   I. Kant, *Kritik der praktischen Vernunft*, p. 36.

30   T. Hobbes, *Leviathan*, p. 120 참조.

31   I. Kant, *Kritik der praktischen Vernunft*, p. 73.

32   I. Kant, *Kritik der praktischen Vernunft*, p. 73 참조.

간에게 이성이 주어진 이유를 그것의 도움으로 행복을 얻기 위함이라고 설명하는 것은 인간에게 이성을 준 자연의 조치를 아주 졸렬하게 만드는 것이 된다. 왜냐하면 우리가 행복해지기 위해서는 이성보다 본능에 따르는 것이 더 낫기 때문이다. 그렇게 되면 이성은 인간에게 하나의 잉여물이요, 불필요한 혹이다. 그래서 인간에게 이성을 준 자연의 조치를 졸렬한 것이 되지 않도록 하려면, 이성의 본래 사명을 행복으로 간주해서는 안 된다.[33] 칸트는 이성이 욕구 충족의 도구이기만 하면, 인간에게 이성을 붙여준 자연은 잘못을 저지른 것이라고 생각한다. 욕구 충족을 위해서는 본능만으로 충분하기 때문이다. 그럼에도 자연이 인간에게 이성을 붙여주었다면, 이성에게는 욕구 충족 이외의 다른 어떤 고차원의 임무가 부여되어 있다는 것이 칸트의 확신이다. 칸트에 의하면 쾌나 불쾌의 감정에 의해 촉발되는 의지는 순수한 의지가 아니다. "순수한 의지는 순수한 이성이 자기 자신만으로 실천적일 수 있는 데만 관심을 가진다."[34] 문제는 '그런 순수한 의지가 과연 존재하는가?' 하는 것이다.

만약 윤리학을 학문으로 성립시키려면, 대상 중심적 사고방식을 포기하고, 법칙 중심적 사고방식을 취하지 않으면 안 된다는 것이 칸트의 생각이다. 칸트는 대상 중심적 윤리학은 필연적으로 내용적인 것과 연결되고, 윤리학이 내용을 다루게 되면, 경험적인 것과 연결될 수밖에 없으며, 그런 한 엄밀학(strenge Wissenschaft)이 될 수 없다고 생각한다. 칸트는 순수실천이성이 존재한다는 것, 그리고 도덕법칙이 가능하다는

---

[33] I. Kant, *Grundlegung zur Metaphysik der Sitten*, p. 20 이하 참조.

[34] I. Kant, *Kritik der praktischen Vernunft*, p. 74.

것을 증명하기 위해 윤리학에서의 실질주의를 단호히 거부하고 형식주의를 채택한다. 달리 말해서 선악중심주의에서 법칙중심주의로 나아간 것이다. 칸트는 자기 윤리학의 형식주의적 측면을 다음과 같이 분명하게 진술한다.

> 만약 이성존재자가 그의 준칙들을 실천적인 보편법칙들이라고 생각해야 한다면, 그는 법칙들을 그것들이 갖고 있는 실질 때문이 아니라 그 형식 때문에 의지의 규정근거를 포함하는 원리로 간주할 수 있을 뿐이다. 실천원리의 실질은 의지의 대상이다. 이 대상은 의지의 규정근거이거나 아니거나다. 의지의 규정근거라면, 의지의 규칙은 경험적인 조건(즉, 쾌·불쾌의 감정에 대해 규정하는 표상의 관계)에 종속하고, 따라서 그것은 실천법칙이 아니다. 법칙의 모든 실질, 즉 의지의 규정근거로 간주된 의지의 모든 대상이 법칙으로부터 사상(捨像)될 때, 보편적인 법칙 수립의 형식만이 법칙에 남는다.[35]

> 가능한 모든 실질적인 원리들은 최상의 도덕법이 되기에 전적으로 부적합하므로 순수이성의 형식적인 실천원리 — 이 형식적 실천원리에 따라 보편적 입법의 단순한 형식(이는 우리의 준칙을 통해 가능하다)은 의지를 규정하는 최상의 그리고 직접적인 근거를 구성한다 — 만이 정언명법을 제공할 수 있는 유일한 원리라는 것이다.[36]

칸트는 질료적으로 이해된 선의 개념을 도덕법칙에 앞세우는 모든 윤리학은 결국 타율의 윤리가 됨을 말한 뒤, 다음처럼 자신의 형식

---

35 I. Kant, *Kritik der praktischen Vernunft*, p. 31.

36 I. Kant, *Kritik der praktischen Vernunft*, pp. 49-50.

주의를 재삼 천명하고 있다.

> 형식적인 법칙만이, 즉 준칙의 최상조건으로서 이성의 보편적
> 법칙 수립의 형식 이외의 그 어떤 것도 이성에 보내주지 않는 그런
> 법칙만이 실천이성의 선천적인 규정근거일 수 있다.[37]

그러면 칸트가 윤리학 영역에서 '형식주의적 전회'를 통해 도달하
게 된 순수한 실천이성의 근본법칙은 무엇인가? 그것은 학자들에 의해
흔히 '보편적 법칙의 법식'으로 불리는 것으로 다음과 같다.

> 그대 의지의 준칙이 항상 동시에 보편적 법칙 수립의 원리로서
> 타당할 수 있도록 그렇게 행위하라.[38]

칸트에 의하면 이 근본법칙은 사람이 단적으로 어떤 방식으로 행
위하기를 요구하며, 따라서 이 법칙은 무조건적-절대적-선천적으로
실천적인 명제이며, 또한 단적-직접적으로 의지를 규정하며 객관적으
로 규정한다. 의지는 일체의 경험적인 것으로부터 독립해서 직접 법칙
을 수립하기 때문이다.[39] 내가 채택한 행위 규칙을 세상 모든 사람이 받
아들여도 아무런 문제가 발생하지 않는 그런 규칙인지 검토해보라는
것이다. 칸트와 동시대인인 어떤 비평가가 칸트 윤리학의 형식주의를
비판한 데 대해 칸트는 다음과 같이 소개하면서 답변한다.

---

37 I. Kant, *Kritik der praktischen Vernunft*, p. 76.

38 I. Kant, *Kritik der praktischen Vernunft*, p. 36.

39 I. Kant, *Kritik der praktischen Vernunft*, p. 6 참조.

어떤 비평가는 "『도덕형이상학 정초』에서는 도덕의 새로운 원리가 아니라 단지 새로운 표현 공식(Formel)이 세워져 있을 따름이다"라고 말하면서 그 책을 비판하는 말을 했다. 그러나 이 비평가는 자기 자신의 예상보다 더 잘 적중하는 말을 했다. …(중략)… 수학자에게는 그 문제를 풀고자 의당 해야 할 것을 아주 엄밀히 규정하여 잘못되는 일을 막아주는 역할을 하는 공식이 얼마나 중요한가 하는 것을 아는 사람이면 누구나 모든 의무일반에 관해 동일한 작용을 하는 공식을 무의미하며 무용하다고 생각하지는 않을 것이다.[40]

이 인용문에서 칸트는 명백히 윤리학과 수학을 비교하면서 그 유사성을 지적하고 있다. 이는 칸트가 윤리학을 합리성의 문제로 보고 있다는 방증이다. 아도르노는 이 점을 다음처럼 확인해주고 있다.

칸트에게 도덕적 행위원칙이란 이성 자체와 다르지 않다는 것, 그리고 이 이성은 특수한 목적들로 제약되지 않고 오직 자신의 가장 보편적인 내용에 따라서만 진행한다는 것은 여러 번 설명했습니다.[41]

칸트는 수학과 물리학에서와 마찬가지로 윤리학에서도 보편타당한 진리를 발견하려 했다. 물론 칸트에게 수학은 이론이성의 학문이고, 윤리학은 실천이성의 학문이다. 그러나 칸트는 그 두 가지 이성이 종자가 완전히 다른 별개의 이성이 아니라 기실은 하나의 동일한 순수이성

---

40 I. Kant, *Kritik der praktischen Vernunft*, pp. 8-9.
41 테오도르 W. 아도르노, 『도덕철학의 문제』(정진범 역, 서울: 세창출판사, 2019), p. 178.

이 사용방식에 따라 구분되는 것이라 했다.[42] 이성의 학문으로서 윤리학의 법칙은 수학이나 물리학의 법칙과 마찬가지로 예외를 가질 수 없다. 물론 도덕법칙은 당위의 법칙이고 물리법칙은 필연의 법칙이라는 점에서 다르지만, 어쨌건 칸트는 도덕법칙에 예외를 인정하지 않는 엄격주의를 고수한다. 그는 도덕법칙에 단 하나의 예외라도 허용하게 되면, 그것은 도덕성의 사망을 알리는 최초의 신호라고 생각했다. 칸트는 말년에 쓴 논문에서 친구의 생명을 구하기 위해서라도 거짓말을 해서는 안 된다는 주장을 펼친다.[43]

---

42   I. Kant, *Kritik der praktischen Vernunft*, p. 60 참조.

43   I. Kant, "Über eine vermeintes Recht, aus Menschenliebe zu lügen" (in: Immanuel Kant Werkausgabe VIII, hrsg., W. Weischedel, Suhrkamp Taschenbuch Verlag, 1968) 참조. 흔히 사람들은 칸트 윤리학을 형식주의, 법칙주의, 엄격주의로 특징짓는데, 일부 연구자들은 '칸트 윤리학을 그런 식으로 특징짓는 것이 과연 정당한가?'라는 의문을 제기한다. 그들의 주장에 의하면, 칸트 윤리학은 형식주의에 대립되는 실질주의적 요소, 법칙주의에 대립되는 덕 윤리적 요소, 엄격주의에 대립되는 예외주의의 요소를 갖고 있다고 말한다. 예컨대 페이튼과 아트웰은 칸트가 거짓말 금지의 도덕법칙에 대한 예외를 인정했다는 식으로 칸트를 해석한다(H. J. Paton, "An Alleged Right to Lie: A Problem in Kantian Ethics", in: *Immanuel Kant; Critical Assessments* Vol.I, ed. Ruth F. Chadwick & Clive Cazeauk, Routledge, London, 1992. Atwell J. E., *Ends and Principles in Kant's Moral Thought*, Martinus Nijhoff Publishers, 1986, p. 42 참조). 물론 비판철학기 이후에 저술한 『도덕형이상학』에서 칸트는 비판기의 『실천이성비판』과는 결이 다른 목소리를 내고 있음은 사실이다. 그 책에서 칸트는 '도덕법칙의 형식'과 '원칙(법칙)의 윤리'를 강조하던 『실천이성비판』과 달리 도덕성의 '내용'과 '덕'의 윤리를 빈번히 언급하고 있다. 일부 연구자들은 칸트의 그런 모습을 보고 그를 단순히 형식주의 윤리학자나 원칙주의 윤리학자로 간주해서는 안 된다고 주장한다. 그러나 칸트가 『도덕형이상학』을 집필한 것은 그가 도덕성의 문제를 순수 합리성의 문제로 보는 것에 문제점이 있음을 발견했기 때문일 것이다. 칸트는 『실천이성비판』을 집필할 때는 도덕성의 문제를 합리성의 문제로 보았는데, 『도덕형이상학』을 집필할 때는 합당성의 문제일 수 있음을 감지한 것으로 보인다. 그렇다고 칸트가 『실천이성비판』에서 보여준 선험적 형식주의 윤리학을 포기했다는 그 어떠한 증거도 없다. 칸트에게 형식주의의 포기는 그가 구축한 비판적 형이상학의 전 체계를 포기하는 것이나 마찬가지다.

제4절
정의주의(emotivism)와
감정표출로서의 도덕성

윤리학 분야에서는 '어떻게 살아야 하는가?' 하는 근본적인 문제뿐만 아니라 '거짓말이나 살인이나 자살은 절대로 해서는 안 되는가?', '정의로운 사회란 어떤 사회인가?', '사형제도나 안락사 혹은 낙태는 과연 도덕적으로 받아들일 수 있는가?', '동성결혼은 도덕적으로 허용될 수 있는가?' 하는 문제들이 다루어진다. 또 최근에는 기술의 발달로 말미암아 새로운 윤리적 문제들도 발생하고 있다. '인간복제는 허용될 수 있는가?', '섹스토이를 사용하는 것은 도덕적으로 인정될 수 있는가?' 인류는 이런 윤리적인 문제로 수천 년에 걸쳐 그것도 수많은 명민한 사람들이 고민했지만, 아쉽게도 이런 도덕적 문제들에 대한 논쟁은 지금도 이어지고 있고, 앞으로도 계속될 것으로 보인다. 이런 상황에서 이모티비즘(정의주의)이 등장한다. 이런 사정을 매킨타이어는 다음과 같이 말해주고 있다.

> 정의주의는 객관적 도덕성을 합리적으로 정당화하려는 과거나

현재의 모든 시도가 사실상 실패했다는 주장에 의존하고 있다.[44]

이들 언급이 전제하는 도덕적 쇠퇴 안(案)은 앞에서 서술했듯이 서로 다른 세 단계의 구별을 요구한다. 첫째 단계는 가치평가적 이론, 특히 도덕적 이론과 실천관행(practice)이 진짜로 객관적이고 비인격적인 규범들을 구현하는 단계다. …(중략)… 둘째 단계는 도덕적 판단의 객관성과 비인격성을 유지하고자 하는 시도들이 실패하는 단계다. …(중략)… 셋째 단계는 정의주의적 유형의 이론들이 함축적으로 광범위하게 수용되는 단계다.[45]

도덕적 논쟁에서 윤리학자들이 의견의 불일치를 일치로 바꾸기 위해 끝없는 학문적 노력을 했으나, 모든 노력이 헛수고가 된 뒤에 사람들이 정의주의를 받아들이게 된 것은, 고대 그리스 자연철학자들이 만물의 아르케(arche)가 무엇인가를 탐구하면서 각인각색의 주장이 의견의 일치를 못 보자 보편적 진리를 포기하고 상대주의를 받아들인 소피스트들이 등장한 것과 비슷하다.

정의주의의 대표자로 에이어와 스티븐슨이 있다. 에이어는 "명제의 의미는 그 명제의 검증 가능성이다"라는 논리실증주의의 신조를 이용하여 윤리적 명제들이 과학적으로 무의미한 주장임을 펼친다. 그는 윤리학적 주관주의, 공리주의, 절대주의 윤리설 그리고 직관주의 윤리설을 검토한다. 일반적으로 윤리학적 주관주의와 공리주의자들은 윤리적 가치에 관한 진술이 경험적 사실에 관한 진술로 번역될 수 있다

---

44   A. MacIntyre, *After Virtue: A Study in Moral Theory*, p. 19.

45   A. MacIntyre, *After Virtue: A Study in Moral Theory*, pp. 18-19.

고 생각한다. 그리고 주관주의자들은 행위의 정당성을 어떤 개인과 집단에 속한 사람들이 그 행위에 대해 갖는 '승인(approval)의 감정'이라는 용어로 설명한다. 이렇게 되면 주관주의자는 윤리학을 사회심리학의 하위에 두게 된다. 그러나 에이어는 윤리적 용어에 대한 주관주의의 분석이 틀렸다고 생각하면서 다음과 같이 비판한다.

> 왜냐하면 일반적으로 승인되는 어떤 행위들이 옳지 않다고 주장하거나 혹은 일반적으로 승인되는 어떤 것 중에 선하지 않은 것이 있다고 주장하는 것은 자기모순적이지 않기 때문이다.[46]

공리주의자들은 행위의 정당성을 그 행위가 가져다주는 쾌락에서 찾는다. 이렇게 되면 윤리학을 심리학의 하위에 두게 된다. 공리주의도 틀렸는데, 그 이유를 에이어는 다음과 같이 말한다.

> 왜냐하면 우리는 현실적으로든 가능적으로든 최대 행복을 초래하고 행복이나 고통을 능가하는 쾌락의 최대 산출 혹은 불만족을 능가하는 만족의 최대 실현을 가져오는 행위를 수행하는 것이 때로는 옳지 않다고 말하는 것이 자기모순적이지 않다는 것을 알고 있기 때문이다.[47]

에이어는 윤리적 가치에 관한 진술이 경험적 사실에 관한 진술로 번역될 수 있다는 주관주의자들과 공리주의자들의 입장을 공격하고

---

46   A. J. Ayer, *Language Truth and Logic* (New York, Dover Publications, Inc., 1946), p. 104.

47   A. J. Ayer, *Language Truth and Logic*, p. 105.

있는데, 이는 결국 윤리학의 언어들은 검증 가능한 언어가 아님을, 즉 과학적 의미를 가지고 있는 주장이 아니며, 따라서 진위를 검증할 수 있는 언어가 아님을 주장하고 있다. 물론 그는 이런 자신의 주장을 규범적인 윤리적 언어에만 국한하여 적용하고 있고, 기술적(記述的)인 윤리적 용어들에는 적용하지 않는다고 말한다.[48] 그러면 절대주의 윤리설과 직관주의 윤리설에 대한 에이어의 입장은 어떤가? 그는 절대주의와 직관주의를 같이 싸잡아 비판한다.

> 규범적 윤리개념이 경험적 개념으로 환원될 수 없음을 받아들임에 있어 윤리학에 대한 '절대주의자'의 견해, 즉 가치에 대한 진술은 일상적 경험명제들이 그러하듯이 관찰에 의해 통제되지 않고 단지 신비스러운 '지적 직관(intellectual intuition)'에 의해서만 통제된다는 입장에 서는 것처럼 보인다. 이 이론의 특징은 가치에 관한 진술을 검증될 수 없는 것으로 만든다는 것이다. 그런데 이 이론의 지지자들은 이 사실을 잘 이해하지 못하고 있다.[49]

누군가에게 직관적으로 확실한 것이 다른 사람에게는 의심스러운 것이 되는 것이 가능한데, 그런 상황에서 직관 간의 대립을 해소할 기준이 없다. 절대주의나 직관주의 이론의 윤리적 진술에 대해서는 어떤 경험적 검사도 불가능하다. 그리하여 에이어는 학문으로서의 윤리학에 대해 다음과 같은 사형선고를 내린다.

---

48   A. J. Ayer, *Language Truth and Logic*, p. 105 참조.
49   A. J. Ayer, *Language Truth and Logic*, p. 106.

윤리학(ethical science)이 어떤 '참된' 도덕체계를 정교하게 다듬는 것을 의미한다면, 윤리학 같은 것은 있을 수 없다. 왜냐하면 우리가 보았듯이 윤리적 판단은 단순히 감정 표현에 불과하기 때문에 어떤 윤리체계의 타당성을 결정할 방법이 없으며, 따라서 '어떤 체계가 옳은가?'라고 묻는 것은 의미가 없기 때문이다.[50]

관찰 가능한 '도덕적 사실(moral fact)'이라는 것이 존재할 수 없다면, 검증할 사실도 없는 것이요, 따라서 도덕적 발언은 아무런 인지적 의미(cognitive meaning)도 없다는 것이 에이어의 정의주의의 핵심이다. 에이어의 이런 정의주의를 카울바하는 다음과 같이 정리한다.

실천적 진술의 본성은 사실에 관한 기술이나 확인으로 성립하는 것이 아니라 결단, 가치판단, 명법 등으로 성립하기 때문에 인지적ㆍ과학적 성질을 가지고 있지는 않다. 그러므로 실천적 명제의 의미는 이론적으로 사유하고 말하는 것, 근거 지움과 추론 가능성, 기술이나 객관적 확인을 넘어서서 추구되는 영역에서는 포기되기에 이른다. …(중략)… 감정 또는 감각의 표현으로서 실천적 명제는 참일 수도 거짓일 수도 없다.[51]

스티븐슨은 윤리적 주제에 대한 토론이 의견 일치를 못 보는 이유를 윤리적 논쟁에서의 불일치가 신념(belief)에 대한 불일치가 아니라 태도(attitude)에 대한 불일치이기 때문이라고 생각한다. 이 경우 '신념'이

50   A. J. Ayer, *Language Truth and Logic*, p. 112.
51   F. 카울바하, 『윤리학과 메타윤리학』(하영석ㆍ이남원 역, 서울: 서광사, 1995), p. 124.

라는 말은 윤리적 확신을 의미하는 것은 아니다. 그것은 의견을 달리하는 토론 당사자들이 '사실적 문제들(factual matters)'에 대해 가지고 있는 생각을 의미한다. 그리고 '태도의 불일치'라는 말은 목적, 열망, 선호, 요구, 요구 등의 불일치를 의미한다.[52] 스티븐슨이 말하는 신념의 일치-불일치와 태도상의 일치-불일치에 대해 코피는 다음과 같이 알아듣기 쉽게 말해준다.

> 두 사람이 어떤 일이 발생했는가 혹은 발생하지 않았는가 하는 것에 대해, 그리고 언제 발생했는가에 대해 불일치할 수 있다. 그들은 '신념상의 불일치(disagreement in brlief)'를 가지고 있다고 할 수 있다. 반면에 어떤 사건이 실제로 발생했다는 것에 동의할 수 있다. 그러면 그들은 신념에서 일치하는 것이다. 그러나 그들은 여전히 그 사건에 대해 의견이 다를 수 있고, 심지어 정반대 태도를 가질 수도 있다. 그것에 찬성하는 사람은 그 사건을 좋게 묘사할 것이다. 다른 사람은 나쁘게 묘사할 수도 있다. 여기에 불일치가 있는데, 이 불일치는 무슨 일이 발생했는가 하는 것에 대한 신념에서의 불일치가 아니다. 드러난 불일치는 오히려 그 일에 대한 느낌상의 차이다. 이것이 '태도상의 불일치(disagreement in attitude)'다.[53]

만약 우리가 윤리적 불일치 속에 들어 있는 신념의 불일치를 추적해낼 수 있다면, 그 불일치는 합리적 토론을 통해 제거될 수 있을 것이

---

52   C. L. Stevenson, *Ethics and Language* (New haven and London, Yale University Press, 1975), p. 3.

53   I. M. Copi, *Introduction to Logic* (Seventh Edition, New York, Macmillan Publishing Co., 1986), p. 79.

다. 그러나 윤리적 불일치에는 합리적 토론을 통해 제거할 수 없는 태도상의 불일치가 내재한다. 윤리적 문제들에 대한 불일치를 합리적 토론을 통해 제거하는 것이 불가능하게 되면, 사람들은 자기주장을 비이성적인 방법으로 남에게 설득하기 위해 언어가 가지는 '정의적 의미(emotive meaning)'를 활용한다.

> 어떤 단어의 정의적 의미는 정서적 상황에서 그 단어가 갖고 있는 역사로 인해 (태도들을 묘사하거나 지명하는 것과는 구별되는) 태도를 유발하거나 직접 표현하기 위해 그 말이 얻게 되는 힘이다. 감탄사는 그 단순한 형태이며, 좀 더 복잡한 형태로는 시 작품에 기여하는 요인들이다.[54]

> 정의적 의미는 그 안에 반응(듣는 사람의 관점)과 자극(말하는 사람의 관점)이 정서의 범위 안에 존재하는 그런 의미다.[55]

스티븐슨은 정의적 의미에 대해 다음과 같이 설명하기도 한다.

> 정의적 의미는 어떤 단어의 사용 역사를 통해 발생하는 경향성인데, 이 경향성은 사람들에게 정서적 반응을 산출한다. 정서적 의미는 그 말 주위를 감싸고 있는 직접적인 감정의 분위기(aura of feeling)다.[56]

54　C. L. Stevenson, *Ethics and Language*, p. 33.

55　C. L. Stevenson, *Ethics and Language*, p. 59.

56　C. L. Stevenson, "The Emotive Meaning of Ethical Terms" (in: ed. A. J. Ayer, *Logical Positivism*, New York, The Pree Press, 1959), p. 273.

정의적 의미에 대한 스티븐슨의 정의는 꽤 난해하다. 좀 더 이해하기 쉽게 말하면 이렇다. 어떤 용어 혹은 단어는 그 사용의 역사를 갖는데, 그 역사를 통해 사람들에게 어떤 정서적 반응을 만들어내는 경향성을 가지게 된다. 바로 그것이 그 용어의 정의적 의미다. 예컨대, 짐승이나 물고기에서 사람의 머리에 해당하는 신체 부위를 지칭하면서 '대가리'라는 용어를 사용하기 시작하고, 그런 사용의 역사를 갖게 된 상황에서 누군가가 사람의 머리를 지칭하면서 '대가리'라는 말을 쓰면, 이는 대단히 경멸적인 행위가 될 것이다. 그 말을 듣는 사람은 자신이 짐승 취급을 당했다는 불쾌감을 느낄 것이다. '머리'와 '대가리'는 '글자상의 의미(literal meaning)'는 같지만, 정의적 의미는 판이하다.

평가적 용어들에 대해 가장 정교한 분석윤리학적 입장을 제시한 인물은 스티븐슨이다. 에이어의 정의주의가 논리실증주의에 기반하고 있다면, 스티븐슨의 정의주의는 논리실증주의가 아니라 언어분석에 기반하고 있다. 스티븐슨은 윤리적 불일치가 해결되지 않을 수밖에 없는 이유를 설명하기 위해 언어의 두 가지 기능에 대해서도 말한다.

> 대략 말한다면, 우리가 사용하는 언어는 두 가지 상이한 목적을 갖고 있다. 한편으로 우리는 단어들을 (과학에서처럼) 신념을 기록하고 명료하게 하고 또 전달하기 위해 사용한다. 다른 한편, 우리는 단어들을 감정을 분출하기 위해(감탄), 혹은 분위기를 만들기 위해(시작품), 혹은 사람들의 행동이나 태도를 선동하기 위해(웅변) 사용한다. 나는 단어의 첫 번째 것을 '기술적(descriptive)'이라고 부르고, 두 번째 것을 '역동적(dynamic)'이라고 부르고자 한다.[57]

---

57   C. L. Stevenson, "The Emotive Meaning of Ethical Terms", p. 271.

코피는 언어의 기능을 세 가지로 구분하는데, 지식전달적 기능(informative function), 표현적 기능(expressive function), 그리고 지시적 기능(directive function)이다. 그에 의하면 과학적 담론은 지식전달적 기능의 대표적인 사례이고, 이런 용법의 언어에 대해서는 진위를 논하는 것이 의미 있는 일이다. 시작품에 사용된 언어는 표현적 기능의 대표적인 사례다.[58] 언어는 또한 지시적 기능을 갖고 있는데, 예컨대 "창문을 닫아라"처럼 공공연하게 행동을 요구하거나, "기침을 하지 말라"처럼 행동을 하지 못하게 요구하는 경우다.[59] 뒤의 두 가지 기능에 사용되는 언어에 대해 진위를 가리는 것은 무의미한 일이다. 스티븐슨은 코피가 언어의 표현적 기능과 지시적 기능으로 설명하고 있는 것을 합쳐서 '역동적'이라고 부르고 있다. 그런 뒤에 스티븐슨은 언어의 역동적 기능과 정의적 의미가 매우 밀접한 관계를 맺고 있다고 주장한다.[60] 결론적으로 스티븐슨에 의하면, 윤리적 불일치는 태도상의 불일치이고, 윤리학의 언어는 역동적 기능을 하는 정의적 의미를 가지며, 따라서 윤리적 불일치는 태도상의 불일치이기에 해결될 수 없다는 것이다. 이로써 스티븐슨은 기라성같은 천재들조차 2,500년에 걸친 논쟁을 했음에도 왜 도덕의 문제에 대해 의견의 불일치가 존재하는지 그 이유를 밝혔다고 생각했다.

윤리학적 주관주의 혹은 정의주의로 불리는 도덕이론은 도덕의 문제를 취미 혹은 취향의 문제로 격하시킨다. 카울바흐는 에이어의 정의주의를 평가하면서 다음과 같이 말한다.

---

58   I. M. Copi, *Introduction to Logic*, p. 62 참조.

59   I. M. Copi, *Introduction to Logic*, p. 64 참조.

60   C. L. Stevenson, "The Emotive Meaning of Ethical Terms", p. 273 이하 참조.

에이어의 이러한 발상에 의하면, 확인과 기술의 영역에서만 나의 진술을 근거 지울 가능성이 존재하기 때문에 순수한 '표현'으로서의 실천적 명제는 모든 종류의 근거 지움이나 정당화에서 상실되어버린다. 즉, 특수하고 실천적인 합리성은 절대 존재하지 않는다. 자세 결정에 관해서는 취미에 관해서와 마찬가지로 논쟁할 수 없다.[61]

그들은 '살인은 나쁘다'라는 도덕적 명제를 '나는 살인을 싫어한다'라는 감정표현이나 '살인하지 마'라는 지시적 기능을 가진 것으로 받아들인다. 윤리학이 취향의 문제라면, 윤리적인 주제로 토론하는 것은 아무런 의미가 없는 일이 될 것이다. 취향은 옳고 그름의 문제가 아니기 때문이다. 나의 취향이 남에게 간섭받을 이유도 없지만, 내가 남의 취향을 간섭할 이유도 없다. 취향은 같으면 같은 대로, 다르면 다른 대로 인정하면 그만이다. 도덕성의 본질이 취향이 되면 도덕교육도 불필요하게 된다.

---

[61] F. 카울바하, 『윤리학과 메타윤리학』, p. 128.

제5절
아리스토텔레스와
합당성으로서의 도덕성

아리스토텔레스가 도덕의 문제를 합리성 문제가 아니라 합당성 문제로 보는 이유를 좀 더 잘 이해하려면, 소크라테스에서 시작하여 플라톤을 거쳐 아리스토텔레스로 이어지는 윤리학의 변천사를 간략하게 살펴볼 필요가 있다. 윤리학의 창시자로 소개되는 소크라테스는 '지식은 덕'이라는 명제를 제출하면서 주지주의 윤리학의 효시가 되었다. 그런데 소크라테스의 지덕일치설은 '소크라테스의 역설(Socratic Paradox)'이라는 것을 만들어낸다. 즉, 사람들이 악을 행하는 것은 선이 무엇인지 모르기 때문이지 악인 줄 알고 악을 행하지는 않는다는 것이다. 다시 말해, 어느 누구도 고의로 악을 행하지는 않는다는 것이다.

악을 악으로 알아채지 못하는 사람은 악을 원하는 것이 아니라 비록 그것이 악일지라도 그들 생각에 선하다고 생각한 것을 원한 것이다. 무지로 인해 악을 선으로 오인하는 사람은 실은 선을 원한 것

이 명백하지 않은가.[62]

　그러나 사람들은 소크라테스의 이런 주장이 상식적이지 않다고
생각했다. 사람들은 거짓말이 나쁜 것인 줄 알면서 거짓말을 하고, 도
둑질이 나쁜 것인 줄 알면서 도둑질을 한다고 생각한다.[63] 플라톤은 상
식인들의 이런 문제 제기에 답하기 위해 인간의 영혼(자아)을 3등분하
는 전략을 택한다. 플라톤은 『파이드로스』에서 인간을 비유적으로 두
필의 말과 그 두 필의 말이 이끌고 가는 마차 위에 올라타고 있는 마부
로 표현했다. 마부는 이성을 의미하며, 두 필의 말은 인간의 수성을 의
미한다. 그중 한 마리는 비교적 이성의 통제를 잘 따르는 격성이며, 다
른 한 마리는 제멋대로인 욕성이다.[64] 플라톤의 영혼삼분설은 인간을
이성, 감성, 의지로 구분하는 것의 효시로서, 지금까지 받아들여지고
있는 인간 정신의 해부학이다. 플라톤에 의하면, 어떻게 행동하는 것
이 올바른 것인지 알면서도 실천에 옮기지 못하는 이유는 이성에 거역
하는 욕성 때문이다. 이렇게 영혼을 삼분하여 상식의 입장을 받아들임
으로써 플라톤은 소크라테스의 지덕일치설을 포기한다. 소크라테스는
유덕하고 선한 사람이 되기 위해서는 덕이 무엇이고 선이 무엇인지 아
는 것으로 충분하다고 생각했다. 소크라테스는 인간 내부에서 상호 모
순되는 욕망이 일어나는 것을 인정하지 않았다. 그래서 그는 극기 혹은

62　Plato, *Meno*, 77d-e (in: *Plato Collected Dialogues* I. E. Hamilton & H. Cairns (eds.)
　　Princeton University Press, 1973).

63　소크라테스의 역설에 대한 자세한 논의는 졸고 「소크라테스의 윤리설: 그 일반적 해석에
　　대한 비판적 고찰」(대한철학회 논문집, 『철학연구』 제56집, 1996) 참조.

64　Plato, *Phaedrus* (in: Plato, *The Collected Dialogues*, Vol. I, Princeton University Press,
　　1973), p. 246a-b 참조.

자제에 대해 언급할 필요성을 못 느꼈다. 그러나 만약 소크라테스의 주장이 옳다면, 모든 욕구는 선을 목표로 하는 것이며, 영혼 속에 있는 상이한 경향성들은 영혼의 상이한 부분들에 속하지 않을 것이다. 이런 관점에서 본다면 플라톤이 영혼을 3등분했다는 것은 소크라테스의 명제를 거부했음을 함축한다. 영혼삼분설은 상이한 욕구들은 영혼의 상이한 부분들에 속함을 주장하기 때문이다.[65] 소크라테스에 의하면, 우리 내부에서 상호 모순되는 욕망이 일어나는 것은 우리가 선이 무엇인지를 분명하게 인식하지 못하기 때문이다. 그러나 플라톤은 예컨대 물을 마시고 싶어 하는 욕구는 물을 마시는 것이 좋은가 나쁜가에 대한 우리의 신념에 의존하지 않는다는 사실을 지적한다. 이성적으로 보았을 때는 물을 마시지 않는 것이 건강에 좋다는 사실을 잘 알고 있을 때조차 물을 마시고 싶은 욕구가 고집스럽게 지속한다는 것이다.[66]

---

65 T. Irwin, *Plato's Moral Theory* (Clarendon Press, Oxford, 1982), p. 191 참조.

66 Plato, *Republic* (in: Plato, *The Collected Dialogues*, Vol. I, Princeton University Press, 1973), p. 439a-d. 플라톤은 소크라테스의 지덕일치설에 대해 비판적이었지만, 그럼에도 그는 소크라테스를 절대론적 윤리설을 주장한 인물로 만들면서 스승의 지적 권위를 확립시켜주었다. 소크라테스가 소피스트들을 비판했음에도 아테네 시민의 눈에는 그 역시 소피스트의 한 사람으로 오해된 이유는 그가 결과적으로는 소피스트들과 마찬가지로 남을 혼란에 빠뜨리기만 했을 뿐 아무런 적극적인 것도 제시해 보이지 못했기 때문이다. 예컨대 소크라테스는 용기에 대한 타인의 견해 속에 숨어있는 문제점은 잘 지적하면서도 정작 용기란 무엇인지에 대한 자신의 견해는 제출하지 않는다. 그러니 사람들에게는 소크라테스가 용기에 대한 관습적 견해를 부정하고서는 아무런 대안도 제시하지 않는 소피스트의 한 사람으로 보일 수밖에 없었다. 플라톤은 소크라테스가 제시하지 못했던 그 '대안'을 제시하는 일에서 자신의 철학적 사명을 발견했다. 그 '대안'은 곧 객관적으로 타당한 행위규범을 제시하는 것이다. 이런 관점에서 본다면 플라톤이 기하학에 관심을 갖는 것은 아주 자연스럽게 이해된다. 그는 기하학이 학문으로 성립하는 근거를 탐구함으로써 윤리학도 학의 안전한 길에 들어설 수 있는 길이 발견될 수 있다고 믿었다. 바로 이런 이유로 플라톤은 초기에는 윤리적 형상의 문제를 다루다가 점차 기하학적 형상의 문제로 나아가며 나중에는 형상일반의 문제로 나아가게 된다. 윤리적 형상의 문제를 다루고 있는 플라톤의 초기 대화편들은 소크라테스의 행적을 비교적 사실 그대로 전해주고 있다는 관점에서 보면, 결국 플라톤은 기하학을 학문의 모델로 삼아 스승이 미해결로 남겨둔 윤리학의 문제를 해결하려 했다고 할 수 있을 것이다. 윤리학이 객관적이고 보편적

아리스토텔레스는 세부적인 차이에도 플라톤의 영혼삼분설을 받아들이고, 이성의 명령에 거역하려는 영혼의 비합리적 힘이 존재한다는 플라톤의 입장을 수용한다. 그러나 그는 플라톤이 영혼의 단일성을 부정한 마당에 윤리학을 이성의 학문으로 보는 것은 잘못이라고 생각했다. 아리스토텔레스가 그렇게 생각한 이유를 이하에서 살펴보고자 한다. 아리스토텔레스의 영혼론은 플라톤의 영혼론에 큰 영향을 받았다. 그는 플라톤이 언급한 적 없는 식물적 영혼에 대해 말하고 있긴 하지만, 이는 크게 중요한 변화는 아니다. 플라톤은 인간의 영혼을 이데아적 영혼과 비이데아적 영혼으로 나누었는데, 아리스토텔레스는 플라톤과 유사하게 인간의 영혼을 크게 '이성적 부분'과 '무이성적 부분'으로 나눈다. 그런데 플라톤이 단일한 것으로 간주했던 이데아적 영혼, 즉 이성적 부분을 둘로 나누고, 플라톤이 두 개로 나누었던 비이데아적 영혼인 격성과 욕성을 '부분 이성적 영혼'이라는 이름으로 하나로 합친다. 이것이 플라톤과 결정적인 차이이고, 이 차이 속에 윤리학을 합리성 문제가 아니라 합당성 문제임을 입증하려는 그의 전략이 고스란히 들어 있다.

플라톤은 이성의 덕은 지혜이고, 격성의 덕은 용기이며, 욕성의 덕

인 지식 체계로서의 학문으로 성립하려면, 첫째로 그 대상이 있어야 하며, 둘째로 그 대상이 불변적이어야 한다. 이데아의 존재가 인정되지 않으면 기하학이 성립할 수 없듯이 윤리학의 영역에도 이데아의 존재가 인정되어야 한다. 그는 이데아의 존재를 입증하기 위해 기하학을 이용했다. 예컨대 밑변이 5cm이고 높이가 5cm인 삼각형의 면적을 작도를 통해 계산할 경우에는 그 정확한 면적을 계산할 수 없다. 그런 조건에 맞는 삼각형을 그리는 것 자체가 불가능하다. 아무리 날카로운 연필로 그리더라도 그 선분은 수학상의 선분 정의에 부합하는 선분이 될 수 없기 때문이다. 그럼에도 우리는 그 조건에 맞는 삼각형의 면적을 정확하게 구할 수 있다. 이것은 우리의 감각적 지각의 대상이 될 수는 없지만, 이성적 사유의 대상이 되는 삼각형이 존재하기 때문에 가능한 일이다. 플라톤은 이런 식으로 정의나 용기의 이데아도 존재한다고 생각했다. 플라톤의 경우 수학과 윤리학이 같은 차원에서 다루어지며, 따라서 그의 윤리학은 절대론적 윤리설이 될 수밖에 없다.

은 절제라고 한다. 그리고 영혼의 각 부분이 전체적인 조화를 이루면, 그 사람은 정의로운 사람이라고 한다. 플라톤은 영혼의 상이한 부분들이 가지는 기능적인 고유특성을 잘 실현하는 것을 덕으로 간주했다. 이런 생각은 신체의 각 부분, 예컨대 눈은 보는 기능을 잘 실현하고 발은 걷는 기능을 잘 실현하면 전체적으로 건강한 사람이 되듯이 이성과 격성과 욕성을 인간 영혼의 세 가지 기능으로 보는 방식으로 덕을 설명하고 있다. 그러나 덕을 이런 식으로 설명하면 동물들도 덕을 가질 수 있을 것이다. 왜냐하면, 동물들도 격성과 욕성을 가지고 있기 때문이다. 이는 플라톤도 인정한다. 그는 인간의 격성은 개의 격성과 비슷한 측면이 있다고 말한다. 그러나 아리스토텔레스는 인간 영혼의 상이한 기능에 대한 기능주의적 측면에서 덕을 설명해서는 안 된다고 생각했다. 동물들은 본성에 따르는 삶을 살기 때문에 덕을 가질 수 없다.

> 성격적 탁월성 중 어떤 것도 본성적으로 우리에게 생기는 것이 아님은 분명하다. 본성적으로 그런 것은 어느 것이든 본성과 다르게 습관일 수는 없으니까. 예를 들어 돌은 아래로 움직이도록 되어 있기에 위로 움직이도록 습관을 들일 수는 없을 것이다. …(중략)… 그러니 [성격적] 탁월성은 본성적으로 생겨나는 것도 아니요, 본성에 반해 생겨나는 것도 아니다. 우리는 그것들을 본성적으로 받아들일 수 있으며 습관을 통해 완성시킨다.[67]

아리스토텔레스는 이 인용문에서 도덕적인 덕은 인간의 욕구적

67 아리스토텔레스, 『니코마코스 윤리학』(이창우 외 2인 역, 서울: 이제이북스, 2007), p. 51. 최명관은 '성격적 탁월성'을 '도덕적 덕'으로 옮기고 있다.

본성에 충실히 따르는 것도 아니고 그것을 깡그리 무시하는 데서 성립하는 것이 아니라 적절하게 조절하는 데서 성립함을 분명히 말하고 있다. 조절하는 주체는 개별적인 인간의 이성이다. 그러므로 도덕적 덕은 이성과 욕망의 상호관계에서 성립하는 것이지, 오로지 이성에서만 성립하는 것이 아니다. 순수하게 이성적인 존재에게는 도덕이 없다. 순수하게 욕망적인 존재에게도 도덕은 없다. 오직 이성적이면서 동시에 욕망적인 존재에게만 도덕의 지평이 있다. 아리스토텔레스는 덕목에 대한 플라톤식의 기능주의적 설명을 포기한다.[68] 이렇게 하여 아리스토텔레스가 받아들이는 도덕적 자아는 이성만이 아니라 피와 살도 가진 개체적 자아다. 즉, 정신과 몸의 결합체로서의 자아다. 플라톤은 이상적인 인간의 이데아를 상정하고, 그 인간을 3등분하여 기능주의적 관점에서 각 기능의 이상적 상태를 도덕적 덕이라고 설명했다. 이렇게 파악된 덕은 시간과 공간을 초월한 원형적 덕이다. 예컨대 현실의 어떤 용기 있는 행동이 참으로 용기 있는 행동인지는 현실을 초월해 있는 용기의 이데아에 대조해보면 된다. 그러나 용기나 절제에 관한 플라톤의 설명에는 심각한 의문이 제기된다. '용기나 절제는 감정의 덕이며, 감정의 덕은 인간의 신체성을 전제로 하는데, 어떻게 해서 신체가 없는 순수하게 이데아적 인간이 거주하는 이데아의 세계에 용기와 절제의

68　물론 플라톤도 인간에게서 격성과 욕성의 덕을 설명할 때, 이성과의 관계에서 설명한다. 예컨대 욕성의 덕을 절제라고 할 때, 욕성이 이성의 통제하에 있음을 전제하고 있다. 그가 『파이드로스』에서 인간을 두 필의 말(격성과 욕성)과 한 사람의 마부(이성)가 끌고 가는 마차에 비유하여 설명할 때, 격성과 욕성이 이성과 관계하고 있음을 충분히 암시하고 있다. 그런데 이런 식으로 설명하자면 이성이 없는 동물의 경우에는 격성과 욕성의 덕을 논할 수 없다는 것이다. 그럼에도 플라톤은 개의 격성이 덕을 가질 수 있다고 말한다. 개는 주인에게는 순종적이지만 외부인에게는 사납게 구는데, 그것이 개의 격성이 갖는 덕이라는 것이다. 그리고 개가 갖는 이런 덕은 이상국가에서 수호자 계급이 자국민에게는 우호적이지만 적들에게는 사납게 대하는 것과 흡사하다고 말한다.

이데아가 있을 수 있느냐?' 하는 것이다. 플라톤이 말하는 이상적인 인간은 어떤 인간인가? 이데아의 세계에 있는 인간의 이데아인가? 그런데 인간의 이데아에는 격성과 욕성이 없어야 할 것이다. 현실의 사물이 이데아계의 원형을 모방한 것이라면, 왜 현실의 인간에게는 이데아의 인간에게는 없는 격성과 욕성이 있는가? 만약 이상적인 인간이 격성과 욕성의 욕구를 완벽하게 물리친 철인왕 같은 존재라면, 왜 플라톤은 모든 인간이 철인왕처럼 되려고 노력하는 것을 도덕적 의무로 생각하지 않고, 욕성이 강한 상인과 격성이 강한 군인을 이상적인 사회의 필수적 구성요소로 인정했는가? 플라톤의 이상국가에서 상인은 철학자와 같은 이상적인 인간이 되려고 노력할 필요가 없다.[69]

아리스토텔레스는 덕을 이성과 욕망의 역동적 관계 속에서 파악해야 한다고 생각했으며, 현실초월적으로 고정불변한 것이 아니라 현실 내재적으로 유동적이고 가변적인 것으로 생각했다. 그럴 수밖에 없는 것이 아리스토텔레스가 염두에 두고 있는 도덕적 행위자는 피와 살을 가진 이성적 행위자인바, 몸이라는 것은 항상 특정한 시공간 속에, 특정한 문화적·역사적·지리적·정치사회적 상황 속에 놓여 있기 때문이다. 어떤 개인의 몸 자체가 특수성의 결정체이며, 그가 몸 담그고 있는 상황은 무한한 방식으로 다양하기에 '이런 상황에서는 우리가 어떻게 행동해야 하는가?' 하는 문제를 수학 문제 풀듯이 해결할 수는 없다.

그렇다면 이성이 없는 부분 또한 두 부분을 가지고 있는 것처럼

---

69 필자는 플라톤의 이런 혼란은 이상국가에 대한 그의 개념에도 존재한다고 생각한다. 이에 대한 자세한 논의는 졸고 「플라톤의 윤리사상과 이데아론」(경북대학교 사범대학, 『중등교육』 49집, 2002년 6월) 참조.

보인다. 한 부분은 식물적인 것으로 이성을 결코 함께 나누어 가지고 있지 않지만, 다른 한 부분은 욕망적인 것, 일반적으로 요구적인 것으로 어떤 방식으로는, 즉 이성의 말을 듣고 설복될 수 있는 것인 한에서는 이성을 나누어 가지고 있는 것이다. 우리가 아버지의 이성을, 친구들의 '이성을 가지고 있는 것'도 바로 이런 방식이지 수학적인 것에 관한 이성을 가지고 있는 방식은 아니다. 이성이 없는 부분이 이성에 의해 어떤 방식으로 설득된다는 사실은 주의(注意)와 꾸지람, 그리고 격려[가 어떤 효과를 낸다는 사실]를 봐도 알 수 있다.[70]

우리는 용기의 이데아를 마치 수학적인 척도처럼 사용하여 길이를 재듯이 누가 용기 있는 행동을 한 것인지를 판단할 수 없다. 우리는 도덕적 문제 상황 속에서 가장 '설득력 있는 해결책'을 모색해야 한다. 그것을 우리는 '합당성'이라고 부를 수 있을 것이다. 합당성의 모색에서 중요한 것은 숙고하는 것이다. 아리스토텔레스는 '탐구'와 '숙고'를 구분한다. "탐구한다는 것은 숙고한다는 것과 같지 않다."[71]

그러니 잘 살아가는 것과 관련해 일반적으로 잘 숙고하는 사람이 실천적 지혜가 있는 사람일 것이다. 그런데 아무도 다르게 있을 수 없는 것들에 관해서는 숙고하지 않으며, 자신이 행위할 수 없는 것들에 관해서도 숙고하지 않는다. 따라서 학문적 인식이 증명을 수반하는 것이라면, 또 그 원리들이 다르게 있을 수 있는 것들에 관해

---

70 아리스토텔레스, 『니코마코스 윤리학』, p. 49. 아리스토텔레스는 수학에 관한 판단과 도덕에 관한 판단의 차이를 다음과 같이 정리하기도 한다. "가령 삼각형의 내각의 합이 두 직각의 값을 갖는지 갖지 않는지에 대한 판단은 [즐거움과 고통으로 말미암아 파괴되거나 왜곡되지 않지만] 행위와 관련된 판단은 그렇지 않다."(『니코마코스 윤리학』, p. 211)
71 아리스토텔레스, 『니코마코스 윤리학』, p. 22.

서는 증명이 성립하지 않는다면, 또 그러한 것들에 관해서도 숙고할 수 없는 것이라면 실천적 지혜는 학문적 인식도 아니고 기예도 아닐 것이다. 학문적 인식이 아닌 까닭은 행위의 대상(prakton)이 다르게 있을 수 있는 것들이기 때문이며, 기예가 아닌 까닭은 행위의 유(genos)는 제작의 유와 다르기 때문이다. 그렇다면 남는 것은 실천적 지혜가 이성을 동반한 참된 실천적 품성상태로서 인간에게 좋은 것과 나쁜 것에 관계한다는 것이다. [72]

아리스토텔레스에 의하면, 앎이 그 자체를 위해 추구되면 이론적 앎이 되고, 도구나 아름다운 것을 제작하기 위한 수단이면 제작적인 앎이고, 행동에 이르는 수단이면 실천적인 앎이다. 그런데 위의 인용문에서 "다르게 있을 수 없는 것들"은 수학이나 논리학의 추리들이다. 3+5=8임을 누구도 다르게 생각할 수 없다. 이런 것은 탐구의 대상이지 숙고의 대상이 아니다. 탐구를 통해 우리는 이론적 앎, 즉 학문적 인식을 획득한다. 위의 인용문에서 "그 원리들이 다르게 있을 수 있는 것들"은 제작적인 것들이다. 조각상을 만드는 원리와 책상을 만드는 원리는 다르다. 그러므로 이런 것에 대해서는 증명이 성립하지 않는다. 그러나 인간의 실천적 앎은 숙고의 영역이다. 아리스토텔레스는 합당성을 얻으려면 실천적 지혜를 가져야 한다고 생각한다. "자신에게 좋은 것, 유익한 것들에 관련해서 잘 숙고할 수 있다는 것이 실천적 지혜를 가진 사람의 특징으로 보인다."[73] 실천적 지혜를 가지고 잘 숙고하는 사람인데, '숙고하는 것'은 이성적으로 따져보는 작업 없이 빠르게

---

72 아리스토텔레스, 『니코마코스 윤리학』, pp. 210-211.
73 아리스토텔레스, 『니코마코스 윤리학』, p. 210.

진행되는 '짐작하는 것'도 아니다. 잘 숙고하기 위해서는 반드시 이성의 도움을 받아야 한다. 만약 윤리학이 합리성의 문제라면, 경험이 부족한 젊은 사람들도 훌륭한 수학자가 될 수 있듯이 도덕의 영역에서도 실천적 지혜의 소유자가 될 수 있어야 할 것이다. 그러나 그들은 훌륭한 수학자가 될 수는 있겠지만, 실천적 지혜를 가질 수는 없다. 그 이유를 아리스토텔레스는 다음과 같이 말한다.

> 그 까닭은 실천적 지혜가 개별적인 것들에도 관련하는데, 개별적인 것들은 경험으로부터 알려지고, 젊은이들에게는 경험이 부족하다는 데 있다. 경험을 만들어내는 것은 오랜 시간이 걸리니까.[74]

---

[74] 아리스토텔레스, 『니코마코스 윤리학』, p. 219. 아리스토텔레스는 인간의 선을 "덕을 따르는 영혼의 활동"으로 정의했으며, 덕을 행복하고 훌륭한 삶을 살기 위해 인간이 구비해야 하는 성격상의 특징으로 규정하고 있다. 이 대목에서 우리는 덕 윤리학자로 간주되는 아리스토텔레스의 덕론이 시대적 · 문화적 · 상황적 맥락을 초월해서 타당한 것이 아닌가 하는 의문을 가져볼 수 있겠다. 이와 연관해서 레이첼스는 다음과 같이 말한다. "각기 다른 사회에서 덕들은 각기 다른 방식으로 해석될 수 있고, 상이한 행위들이 미덕에 부합하는 것으로 간주될 수 있다. 그리고 성격적 특성의 가치는 개인에 따라, 사회에 따라 다를 수 있다는 것은 사실일 것이다. 그러나 사회적 관습이 어떠한 성격적 특성이 덕목인지 여부를 결정한다고 말하는 것은 옳지 않다. 주요 덕목들은 사회적 관습보다는 공통적인 인간의 조건들에 의해 요구되기 때문이다"(J. Rachels, *The Elements of Moral Philosophy*, sixth edition, New York, McGraw-Hill, 2010, pp. 167-168). 레이첼스의 해석에 따르면, 덕목들의 이름은 모든 사회에 공통적으로 타당하지만, 다시 말해 용기, 관용, 친절, 배려 등의 덕목은 모든 사회에 다 필요한 것이지만, 무엇이 용기이고 관용이며 친절인지는 시대적 · 문화적 · 상황적 맥락에 따라 달리 해석된다는 것이다.

제6절
세 가지 입장에 대한 평가

지금까지 도덕성 문제는 합리성 문제인가, 합당성 문제인가, 취향 문제인가 하는 문제를 다루었다. 이제 이 세 입장에 대한 평가를 통해 결론을 내려야 할 계제에 도달했다.

1) 칸트의 절대주의 윤리설의 문제점

먼저 칸트의 입장을 비판적으로 고찰하고자 한다. 이 작업을 제대로 수행하기 위해 도덕적 행위주체로서 도덕자아의 본질에 대해 생각해볼 필요가 있다. 그러나 도덕자아에 대해 살펴보기 전에 먼저 수학적 탐구주체로서의 사유자아에 대해 살펴보자. 정상적인 이성을 가진 인간이라면 누구나 3+5=8이라고 답한다. 설령 유치원 아이들이 그 물음에 대해 7이라고 답했다고 해도 '3+5는 몇인가?' 하는 물음이 사람에 따라 그 대답이 다를 수 있는 상대적인 물음이 되는 것은 아니다. 설령 어떤 초등학교 저학년 학급에서 8이라고 대답한 학생은 1명이고 7이라고 대답한 학생은 10명이고 나머지 학생들은 모르겠다고 대답했다고 하더라도 그 물음이 상대적인 물음이 되는 것은 아니다. 3+5=8이라는 수식이 절대적인 지식인 이유, 다시 말해 수학이 절대적인 타당성을 가진 지식들을 가진 학문이 되는 이유는 칸트식으로 표현해서 모든 인간이 갖고 있는 선험적 자아가 동일하기 때문이다. 인간은 그가 언제 어디에서 어떤 문화권에서 태어났다 하더라도 본질상 동일한 사고능력을 갖고 태어났다. 수학이나 물리학이나 논리학의 탐구주체는 인간의 선험적 자아다. 이들 학문 영역에서는 절대주의와 상대주의의 논쟁이 일어나지 않는다. 물론 수학이나 물리학 영역에서도 논쟁이 발생한다. 그러나 그 논쟁은 수학이나 물리학이라는 학문의 본질적 성격을 둘러싸고 벌어지는 절대주의-상대주의 논쟁이 아니다. 물론 토마스 쿤 같은 학자들은 예외적으로 필자의 입장에 반대하겠지만, 대부분 학자들은 그 분야의 논쟁은 절대적인 지식을 확립해가는 과정에서 벌어지는 논쟁일 뿐이라고 생각한다. 일단 어떤 가설이 검증을 통해 이론으로 확증되면 더 이상 논쟁하지 않는다.

그러면 윤리학 영역에서 벌어지는 논쟁은 어떤 종류의 논쟁인가? 가령 '거짓말은 나쁜 것이다'라는 도덕규범을 절대적인 것으로 간주하는 칸트 같은 절대론자와 상황에 따라 거짓말은 허용될 수 있다는 상대론자 사이에 벌어지는 논쟁은 도덕성의 본질에 관한 논쟁이 되어버린다. 그 논쟁은 수천 년에 걸쳐 이어지고 있으며, 앞으로도 계속될 것이다. 왜 그런가? 도덕적 사유를 하는 자아는 수학적 사유를 하는 자아처럼 모든 상이한 인간 사이에서 공통으로 작용하는 자아, 즉 선험적 자아가 아니기 때문이다. 도덕자아는 구체적인 시공간적 상황에서 어떻게 행동할 것인가를 사유하는 자아다. 이 경우 도덕자아는 당연히 신체적인 존재이며, 피와 살을 가진 신체적인 존재로서 그 자아가 처해있는 지리적·기후적·문화적·역사적·종교적 맥락 속에 처해있게 된다. 그리고 그 자아는 그 맥락과 상황 속에서 어떻게 행동하는 것이 좋은가 하는 문제로 고민한다. 예컨대 대부분의 문명국가에서는 일부일처제가 올바른 결혼윤리라고 생각한다. 그러나 남녀성비가 극단적으로 불균형을 보이는 상황에 놓이게 되면, 어떤 식으로든 일부일처제는 조정될 것이다. 만약 일부일처제의 결혼윤리가 3+5=8이라는 수학적인 진리 같은 진리라면 그런 식으로 조정될 수 없을 것이다. 남녀 성비가 심각하게 균형을 상실하게 되면 결혼윤리가 조정될 수밖에 없는데, 이러한 조정 과정이 아무렇게나 일어나는 것이 아니라 그 상황에서 가장 설득적인 방식으로 일어날 것을 기대할 수 있다. 예컨대 남녀 성비가 1:5일 경우, 힘없고 능력이 없는 남자는 아내를 가질 수 없다는 규칙이 생겨날 수도 있고, 남자 1명이 5명의 아내를 거느릴 수 있다는 규칙이 생겨날 수도 있다. 혹은 다른 규칙이 만들어질 수 있다. 어쨌건 이런 식으로 결혼윤리가 조정되는 과정에서 선험적 자아의 사고능력이 작동하게 된다. 이런 관점에서 본다면, 도덕자아는 선험성과 경험성을 모두 갖고 있는 자아다. 도덕자아의 선험성을 강조하면 절대론적 윤리설에 도달하게 되고, 도덕자아의 경험성을 강조하게 되면 상대주의 윤리설에 도달하게 된다. 칸트도 현실의 구체적인 개인은 경험적 자아와 선험적 자아의 복합체라고 생각하고 있다. 물론 칸트가 현실의 구체적 개인은 두 개의 자아를 갖고 있다고 말하는 것은 아니다. 자아는 경험적 측면과 선험적 측면이라는 양 측면을 갖고 있다는 것이다. 그렇지만 칸트는 수학과 물리학과 윤리학의 보편타당한 학문적 기초를 놓으려 했기 때문에 자아의 선험성에만 주목했다. 선험적 자아는 무연고적-맥락초월적-상황초월적으로 사유하는 자아이기 때문이다. 경험적 자아는 연고적-맥락적-상황적으로 사유하는 자아다. 그 자아는 특정 문화와 전통에 뿌리를 두고 있으며, 그런 문화와 전통에 기초해서 사유한다.

이때 경험적 측면은 감성으로, 선험적 측면은 오성으로 간주해서는 안 된다. 그렇게 이해하면, '현실의 구체적인 개인은 경험적 자아와 선험적 자아의 복합체'라는 말은 '현실의 구체적 개인은 감성과 이성의 결합체다'라고 말하는 것이 되며, 이렇게 이해되면 감성은 연고적 사유의 핵심이고, 오성은 무연고적 사유의 핵심이 될 것이다. 그러나 칸트는 그렇게 생각하지 않았다. 칸트는 감성은 몸과 연결되어 있기에 오로지 연고적이고 맥락적인 사유를 하고, 오성은 정신과 연결되기에 무연고적이고 탈맥락적인 사유를 한다고 생각하는 방식으로 감성과 오성을 대립시키지 않았다. 칸트에 의하면 감성도 경험적 직관의 주체일 때는 연고적이고, 순수 직관의 주체일 때는 무연고적이다. 예컨대 5+7=12라는 산술판단을 할 때, 칸트의 견해에 의하면 우리는 오성만 사용하는 것이 아니라 직관(감각)능력도 사용한다. 그리고 오성도 경험적 직관내용을 갖고 사유할 때는 연고적으로 사유하는 것이 되며, 순수직관 내용을 갖고 사유할 때는 무연고적으로 사유하는 것이 된다. 그러면 칸트가 말하는 경험적 자아란 어떤 것인가? 그것은 경험적(연고적)으로 직관하는 감성과 그 감성의 영향을 받아 경험적으로 사유하는 오성의 결합체다. 그러면 선험적 자아란 어떤 것인가? 그것은 순수하게 (무연고적으로) 직관하는 감성과 그렇게 직관된 감각 내용을 갖고 선험적으로(무연고적으로) 사유하는 오성의 결합체다. 이제 '현실의 구체적인 개인은 경험적 자아와 선험적 자아의 복합체'라는 말의 의미가 분명히 해명되었다. 현실의 구체적 개인은 경험적(연고적)으로 직관하는 감성의 영향을 받아 경험적으로 사유하기도 하고, 순수하게 (무연고적으로) 직관하는 감성의 감각내용을 갖고 선험적으로 사유하기도 하는 존재다. 예컨대 어떤 한국인이 한국인으로서 수직적인 인간관계의 예절을 중시할 때는 경험적 자아 중심의 연고적 사유를 하지만, 5+7=12임을 생각할 때는 선험적 자아 중심의 무연고적 사유를 한다. 물론 칸트는 인식론의 기초를 확립하고, 또 보편타당한 윤리학의 원리를 확립하려 했기 때문에 선험적 자아를 중시했다.[75] 그러나 칸트는 이 대목에서 결정적인 실수를 하고 있는 것으로 보인다. **칸트가 그런 실수, 다시 말해 도덕자아의 본질에 속하는 연고적 측면을 무시할 수밖에 없었던 이유는 앞서 말했듯이 그가 윤리학을 통해 형이상학으로 나아가려 했기 때문이다.** 칸트는 『순수이성비판』에서는 '합리성' 문제를 다루고 『실천이성비판』에서는 '합당성' 문제를 다룬다고 생각하지 않았다. 그는 제1 비판서와 제2 비판서를 연계해서 형이상학의 문제를 해명하려 하고 있다. 형이상학의 3대 주제는 자유와 영혼 불멸과 신인데, 이론이성은 이 문제를 해결할 수 없음을 『순수이성비판』에서 밝힌 뒤, 『실천이성비판』에서는 선험적 자아의 선험적 자유 개념에 기초하여 이 문제를 해결할 수 있음을 보인다. 그렇게 해서 완성된 칸트의 형이상학 체계가 바로 '비판적 형이

---

75 칸트는 순수 수학, 기하학, 순수 물리학의 학적 기초를 놓기 위해 도입한 개념인 '선험적 자아'가 무연고적인 것임을 충분히 인지하고 있었다. 칸트는 『순수이성비판』에서 선험적 자아에 대해 그것은 "생각 속에만 있는"(A384) 것이요, 또 "여러 표상 중에서 가장 빈약한 표상"(B408)이요, "순전히 아무런 내용이 없는 표상"(B471)이라고 말하고 있다. 그에게 선험적 자아가 무연고적임은 비난거리가 아니다. 오히려 형이상학이 학의 안전한 길에 들어서도록 하기 위해 적극적으로 고안한 개념이었다. 문제는 순수 수학이나 순수 물리학의 학문적 기초를 놓음에서는 이런 학문적 전략이 유효해 보이나, 문제는 윤리학조차 이런 전략으로 학문적 기초가 놓일 수 있는가 하는 것이다. 칸트는 당연한 일이지만 선험적 자아에 대해서는 『순수이성비판』 도처에서 논의하고 있으나, 경험적 자아에 대해서는 별로 언급하지 않고 있다. 경험적 자아에 대한 논의는 B567을 보기 바란다.

상학'이다. 따라서 칸트는 『실천이성비판』에서 형이상학적 진리를 밝혔음을 주장하고 있으므로 형이상학적 진리가 합당성의 영역에 속한다고 생각하는 것은 불가능한 일이다. 칸트는 절대론적 윤리설의 대표자로서 어떤 경우에도 거짓말을 해서는 안 된다고 주장했다. 심지어 그는 친구의 생명을 구하기 위한다는 명분으로도 거짓말을 해서는 안 된다고 주장한다.[76]

학자들은 칸트의 『도덕형이상학』을 『실천이성비판』과 『도덕형이상학 정초』에서 확립한 형식주의 윤리 이론의 체계적인 적용 사례집으로 간주했다.[77] 그러나 승계호 교수가 날카롭게 관찰하고 있듯이, 칸트는 『도덕형이상학』에서 도저히 형식주의의 입장에서는 대답할 수 없고, 윤리적 실질주의의 입장을 택할 때만 대답할 수 있는 질문들을 제출한다. 예컨대 어떤 사람이 치료제도 없는 상황에서 미친개에 물려 공수병에 걸렸을 경우, 그가 자신의 병이 타인에게 전염되는 것을 막기 위해 자살을 택했다면, 이는 도덕적으로 받아들여질 수 있는 자살인가?[78] 칸트는 문제만 던지고는 아무런 대답도 강구하지 않는다. 이에 대해 승계호 교수는 다음과 같이 주장한다.

---

76 이에 대한 자세한 논의는 필자의 책 『칸트 윤리학과 형식주의』 제12장 '거짓말에 대한 칸트의 입장'을 참조하기 바란다.

77 승계호, 『직관과 구성』(서울: 나남출판사, 1999), p. 323 참조.

78 I. Kant, *Die Metaphysik der Sitten*, p. 556 참조. 칸트가 『실천이성비판』을 위시한 비판기의 윤리학 저술들에서 다루고 있는 실천적 판단력은 『판단력비판』에서 다루고 있는 반성적 판단력이 아니라 규정적 판단력이기 때문에 특정한 자살 행위가 도덕적으로 받아들여질 수 있는가 없는가 하는 문제는 정언명법에 부합하는지 여부를 검토해봄으로써 기계적으로 계산될 수 있어야 한다. 그러나 공수병 문제는 그렇게 해결되지 않는다는 데 문제의 심각성이 발견된다.

만일 아직도 형식주의를 엄격히 고수하고 있다면, 칸트가 이러한 물음들에 어떻게 대답할지 뻔하다. 사실 칸트가 공수병 환자에게도 자살을 허용하지 않으려고 이러한 까다로운 질문을 했다고 믿는 칸트주의자들도 있다. …(중략)… 그러나 칸트의 입장이 그러했다면, 그는 이러한 질문들이 제기되는 것조차 가만두지 않았을 것이다. 왜냐하면 이러한 질문 사례들은 자살에 관련된 우발적인 상황과 관계 있기 때문이다. …(중략)… 그렇다면 칸트는 왜 이렇게 까다로운 질문들을 내놓고 있을까? 이러한 질문들이 의미를 가지는 경우는 칸트가 형식주의에서 실질주의로 사고 전환을 감행했다고 가정할 때뿐이다. 이러한 까다로운 질문들은 모두 목적들이 상충하는 경우에 관계된 것이며, 이제 실천이성의 주요 기능은 상충하는 목적 가운데 하나를 선택하는 것이 되어버렸다.[79]

칸트 시대에는 공수병이 치료 불가능한 병이었는데, 공수병에 걸린 사람이 가족과 타인의 생명을 살리기 위해 자살한 것이 도덕적으로 허용되느냐 하는 문제를 '공수병 문제'라고 하자. 칸트가 공수병 문제를 언급한 것은 승계호의 말대로 '형식주의 사고를 포기하고 실질주의 사고를 채택한 증거로 볼 것인가?' 하는 것은 흥미로운 논쟁거리가 될 것이다. 필자는 칸트가 공수병 문제를 언급한 것은 적어도 윤리학이 단순히 상황초월적-맥락초월적 합리성 문제가 아니라 상황과 맥락에 처해 있는 인간이 최선의 해결을 찾아가는 합당성 문제일 수 있음을 감지했기 때문이라고 보인다. 만약 윤리학의 문제들이 합당성 문제가 아니고 합리성 문제라고 한다면, 동성애가 도덕적으로 허용될 수 있는가

---

79   승계호, 『직관과 구성』, p. 319.

없는가 하는 문제에 대해 예전에는 가톨릭이 부정적인 입장을 취하다가 현재의 프란치스코 교황은 긍정적 입장을 취하는 방식으로 처리될 수는 없을 것이다.[80] 그렇게 처리될 수 있다고 하는 것은 3+7이 예전에는 8이었다가 지금은 10이라고 대답하는 것이 가능하다는 말이나 마찬가지다. 물론 이렇게 말할 수 있다.

> 사람들이 예전에는 동성애를 인정하지 않았다가 지금은 인정하는 분위기가 생긴 것을 두고 예전에는 3+3을 8이라 했다가 지금은 10이라고 말하는 것과 같은 것이라고 주장하면서 동성애 문제는 합리성 문제가 아니라고 말해서는 안 된다. 동성애 문제도 합리성 문제가 맞다. 동성애 문제를 수학 문제로 바꾸어 표현한다면, 그 문제는 매우 어려운 수학 문제로 예전에는 정답에 도달하지 못해서 오답을 제시했지만, 지금은 정답에 접근해가는 과정에 있다.

일견 그럴듯한 반박처럼 보인다. 그러나 이런 식으로 도덕성 문제가 합리성 문제임을 변호하는 방식에 따르면, 도덕 문제로 간주될 수 있는 것 중에 해결에 도달하는 것이 어렵지 않은 문제는 하나도 없게 된다. 당장 거짓말은 허용될 수 있는가 없는가 하는 문제도 윤리학의 역사에서 계속 논쟁 중에 있는 문제다.

우리는 수학적 판단을 내림에 있어서 이성의 강제를 느낀다. 예컨대 우리는 3+3이 6이 아니라고 생각하는 것이 불가능하다. 우리에게

---

[80] 최근(2020년 10월) 프란치스코 교황이 동성 커플도 법적으로 보장받아야 한다는 입장을 공개적으로 밝혔다. 그는 "동성애자도 하나님의 자녀로 가족의 일원이 될 권리가 있다"라면서 "동성애자라는 이유로 버려지거나 비참해서는 안 된다"라고 말했다(2020년 10월 22일자 조선일보).

는 3+3이 9라고 말하거나 10이라고 말할 수 있는 자유가 없다. 물론 유치원 아이는 3+3이 7이라는 식으로 오답을 말할 수 있다. 그러나 인간의 사고능력이 온전히 개화된 뒤에는 아무리 3+3이 7이라고 생각하려 해도 그렇게 생각할 수 없다. 인간은 수학적 사고를 할 때 모종의 논리적 강제 상태에 놓이게 된다. 그 논리적 강제로부터 마음대로 벗어날 수 없다. 우리가 논리적 필연의 강제로부터 벗어나는 유일한 방법은 데카르트가 방법적 회의의 과정에서 끌어들였던 기괴한 가정, 즉 우리의 두뇌가 우리를 항상 기만하는 전능한 악마의 지배하에 놓여 있다는 가정을 받아들일 때뿐이다. 그러나 그런 가정은 비현실적이다. 만약 윤리학 문제가 합리성 문제라면, 도덕법칙도 그런 이성의 강제성 하에 놓여야 할 것이다. 이런 맥락에서 칸트는 다음과 같이 말한다.

> 행복을 필요로 하고 또 행복할 자격을 갖고 있지만 행복을 누리지 못하는 일은 이성적 존재자의 완전한 의욕과 조화할 수 없다.[81]

요컨대 유덕한 자가 불행하고, 악덕한 자가 행복한 것은 도저히 받아들일 수 없는 일이라는 것이다. 그러나 칸트가 제시한 그 명제가 우리가 앞서 말한 그런 논리적 강제성 하에 놓여 있는 것 같지는 않다. 순전히 당위론적 관점에서 말하면, 유덕한 자가 행복하고 악덕한 자가 불행해지는 것이 '이성적 존재자의 완전한 의욕과 조화'하는 일이다. 그러나 현실에서는 얼마든지 정반대의 일이 존재할 수 있기 때문에, 그리고 다수의 사람은 그 현실을 받아들이기 때문에 칸트가 앞서 제시한

---

81   I. Kant, *Kritik der praktischen Vernunft*, p. 128.

그 명제는 이성의 논리적 강제 하에 놓이지 않는 것으로 보인다. 만약 그 명제가 논리적 강제 하에 놓여 있다면, 우리는 이성적 존재자의 완전한 의욕과 조화하지 않는 현실을 받아들이는 것이 불가능해야 할 것이다. 필자는 이 대목에서 유덕한 사람이 불행한 삶을 사는 것이 도덕적으로 아무런 문제가 될 것이 없다는 주장을 하는 것은 아니다. 덕에 비례하는 행복을 누리는 것이 바람직한 것이기는 하나, 그것이 수학 공식처럼 실현될 수는 없음을 말하는 것이다.[82]

윤리학이 합당성 문제라면, 당연히 윤리학은 승계호 교수가 말했듯이 실질의 요소를 배제할 수 없을 것이다. 왜냐하면, 피와 살을 갖고 구체적인 시공간에서 역사-문화적 맥락에 처해서 살아가는 도덕 행위자는 실질의 담지자이기 때문이다. 이런 점에서 필자는 칸트의 윤리설에 대한 스프로드의 다음과 같은 평가에 동의한다.

> 칸트의 도덕법칙은 보편화 가능성에 의존한다. '만약 다른 사람들이 있다면, 나는 모든 사람을 똑같이 대우해야 한다'라는 가언명법적 형식을 취하고 있다. 적어도 준칙이나 도덕법칙의 수준에서 도덕적 추리는 타자들로부터 완전히 고립된 방식으로, 심지어 타자들이 실제로 존재하지 않아도 수행될 수 있다. 다수의 여성주의자들, 공동체주의자들, 신아리스토텔레스주의자들에게 도덕적 추리의 핵심이 추상적 원칙들에 대한 고립적이고 합리적인 명상이라는 생각은 심각하게 반직관적인 것처럼 보일 것이다. 그들은 만약 도덕성이라는 것이 무엇에 관한 것이라면, 그것은 현실적으로 존재하는 인간

---

82 칸트가 행위와 도덕법의 일치를 위해, 영혼 불멸을 요청하는 논리와 덕과 행복의 일치를 위해 신의 존재를 요청하는 논리의 문제점에 대해서는 『칸트 윤리학과 형식주의』 제11장 '실천형이상학과 최고선'을 보라.

간의 관계 ─ 실재하고, 피와 살을 갖고 있는 특수한 타자들과의 관계 ─ 에 관한 것이며, 따라서 그러한 관계로부터 생겨나야 하며, 그러한 관계에 뿌리내리고 있어야 한다고 믿는다.[83]

필자는 칸트에 대한 다음과 같은 스프로드의 평가도 설득적이라고 생각한다.

칸트의 이성 개념은 명백히 합당성이 갖고 있는 언명적·맥락적·체현적 측면을 배제하고 있기에 그는 심각한 결점 투성이인 자율성을 옹호하는 면으로 잘못 나아가고 있다.[84]

필자는 칸트의 무연고적인 선험적 자율성 개념도 맥락과 상황에 처해 있는 연고적 자율성의 개념으로 바뀌어야 한다고 생각한다.[85]

2) 정의주의의 문제점

이제 정의주의에 대해 평가해보고자 한다. 정의주의는 두 가지 장점을 갖고 있다. 첫째는 도덕적 불일치가 왜 쉽사리 해결되지 않는지 그 이유를 설명해준다. 도덕적 불일치가 태도상의 불일치라면, "이모

83　T. Sprod, *Philosophical Discussion in Moral Education*, p. 47. 이 인용문에서 스프로드는 칸트의 도덕법칙의 형식을 가언적인 것으로 소개하는데, 이는 잘못이다.

84　T. Sprod, *Philosophical Discussion in Moral Education*, p. 44.

85　이에 대한 자세한 논의는 필자의 책 『도덕 윤리교육의 철학적 기초』(대구: 경북대학교출판부, 2015), p. 265 이하 참조.

티비스트는 논쟁을 벌이는 사람들 각각이 서로 다른 기본적 가치를 소유하고 있다고 가정함으로써 도덕적 불일치를 설명할 수 있다."[86] 또다른 장점은 "도덕적 믿음과 정념, 그리고 행동이 서로 연결되어 있다는 사실을 부각할 수 있는 장점이 있다."[87] 내가 "사기를 쳐서 돈을 버는 것은 사악한 짓이야!"라고 비난한다면, 나는 사기 치는 것을 감정적으로 혐오한다는 것이고, 사기 치는 행위를 하지 않을 것이다. 그러나 그들의 이런 장점은 곧바로 그들의 결점이 된다.

> 도덕적 정서주의는 도덕적 가치와 주체의 느낌, 감정 사이의 직관적인 연결을 강조하지만, 또한 그들은 도덕적 선호를 기본적으로 비합리적이고 개인적인 문제로 바꾸어버린다.[88]

피터스는 정의주의자들이 "모든 도덕적 판단은 화자의 감정이나 정서의 표현에 불과하다"라고 말할 때, 그들이 말하는 '정서'나 '감정'이라는 용어가 충분하게 분석되지 않고 있다는 관점에서 정의주의를 비판한다. 그의 비판 요점은 감정표현 속에 이미 이성이 들어 있다는 아리스토텔레스의 입장을 연상시킨다. 기존의 윤리학, 특히 합리주의 윤리설에서 도덕판단이 이성적 판단이라고 주장한다면, 정의주의자들은 도덕판단이 감정표출에 불과하다고 말하면서 도덕판단에서 이성의 요소를 제거해버리려 했다. 그러나 피터스는 정의주의자들이 하는 작

---

86 하만, 『도덕의 본성』(김성한 역, 서울: 철학과 현실사, 2005), p. 76.

87 하만, 『도덕의 본성』, p. 77.

88 W. Willis & D. Fasko, Jr., 『도덕철학과 도덕심리학』(박병기 외 역, 경기도: 인간사랑, 2013), p. 82.

업과 정반대 작업을 한다. 피터스는 감정표출에는 이미 이성판단이 들어 있다는 것이다. "예컨대 두려움을 느끼는 어떤 사람은 위험에 처해 있다는 측면에서 상황을 불쾌하게 받아들인다."[89] 이 경우 우리는 그가 느끼는 두려움이 합리적인지 여부를 검토할 수 있다. 이런 관점에서 피터스는 정의주의에 대해 다음과 같이 설득력 있는 비판을 한다.

> 정의주의 윤리설은 도덕판단을 정서, 태도 혹은 시인과 부인의 감정으로 설명하려 한다. 그러나 어떤 행동에 대한 옳고 그름에 대한 평가(appraisal) 없이 어떻게 '시인' 혹은 '부인'의 감정이 생길 수 있는가? 정의주의는 정서, 태도 혹은 거부의 감정으로 '저것은 옳지 않다'라는 문장을 분석하려고 한다. 그러나 거부의 개념은 '옳지 않다'라는 앞선 개념을 논리적으로 전제하고 있다. 일반적으로 '저것은 옳지 않다'라는 평가에는 '감정'이 수반된다. 바로 이런 이유로 그것은 '평가'라고 불리는 것이다. 그러나 그 감정은 자신의 특징적인 성질을 평가의 인지적 핵심(cognitive core)으로부터 얻는다.[90]

정의주의에 대한 또 다른 비판이 있다.

> 도덕 용어에 대한 정의주의자들이나 비인지주의자들의 견해는 논증에서 도덕 용어들의 역할을 다룸에 있어서 문제에 직면한다. 도덕 용어들은 조건명제가 등장하는 그런 논증에서 사용될 수 있다. 여기에서 사용되는 도덕 용어들은 발언의 표현력이 없다. 따라서 화

89   R. S. Peters, *Ethics and Education* (London, George Allen & Unwin LTD, 1969), p. 110.
90   R. S. Peters, *Ethics and Education*, p. 110.

자의 어떤 정서를 표현하지 않는다. 정의주의뿐만 아니라 비인지주의에 대해서도 이런 노선에서 반대하는 논증이 발전되었다. 비인지주의자들의 문제는 다음과 같은 논증을 이해시키는 것이다.

(1) 만약 존이 제인을 살해했다면, 그는 뭔가 잘못된 일을 했다.

(2) 존은 제인을 살해했다.

(3) 그러므로 존은 뭔가 잘못된 일을 했다.

이 논증은 타당한 것으로 보이며, 아무런 모호성도 갖고 있지 않은 것처럼 보인다. 그러나 도덕 용어는 (3)에서만 표현력을 갖는 것으로 해석될 수 있으며, (1)에서는 갖지 못한 것으로 해석될 수 있다. 비인지주의나 정의주의는 그 논증 안으로 정당화될 수 없는 모호성을 끌어들이는 것처럼 보인다. (1)에 보이는 '잘못된'이 조건절에 나타난다는 것을 감안한다면, 정서를 표현하는 것으로 해석하기에는 어려움이 있다. 그러나 만약 이들 문장에서 발견되는 도덕 용어들의 기능에 관한 정의주의의 입장이 옳다면, 직설법 문장인 (3)에서 보이는 '잘못된'은 정서를 표현하는 것으로 보인다. 그러면 정의주의 지지자들은 곤란한 선택에 직면하게 된다. 그 논증의 타당성을 부정하거나, 아니면 도덕판단에 대한 정의주의자들의 분석과 일치하는 타당한 설명을 어떻게든 제시해야 한다.[91]

제임스 레이첼스는 이런 사정을 더 알아듣기 쉽게 말해준다.

이모티비즘이 단순히 주관주의를 넘어서서 진보를 이루었다는

---

91   H. LaFollette (ed.), *The International Encyclopedia of Ethics* Vol. 1 (A. John Willey & Sons. Ltd., Publication, 2013), p. 468.

것은 분명하다. 그러나 이것이 이야기의 끝은 아니다. 이모티비즘 또한 자체적으로 문제를 가지고 있었으며, 그 문제점은 대단히 심각한 것이기에 오늘날에는 대부분 철학자들이 그것에 대해 비판적이다. 이모티비즘의 중요한 문제점은 그것이 윤리학에서 이성의 위치를 적절하게 설명해주지 못한다는 것이다.[92]

레이첼스는 우리가 앞서 언급한 그런 윤리적 문제들에 대해 '15+2는 몇인가?' 하는 수학 문제에 정답을 기대할 수 있는 것과 같은 정답을 기대할 수 없으며, 따라서 이런 유형의 문제들에 대해 객관적이고 절대적인 정답을 기대할 수 없지만, 그렇다고 그런 문제들에 대해 숙고하고 고민해보는 것이 의미 없다고 생각하지는 않는다. 제임스 레이첼스는 모든 도덕이론이 받아들여야 하고, 적어도 출발점으로 삼아야 하는 개념으로 '도덕의 최소개념'이라는 것을 소개한 뒤, 도덕을 이유와 공정성에 의해 지지되는 "숙고하는(consulting) 이성의 문제"로 간주한다.[93] 이런 이유에서 그는 다음과 같이 말한다.

> 도덕적 판단은 개인적 취향을 단순히 표현하는 것과는 다르다. 만일 누군가가 "나는 커피를 좋아한다"라고 한다면, 그는 어떤 이유를 가질 필요가 없다. 그는 단순히 자기 자신에 대한 하나의 진술을 하고 있을 뿐이고, 그 이상의 어떤 일도 하고 있지 않다. 어떤 사람이 커피를 좋아하거나 싫어하는 것을 '이성적으로 옹호하는' 것 같

92 J. Rachels, "Subjectivism" (P. Singer, ed., *A Companion to Ethics*, Cambridge, Basil Blackwell Ltd., 1991), p. 438.

93 J. Rachels, *The Elements of Moral Philosophy* (2nd edition, New York, McGraw-Hill, Inc., 1993), p. 10.

은 일은 없으므로 그런 것에 관한 논의도 없다.[94]

　우리가 레이첼스의 견해를 받아들여도 여전히 어려운 문제에 직면하게 되는데, 비록 윤리적인 문제가 취향 문제가 아니라 숙고의 대상이라 하더라도 아무리 숙고해도 수학 문제의 답 같은 정답이 나오지 않는다는 것이다. 레이첼스는 윤리학이 숙고하는 이성의 문제임을 부각하기 위해 아주 논쟁적인 사례를 소개한다. '제인 도우'라는 이름의 갓난아기는 척추가 부러져 튀어나온 병과 뇌에 액체가 과도하게 많은 병, 그리고 비정상적으로 작은 뇌를 갖고 태어났다. 즉각 수술해야 하는데, 그 부모는 수술을 거부했다. 그 부모의 결정은 옳은가?[95] 그러나 부모가 옳은 결정을 한 것인지 잘못된 결정을 한 것인지 모든 사람이 동의할 수밖에 없는 이유와 설득력을 가진 답이 있을까? 사람들이 수학 문제의 정답을 누구나 받아들일 수밖에 없듯이 레이첼스가 든 사례에 대해 그 정도로 강력한 정답을 찾는 것이 가능할까? 그런 답을 구하려면, 우리는 그 문제가 맥락초월적이고 상황초월적임을 먼저 밝혀야 한다. 수술을 거부한 부모의 입장을 아무리 설득력 있게 만들더라도 3+7이 10임을 증명하여 타인을 납득시키듯이 그렇게 논리적 필연성을 갖고 납득시키지는 못할 것이다. 수술을 거부한 부모의 입장은 아이를 죽도록 만드는 비도덕적 행위라고 비난하는 사람들에게도 일정한 설득력이 있는 것으로 보인다. 윤리학의 문제는 맥락초월적인 문제가 아니라 맥락을 고려하여 고찰해야 할 문제다. 윤리학은 맥락과 상황 속에서 최선의 행위를 하는 것이요 최선의 해결책을 찾는 것인바, 이것은

94　J. Rachels, *The Elements of Moral Philosophy* (2nd edition), p. 24.

95　J. Rachels, *The Elements of Moral Philosophy* (2nd edition), p. 1 이하 참조.

윤리학이 합리성을 찾는 학문이 아니라 합당성을 찾는 학문이라는 것이다. 한 시대에 합당했던 일은 다음 시대에는 합당하지 않을 수 있다. 예컨대 에스키모인의 유아 살해 풍습은 예전에는 약간의 합당성을 가질 수 있었으나, 요즘은 도덕적으로 받아들일 수 없다. 우리 조상의 남아선호사상은 예전에는 그 나름의 합당한 이유가 있었지만, 지금은 그 합당성을 상실해가고 있다. 도덕성의 본질이 합당성이라면, 나라마다 민족마다 도덕이 다르다는 점을 받아들이게 된다. 그럼에도 도덕적 토론은 유의미한 일이며, 우리는 각각의 사회가 처한 다양한 맥락을 이해함으로써 다른 사회의 사람들이 왜 그런 도덕을 받아들이는지도 이해하게 된다.

필자는 윤리학의 문제를 부분이성적인 문제로 본 아리스토텔레스의 입장이 도덕성의 본질에 대한 가장 올바른 견해라고 생각한다. 아리스토텔레스는 중용을 실천적 덕의 요체로 보았는데, 그는 중용을 "마땅히 그래야 할 때, 또 마땅히 그래야 할 일에 대해, 마땅히 그래야 할 사람들에 대해, 마땅히 그래야 할 목적을 위해, 또 마땅히 그래야 할 방식으로 감정을 갖는 것은 중간이자 최선이며, 바로 그런 것이 탁월성에 속하는 것이다"[96]라고 설명하고 있다. 이 인용문에서 아리스토텔레스는 '마땅히'라는 말을 반복적으로 사용하고 있는데, 우리는 '마땅히'를 '합당하게'의 다른 표현으로 읽어도 무방할 것이다. 아리스토텔레스의 이 말은 명백히 윤리학의 영역에서 '합당성'의 중요성을 강조한 것으로 보인다.

---

[96]   아리스토텔레스, 『니코마코스 윤리학』, p. 65.

제7절 결론

　윤리학에서 절대주의와 상대주의의 논쟁은 소크라테스 시대 이후 계속되어온 논쟁이다. 우리가 순전히 형식논리학의 관점에서 말한다면, '절대주의'와 '상대주의'는 상호 모순개념이지 반대개념이 아니기 때문에 절대주의 윤리설과 상대주의 윤리설 중 하나는 반드시 진리여야 한다. 그런데 만약 절대주의 윤리설이 참이라고 한다면, 그래서 아리스토텔레스의 말대로 도덕규범들이 "다르게 있을 수 없는 것들", 즉 이성의 필연적 진리들이라면, 그것들은 숙고의 대상이 될 수 없다. 이미 살펴보았듯이 아리스토텔레스에게 '숙고'라는 개념은 어떤 행위자가 처한 상황과 맥락에서 가장 설득적인 답, 즉 합당한 답을 찾기 위해 고민하는 행위다. 그러나 우리가 관찰하는 바에 따르면, 우리는 도덕의 문제에 관해 끊임없이 숙고한다. 삶의 문제에 대한 인간의 고민은 끝없이 이어졌지만, 절대주의 윤리설은 그 고민을 해결해주는 수학 공식 같은 절대적인 행위지침을 주지는 못했다. 칸트는 거짓말하면 안 된다는 것을 행위공식(formular)으로 생각하여 친구의 생명을 구하기 위해서라도 거짓말하면 안 된다고 생각했지만, 그 공식은 '무고한 사람의 생명을 죽여서는 안 된다'라는 다른 행위공식과 모순을 일으키게 된다.

어떻게 보면 인생의 묘미는 삶의 문제들이 공식을 적용해서 해결할 수 있는 문제들이 아니라는 데 있는 것일 것이다. 인생의 고민을 풀어주는 공식이 없다. 그렇다면 상대주의 윤리설이 옳은가? 그런데 상대주의와 절대주의의 대립에서 절대주의가 부정되면서 인정되는 상대주의는 '숙고하는' 상대주의가 아니다. 예컨대 서로 다른 도덕규범을 갖고 살아가면서 전혀 교류가 없는 두 부족이 지구 반대편에서 서로 살아가고 있다고 해보자. 이 경우 두 부족은 서로 자신들의 도덕만이 절대적이고 다른 부족의 도덕을 철저하게 부정하는 모습을 보일 것이다. 이 두 부족 구성원들에게는 그들의 도덕이 절대적인 도덕이다. 그러나 이 두 부족의 도덕을 바라보는 제3자에게 두 부족의 도덕은 상대적이다. 두 개의 절대적인 도덕은 있을 수 없기 때문이다. 그뿐만 아니라 다른 부족의 도덕에 대해 철저하게 닫혀 있는 자세를 취하기에 '닫힌(폐쇄적) 상대주의'요, 종교적 근본주의자들처럼 변화를 거부하기에 '고정된 상대주의'다.

　레이첼스가 제출한 제인 도우 문제도 사실은 문제 자체가 맥락 내재적 문제다. 제인 도우가 의술이 고도로 발달한 현대 미국에서 태어났기 때문에 그 아이를 수술시키는 것이 옳은가 그른가 하는 문제가 발생하는 것이다. 만약 그 아이가 시기적으로 100년 전에, 지역적으로 아프리카의 어떤 후진적인 나라에서 태어났다면 제인 도우 문제는 애당초 문제로 성립하지 않았을 것이다. 제인 도우 문제가 맥락 내재적인 문제라면, 우리는 그 아이를 수술시킬 것인가 말 것인가 하는 문제는 지역과 시대에 따라 답이 달라질 수밖에 없음을 인정해야 한다. 그러나 각각의 시대와 지역에서 현재 그 문제에 대해 얻은 답이 절대적인 불변의 답은 아니다. 그렇게 생각하게 되면 우리는 다시금 닫힌 상대주의, 즉 정태적 상대주의의 늪에 빠지게 된다.

우리가 이런 상대주의를 받아들이면 개인 간, 집단 간, 국가 간에 대화와 토론은 불필요하고 불가능할 것이다. 그러나 우리가 관찰하는 사실은 개인, 집단, 국가 간에 대화와 토론이 순조롭지 않아 폭력이 등장하는 경우도 있지만, 끊임없이 대화하고 토론한다는 사실이다. 절대주의 윤리설도 틀렸고 상대주의 윤리설도 틀렸다면, 우리는 절대주의 윤리설과 상대주의 윤리설 간의 논쟁을 형식논리적 모순대립의 관점에서 보는 것을 포기해야 한다. 그럴 때 윤리학 영역에서 부각되는 중요한 개념이 합당성 개념이며, 이 개념은 필자가 이미 출간한 책 『도덕 윤리교육의 철학적 기초』에서 도입한 '열린(개방적) 상대주의', '역동적 상대주의', '잠정적 도덕적 진리' 개념과 밀접한 연결고리를 갖게 된다. 필자는 '열린 상대주의 대 닫힌 상대주의', 혹은 '역동적 상대주의 대 정태적 상대주의'를 대립시켰다. 그리고 필자는 닫힌 상대주의와 정태적 상대주의가 기실 그런 상대주의를 받아들이는 집단 내에서는 절대주의로 기능함을 밝히면서, 열린 상대주의와 역동적 상대주의를 옹호했다. 필자는 이 '열림'과 '역동성'이 어떻게 가능한가 하는 문제에 관한 한 인간이 가지고 있는 반성적 사유능력에 의해 가능하다고 생각한다. 그래서 막스 셸러의 용어로 말한다면, 인간의 세계개방성(Weltoffenheit)이 그러한 열림과 역동성을 가능하게 해준다는 것이다. 혹은 필자 식으로 해석된 칸트의 인간관에 의하면, 인간이 가능적 무한자이기에 가능하다는 것이다. 그럼에도 도덕절대주의와 도덕상대주의의 해묵은 논쟁의 돌파구를 합당성의 개념을 통해 찾으려는 우리의 시도는 아직 갈 길이 멀다는 것을 인정하지 않을 수 없다. 합당성의 개념도 다양한 층위 혹은 차원, 예컨대 국가적 차원, 지역사회적 차원, 개인적 차원 등을 갖고 있을 것이기 때문이다. 합당성의 개념에 대한 더 깊은 논의는 다음 기회로 미루고자 한다.

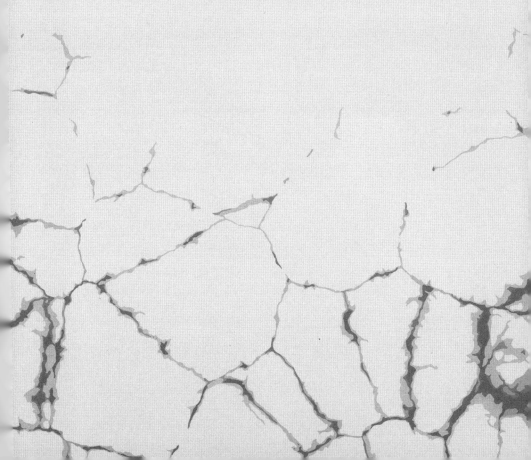

부록

칸트철학의 핵심어
번역 문제

제1절 서론

    동아시아 칸트 연구가들은 칸트 연구에서 서구의 연구자들이 직면하지 않은 새로운 어려움에 직면하게 되는데, 바로 번역 용어 선정의 어려움이다. 번역 용어 문제를 다루기 전에 학술용어 선정에 관한 칸트의 조언을 먼저 소개하고자 한다.

    우리의 말(독일어)은 대단히 풍부하지만, 그럼에도 사상가가 자기의 개념에 정확하게 적합한 말을 찾지 못하여 당황하며, 또 그러한 말이 없어서 타인도 심지어는 자기 자신도 올바르게 이해하지 못하는 경우가 흔히 있다. 새로운 말을 만들어낸다는 것은 말에 있어서 입법을 감행하는 하나의 월권이어서 성공하는 예가 드물기 때문에 이러한 불확실한 수단을 취하기 전에 사어(死語)와 고전어(古典語) 중에 이 개념과 이 개념에 적합한 말이 있지나 않은가를 찾아보는 것이 바람직하다. 그리고 가령 옛날에 이 개념의 용법이 그 창시자의 부주의로 인해 어느 정도 동요하고 있었다 하더라도 이 개념에 두드러지게 특유한 의미를 살려서 확립시키는 것이 (그 당시에도 지금과 똑같은 의미로 사용되었는지는 의심스럽지만) 자기를 남에게 이해시키

지 못하고 자기의 일을 망치는 것보다 오히려 더 나은 것이다.[1]

칸트는 이 인용문에서 크게 두 가지 주의사항을 말하고 있다. 첫째, 새로운 학술용어를 함부로 만들지 말아라. 둘째, 새로운 용어를 만들어 쓰면서 자신을 남에게 이해시키지 못하는 것보다 기존의 용어가 조금 미흡하더라도 그 용어의 두드러진 특유의 의미를 살려서 계속 사용해라. 필자는 번역 용어의 선정과 변경에서도 칸트의 이 조언이 지켜질 필요가 있다고 생각한다. 이미 확립된 언어 관행이 있으면, 그것을 존중해주는 것이 필요하다. 이런 자세는 특히 개념을 혼란스럽게 만들지 않아야 하는 철학자들에게 더욱 요구되는 의무조항이다.

우리나라에서 칸트의 책을 번역함에 있어 칸트철학의 핵심 개념인 transzendental을 두고 여러 가지 번역 용어가 사용되면서 칸트를 공부하려는 사람들이나 칸트에게 관심 있는 일반인들이 엄청나게 혼란스러워하고 있다. 더 이상의 혼란은 후배들에게뿐만 아니라 칸트철학에 관심을 갖는 다른 학문 종사자들에게도 고통을 주는 일이 될 것이다. 이것이 필자가 번역 용어 문제를 다루게 된 이유이고, 이 글에서 필자는 형이상학적 칸트 해석의 관점에서 transzendental을 백종현 교수가 제안하듯이 '초월적'으로 번역하는 것은 적절하지 않음을 밝혀보고자 한다. 아울러 a priori와 몇몇 다른 용어에 대한 백종현의 번역 용어도 적절한지 그 적절성 여부를 살펴볼 것이다.

---

1   칸트, 『순수이성비판』(최재희 역, 박영사, 1972), B368-369.

제2절

transzendental에 대한 기존의 번역 관행

우리나라에서 칸트철학에서 등장하는 핵심 개념인 a priori와 transzendental에 대한 기존의 번역에 최초로 의문을 제기한 사람은 독일 유학파로서 우리나라 초대 교육부 장관을 역임한 철학자 안호상이었다. 그는 기존의 번역어인 '선천적'을 '선험적'으로, '선험적'을 '정험적(定驗的)'으로 번역하여 쓰기를 주장하면서 다음과 같이 말한다.

> 칸트의 정험철학은 경험을 초월하여 그것의 밖에 있는 것이 아니라 도리어 경험 안에 있어(내재하여) 그것에 논리적으로 앞선 선험적 제약(Bedingungen a priori)을 탐색하여 객관적으로 타당한 경험인식의 가능한 인식을 논증하려는 것이다.[2]

이미 80여 년 전부터 우리 학계는 칸트철학이 '초월철학'이 아님을 알고 있었다. 다만 안호상의 번역어인 '정험철학'은 칸트철학의 뜻

---

[2] 안호상, 『철학강론』(대동출판사, 1942), p. 223. 편의상 한자어는 생략하여 옮겨 적었다 (강영안, 『우리에게 철학은 무엇인가』, 서울: 궁리, 2002, p. 235에서 재인용).

을 부분적으로 살리고 있음에도 기존의 번역어인 '선험철학'과의 경쟁에서 밀려났고, 우리 학계는 그 이후 지금의 번역 관행을 유지해오고 있었다. '선험철학'과 '정험철학'의 장점을 살려 '선정험철학'이라고 쓰면 가장 정확한 번역어가 될지도 모르겠다. '경험(驗)의 가능성 근거를 경험에 앞서서(先) 선험논리적으로 정초(定)하는 철학'이 될 것이기 때문이다. transzendental을 '선가험적(先可驗的)'으로 번역하여 쓰기도 하는 김석수 교수는 안호상과 비슷한 생각을 하는 듯하다. 그는 그 용어를 '경험에 앞서서 경험의 가능성 근거인 의식을 탐구하는 것'으로 이해하고 있다.

백종현은 transzendental에 대한 기존의 번역어인 '선험적'을 '초월적'으로 번역하면서 쓰고 있다. 그는 1988년 10월 22일 전남대학교에서 개최된 제1회 전국철학자연합학술발표대회 발표장에서 "칸트철학 용어의 한국어 번역 문제"라는 제목의 발표를 했다.[3] 그는 이미 그때부터 transzendental을 '초월적'으로 번역하자는 제안을 했다. 그런데 그의 번역어 제안이 대한민국 칸트학계에서 본격적으로 문제가 된 것은 그가 칸트의 주저들을 한글 세대에게 맞는 새로운 번역으로 선보인다는 명분으로 칸트철학의 transzendental을 위시한 몇몇 핵심어를 자기식으로 번역하여 출판하면서부터였다. 칸트철학의 핵심과 본질을 드러내는 말로 우리나라 칸트학계는 '선험철학' 혹은 '비판철학'이라는

---

[3] 그때 사회자는 지금은 고인이 된 전북대학교 한단석 교수가 맡았으며, 모두 5명의 발표가 있었다. 그 당시 계명대학교 교수였던 강영안은 「매개와 의미: 칸트의 선험적 도식론의 기능」을, 역시 당시 계명대학교 교수였던 한자경은 「이성과 이념: 칸트의 '새로운 형이상학'의 정초」를, 이화여대 김혜숙 교수는 「선험적 논증의 구조」를, 필자는 「물자체의 불가피성」을 발표했다. 그 자리에서 필자와 김혜숙 교수는 transzendental의 번역어를 '초월적'으로 하자는 백종현 교수의 입장에 반대했다.

용어를 사용했는데, 백종현은 자신의 번역서를 통해 transzendental을 '초월적'으로 옮기면서 칸트철학을 '초월철학'으로 바꾸는 작업을 하기 시작한 것이다. 백종현의 번역서들이 새롭게 칸트를 공부하기 시작하는 젊은 사람들에게 읽히기 시작하면서 어느덧 칸트철학은 '선험철학'에서 '초월철학'으로 바뀌어가고 있다. 지금도 그렇게 진행 중이다.[4]

나는 번역사업에 공을 들이는 백종현 교수의 열정과 수고가 대단한 것임을 기꺼이 인정하고 싶다. 그러나 백종현이 transzendental을 '초월적'으로 번역하는 것은 세 가지 문제점을 드러내고 있다. 첫째로, 칸트가 새로이 건설하고자 한 학의 안전한 길에 들어선 형이상학에 대해 오해하게 만든다. 둘째로, 이는 확립된 언어 관습을 중시하라는 언어생활의 이치를 무시하는 월권적 발상처럼 보인다.[5] 셋째로, 칸트철학에 대한 우리 학계의 인식을 80년 전으로 되돌리고 있다.

칸트가 'transzendental'을 '선천적 인식의 가능성 근거를 인식경험에 앞서서 근거 지운다'라는 뜻으로 사용한다고 규정한 것을 염두에 둔다면, 그 용어의 번역어로 '선험적'이 100% 정확한 것은 아니지만,

---

4 그러나 대한민국의 대다수 전문 칸트 학자들은 칸트철학은 결단코 '초월철학'이 아니라고 생각했다. 그 와중에 한국칸트학회에서 정부의 지원을 받아 칸트 전집 번역사업을 하게 되었는데, 학회에서는 칸트철학에 등장하는 중요한 용어들의 번역어를 장시간의 토론 끝에 결정했다. 핵심은 transzendental의 번역어로는 기존대로 '선험적'으로, a priori는 '아프리오리'로 음역한다는 것이었다.

5 우리는 philosophia라는 그리스어를 '철학'으로 번역하여 쓰고 있다. 'philosophia'를 '철학(哲學)'으로 번역한 사람은 일본의 사상가이자 교육자인 니시 아마네(西周, 1829~1897)다. 그는 'philosophia'를 그 어원상의 의미인 '지혜를 사랑하다', 혹은 '지혜를 갈구하고 희망하다'라는 뜻을 충분히 살리기 위해 처음에는 '희현학(希賢學)'으로 번역했다가 '현(賢)'이라는 글자가 너무 유학적인 냄새를 풍긴다고 생각하여 '희철학(希哲學)'으로 번역했다. '희철학'은 '밝은 지혜를 희구하는 학문' 정도로 해석될 수 있겠다. 그러나 나중에 번잡하다는 이유로 '희철학'에서 '희' 자를 빼버리고 그냥 '철학'으로 부르게 되었다. 글자상의 의미로만 본다면, '희철학'이 더 그럴듯한 번역이지만, 굳어진 관행을 중시하는 차원에서 그냥 '철학'으로 번역해서 쓰고 있다.

한국의 칸트 연구자들은 '선험적'이라는 단어를 그렇게 알아듣고 철학 토론도 하고 학생들에게 그렇게 설명도 했다. 그 용어의 의미를 100% 전달하지 못하는 번역어가 어디 '선험적' 하나뿐이겠는가? existence의 번역어인 '실존(實存)'이라는 말은 원어의 뜻을 전달하지 못하는 정도가 훨씬 더 심하다. '실존'은 그 한자어의 의미를 풀면 '실제로 있다'라는 뜻이 되는데, '실재(實在)'와도 잘 구분이 안 된다. 이런 현상이 한두 개가 아니다. 그래도 사람들은 언어생활을 잘해나가고 있다. 물론 언어생활에 막힘이 생기는 경우도 있으며, 그 막힘을 해결하기 위해 사전이 필요한 것이 아니겠는가? 처음에 힘들여 번역 용어를 선정하여 번역한 선배 학자들의 노력 덕택으로 그 길이 이제는 평탄한 길이 되어 칸트 연구자들이 순조롭게 연구를 진행하고 있는데, 번역어를 마구 바꾸어 버리는 것은 언어생활의 평탄한 길에 커다란 바윗덩어리를 던지는 꼴이나 마찬가지다. 이로 말미암아 현재 칸트철학을 가르치는 대학의 교육 현장에서는 적지 않은 혼란이 발생하고 있다. 백종현은 글자 그대로 평지풍파를 일으킨 셈이다.[6]

6　　출간 당시 우리나라 유일의 철학사전은 1968년 초판이 출판되었고 1974년 수정5판이 출간된 『철학대사전』(학원사)이었다. 이미 이 사전에서도 칸트의 중요한 철학 용어들에 대한 굳어진 의미를 설명하고 있다. '선험적(transzendental)'에서 시작하여 '선험적 가상', '선험적 감성론', '선험적 관념론', '선험적 구성주의', '선험적 논리학', '선험적 방법' 등등 무려 3페이지에 걸쳐 칸트의 철학 용어에 대해 굳어진 의미를 설명하고 있다. 그중 가장 중요한 개념인 '선험적'에 대한 설명을 소개해보겠다. "선험적: 칸트철학의 근본개념의 하나. 라틴어 transcendentalis는 초절적(transzendent)의 원어 transcendens와 같은 어원에서 나왔으며, 스콜라철학으로부터 칸트에 이르기까지 이 두 원어는 사실상 구별 없이 초월적 개념을 의미하고 범주적 규정을 초월하는 존재의 가장 보편적인 규정에 적용되었다. 그러나 칸트는 '선험적'을 정의하여 '대상에 의해서가 아니라 오히려 선천적으로 가능한 대상 인식의 방법에 관한 인식' …(중략)… 이라 했다"[김익달(편집자 겸 발행인), 『철학대사전』(서울: 학원사, 1974), p. 545]. 그리고 일반인들이 사용하는 국립국어원의 표준국어대사전에서도 칸트의 철학 용어들에 대한 관행화된 의미를 설명하고 있다. 몇 가지 예를 들면 다음과 같다. "*선험적: 경험에 앞서서 인식의 주관적 형식이 인간

백종현의 번역어 선정이 옳으냐 그르냐를 떠나 현재 우리나라의 경우는 칸트 연구가들마다 transzendental을 위시하여 칸트철학의 중요한 용어들에 대한 번역어를 각기 달리 사용하고 있는데, 그 정도가 심해 보인다. 현재 칸트 연구가들 사이에 transzendental에 대한 번역어로 '선험적', '선험론적', '선가험적', '초월적' 등이 사용되고 있다. 아무리 학문의 자유가 있고 번역의 자유가 있다 하더라도 이 상태를 방치해서는 안 될 것이다. 왜냐하면, 칸트철학은 칸트 연구자들만의 전유물은 아니며, 이런 혼란이 방치되는 것은 칸트 연구를 새로 시작하려는 젊은 연구자들에게 너무 커다란 혼란을 주는 일이 될 것이기 때문이다.

에게 있다고 주장하는 것. 대상에 관계되지 않고 대상에 대한 인식이 선천적으로 가능함을 밝히려는 인식론적 태도를 말한다. *선험적 실재론: 철학 공간과 시간이 물체 자체를 제약하는 조건이라고 보고, 공간에 나타나는 현상이 사물이라고 여기는 이론. *선험적 감성론: 칸트 비판철학의 근본 과제 가운데 하나. 감성의 선천적 형식이 되는 시간과 공간을 논한다." 또한 인터넷에서 국립국어원의 표준국어대사전을 검색해서 '선험적'이라는 용어를 검색해보면, 그 사전에 등재된 칸트의 철학 용어들을 많이 보게 된다. 이처럼 관행으로 정착한 용어를 바꾸려면 엄청난 혼란이 초래될 것을 예상할 수 있다. 누군가 앞으로 우리가 사용하는 '철학'이라는 용어는 그 어원상의 의미를 살리지 못하고 있으니 앞으로 '희철학'으로 바꾸자고 한다면, 아무리 번역어 선택이 학자의 자유라 하더라도 지나친 일이 아닐까?

제3절

transzendental을 '초월적'으로 번역하면 왜 안 되는가?

번역 용어의 혼란을 어떤 식으로 최소화해야 한다는 관점에서 transzendental을 어떻게 번역해야 하는가? 필자는 기존의 관행에 따라 transzendental은 '선험적'으로 a priori는 '선천적'으로 번역하여 사용하고 있다. 필자가 그 번역어를 채택한 이유를 설명해보고자 한다. 연구자 중에는 transzendental을 '초월적'으로 번역하는 경우도 있는데, 이 번역어는 transzendental이 '선천적(a priori) 인식의 가능성 조건을 인식적 경험에 앞서서 고찰한다'라는 의미로 풀이되는 한, 『순수이성비판』에서 등장하는 transzendental에 관해서는 부적절한 번역이다. 왜냐하면 『순수이성비판』에서 칸트가 수행한 인식적 경험의 가능성 조건에 대한 meta적 분석 결과에 따르면, 물자체에 대한 인식은 불가능하고 따라서 감성계를 넘어서는(초월하는) 형이상학은 과학 같은 학문이 될 수 없다는 것이 그 결론이기 때문이다. 물론 칸트는 『순수이성비판』의 「선험적 분석론」을 일종의 형이상학, 즉 '자연의 형이상학(Metaphysik der Natur)'으로 이해하고 있긴 하다. 그러나 이 경우 Metaphysik의 Meta

는 physik(Natur)에 대한 'meta적 연구'라는 뜻이지 결코 physik을 '넘어서다'라는 뜻이 아니다. 이는 영어인 metaethics에서 meta가 넘어선다는 뜻이 아니라 ethics가 학문으로 성립할 수 있는지를 한 걸음 물러서서, 즉 반성적 차원에서 연구한다는 뜻을 가질 뿐인 것과 비슷한 사용법이다. 칸트의 철학을 '초월철학'으로 부르는 것은 metaethics를 '초월윤리학'으로 부르는 것만큼이나 어색한 일이다. 물론 metaethics를 '선험윤리학'으로도 번역하지 않으며, 그렇게 번역해서도 안 된다. 왜냐하면 metaethics는 윤리학이 학문으로 성립할 수 있다는 것 자체를 의심스럽게 생각하며, 따라서 인간이 하는 윤리적 경험의 가능성 근거를 윤리적 경험에 앞서서 밝히는 작업, 즉 도덕성에 대한 선험적 해명작업을 하지 않기 때문이다. 이런 이유로 학자들은 metaethics를 궁여지책으로 '분석윤리학'으로 번역하기도 한다.

그뿐만 아니라 필자는 백 퍼센트 동의하는 것은 아니지만, 일각에서 주장하듯이 a priori를 '선험적'으로 번역하는 것이 옳다면, a priori한 종합판단의 가능성 조건을 연구하는 meta적인 작업은 '선험론적'으로 번역하는 것이 더 올바른 일이 될 것이다. 그래야만 '선험적'과 '선험론적'은 동일한 어근인 '선험'을 공유하는 장점을 가지게 된다.[7] 그

---

7 'a priori'를 '선험적'으로, 'transzendental'을 '초월적'으로 번역하는 것에 대해 필자가 느끼고 있는 문제점과 동일한 문제점을 김혜숙도 다음과 같이 지적하고 있다. "칸트철학 내에서 'transzendental'과 'a priori'가 '초월'과 '선험'이라는 전혀 다른 뜻을 지니는 한국어로 분리되어야 할 정도로 성격이 전혀 다른 개념이라고 할 수 없다."(김혜숙, 『칸트: 경계의 철학, 철학의 경계』, 이화여자대학교출판부, 2011, p. 50) 이 대목에서 사람들은 'a priori'와 'transzendental'도 같은 어근을 갖고 있지 않은데, 왜 한국어로 번역할 때는 같은 어근을 갖길 원하는가 하고 반문할 수 있다. 나는 이 반문에 나름의 일리가 있다고 생각한다. 그러나 칸트는 수학적 인식과 철학적 인식의 차이를 설명하면서, 두 인식이 "선천적이라는 점에서는 같으나, 전자는 개념의 구성에 의한 인식이고 후자는 개념의 추리에 의한 인식이라는 점이 다르다"(*Kritik der reinen Vernunft*, B745 참조)라고 말한다. 칸트의 이 말을 염두에 둔다면, 그 두 용어를 번역함에 있어서 어근을 같이하는 두 한국어

러나 a priori를 '선험적'으로 번역하고, transzendental은 '초월적'으로 번역하는 것은 앞서 말한 그런 장점을 갖지 못하게 된다. 필자도 a priori를 '선천적'으로 번역하기보다는 '선험적'으로 번역하는 것은 일정 부분 정당한 측면이 있다고 생각한다. (그렇지만 '선천적'으로 번역하는 것도 얼마든지 가능한 일이라 생각한다. 이에 대해서는 뒤에서 그 이유를 밝히겠다.) 그러나 설령 a priori를 '선천적'으로 번역하는 것이 잘못이라고 하자. 그렇다고 하더라도 a priori에 대한 기존 번역의 사소한 잘못을 바로잡으려고 transzendental을 '초월적'으로 번역하는 것은 치료하려는 질병보다 더 나쁜 치료법이다. 곱사등이의 등을 펴주겠다고 곱사등이의 등어리에 망치질을 하는 것이나 마찬가지다. a priori를 '선천적'으로 번역하는 것은 칸트철학의 근본 의도를 오해하게 만들지 않지만, transzendental을 '초월적'으로 번역하는 것은 칸트철학의 근본 의도를 오해하게 만들기 때문이다. 빈대 잡으려다 초가삼간 태우는 격이다. 백종현의 잘못된 번역어를 잘못을 바로잡기 위해 한국칸트학회에서 칸트 전집을 번역 출간하려 했다.

> 김상봉 전남대 철학과 교수는 최근 「한겨레」와 통화에서 "거슬러 올라가면 학회에서 전집을 번역하기로 한 원인은 transzendental을 '초월적'이라고 심각하게 왜곡해 번역한 백종현 서울대 명예교수(철학과)가 제공했다"라고 말했다.[8]

이에 대해 백종현은 다음과 같이 주장한다.

───────────────

를 골라 쓰는 것이 합당할 것이다.

8   한겨레신문, 2018년 6월 21일자 기사, "백종현 번역어 바로잡으려 전집 내/김상봉"

'transzendental'을 '선험적'으로 옮기는 것은 '넘어가다/초월하
다(transcendere)'라는 동사에서 파생된 이 말의 어원적 의미와도 동떨
어지고, 'a priori'에게서 적합한 번역어를 빼앗는 일이며, …(하략)…[9]

그러나 대부분 칸트 연구자들은 적어도 칸트의 'transzendental'의
경우에는 그 말의 어원적 의미를 따져 물으면서 번역어를 골라야 한다
는 것 자체가 불필요하다고 생각한다. 백종현처럼 어원을 따져 물으면
서 '초월적'을 택하는 순간 칸트의 사유방법론에 대한 곡해가 생기기
때문이다. 바로 그런 이유로 칸트 자신도 transzendental이라는 용어를
빌려 쓰지만, 독자들이 '넘어서다'라는 어원적 의미를 생각하면서 그
말의 뜻을 파악하지 말기를 요구하며, 자신만의 고유한 용법을 설명하
고 있다. **백종현은 칸트가 명백히 금지하는 행위를 하고 있다.** 오히려 대부
분 칸트 연구자들은 칸트가 『순수이성비판』에서 그 말에 대해 '어떻게
규정하며 사용하고 있는가?'라는 관점에서 번역어를 정하는 것이 올
바르다고 생각하며, 필자도 그렇게 생각한다. 그리고 transzendental을
'선험적'으로 번역하면, a priori에게서 적합한 번역어를 빼앗는 일이라
고 말한다. 그러나 필자는 a priori'를 '선천적'으로 번역하지 못할 이유
는 없다고 생각한다.[10] 그는 또 이렇게 주장하기도 한다.

9　한겨레신문, 2018년 7월 2일자 기사, "아카넷 〈칸트 전집〉 번역어 선택원칙에 대해/백종
현". 여기서 백종현이 염두에 두고 있는 '초월'은 엄밀하게 말하면 스콜라적 초월도 아니
고, 하이데거적 용법이다. 내가 보기에 그는 transzendental의 어원을 말하면서 중세철학
을 끌어들일 때는 스콜라적 의미를 사용하다가 '주관이 대상을 향해 초월하다'라는 식으
로 '초월'이라는 말을 쓸 때는 하이데거적 용법을 염두에 두고 있다. 이에 대해서는 뒤에
서 자세히 다룰 것이다.

10　이에 대해 바로 뒤에서 설명할 것이다.

또 원서 대 번역서, 외국어 사전 어휘 대 한국어 사전 번역어 어휘의 대응관계를 일관성 있게 유지하는 것이 외국어로 서술된 철학사상을 한국어로 이해하는 데 혼란을 줄이는 좋은 방법이다. 가령 독일어 사전이나 독일어 철학사전, 독일어 칸트사전을 펼치면, 'transzendental'이나 'Transzendental-Philosophie'라는 표제어 아래에 다양한(서로 다른) 뜻풀이가 있음을 보게 될 것인데, 그에 대응해서 한국어로 쓰인 독일철학사전이나 칸트사전의 표제어를 하나로 정해 한 표제어 아래 그에 맞게 한국어 뜻풀이를 여러 가지로 제시하는 것이 표제어를 달리함으로써 일어날 수 있는 상호 연관성의 상실이나 혼선을 방지하는 길이다.[11]

요컨대 독일어 철학사전에서는 transzendental이라는 하나의 표제어 하에 스콜라적 용법의 '초월'의 뜻도 있고, 칸트적 용법의 '선험'의 뜻도 있다고 설명하고 있으니 우리도 그렇게 하자는 것이다. 다시 말해 transzendental을 '초월적'으로 번역해두고, 그 표제어 아래에서 초월의 뜻도 있고 선험의 뜻도 있다는 식으로 설명하면, 독일어 철학사전과 한국어 철학사전의 어휘 대조가 용이해진다는 것이다.[12] 그러나 백종현의 이런 주장과 해석은 잘못된 것이다. 백종현의 주장이 성립하려면, transzendental을 '초월적'으로 번역해서는 안 되고 '트란스첸덴탈'로 음역해야 한다. 독일철학사전에서 표제어로 선정된 transzendental에는 스콜라적 의미와 칸트적 의미가 다 들어 있다, 그러나 우리나라에서 한글로 된 철학사전을 만들면서 transzendental이라는 용어를 표

---

11 한겨레신문, 2018년 7월 2일자 기사, "아카넷 〈칸트 전집〉 번역어 선택원칙에 대해/백종현"
12 한겨레신문, 2018년 7월 2일자 기사, "아카넷 〈칸트 전집〉 번역어 선택원칙에 대해/백종현"

제어로 만들기 위해 '초월적'으로 번역하여 표제어로 내세우는 순간, transzendental의 스콜라적 의미를 앞세우고 칸트적 의미는 뒤로 밀쳐 버리는 것이 된다. 그렇게 하기보다는 차라리 '선험적'을 표제어로 앞세우고 그 밑에 스콜라적 의미도 곁들여 설명하는 것이 합당하며, 동시에 칸트적이면서 한국적이다.

백종현은 transzendental을 '초월적'으로 번역해야 함을 주장하기 위해 그 용어의 어원적 의미 속에 '넘어감'의 뜻이 있는데, '선험적'은 그 의미를 살리지 못한다고 한다. 이렇게 주장하면서 그가 선정한 번역어인 '초월적'에는 중세의 스콜라적 '초월'의 의미가 들어 있는 듯이 말한다. 그런데 우리가 그에게 '칸트는 그런 초월의 가능성을 부정한 것이 아닌가?' 하고 반문하면, 이번에는 '내가 선택한 초월적이라는 말의 의미는 그런 초월이 아니다'라고 말한다. 우리는 그에게 또 '그러면 그 초월은 어떤 초월인가?' 하고 물어보지 않을 수 없다. 이 물음에 대해 그는 칸트의 말을 자기 방식으로 번역하여 다음과 같이 인용한다.

> 낱말 '초월적'은 …(중략)… 모든 경험을 넘어서는 어떤 것을 의미하는 것이 아니라 모든 경험에 선행하면서(즉, 선험적이면서도), 오직 경험인식을 가능하도록 하는 데만 쓰이도록 정해져 있는 것을 의미한다(『프로레고메나』, 부록, 주 AA IV 373).[13]

그렇다면 transzendental에 대한 칸트의 설명에는 그 말의 전통적

---

13 백종현, 「칸트철학에서 '선험적'과 '초월적'의 개념 그리고 번역어 문제」(한국칸트학회, 『칸트연구』 25집, 2010), p. 12. 인용문에서 '초월적'은 '선험적'의 대용어이고, '선험적'은 '선천적'의 대용어다.

사용법에 들어있는 '넘어감'이라는 의미는 없다는 것이다. 백종현은 이 인용문에 대한 긴 설명을 붙이는데, 그 내용을 보면 그가 쓴 '초월적'이라는 말의 의미나 다른 학자들이 '선험적'으로 이해하는 것이나 별 차이가 없어 보인다. 칸트는 "경험의 가능성 일반이 동시에 경험 대상의 가능성 제약(조건)"[14]이라고 하는데, 백종현은 이 말을 두고 "바로 이 조건들이 '초월적'이다"라고 말한다.[15] '초월적' 대신에 '선험적'을 넣어 읽으면 억지로라도 이해는 된다. 그런데 문제는 뒤에 이어지는 구절에서 발생한다.

> 그런데 바로 이 조건들이 초월적인 것이다. 그러니까 당초에 인간 의식의 요소들인, 다시 말해서 주관적인 것들인 공간-시간 표상이, 순수지성 개념들이, 생산적 상상력이, 의식일반으로서의 그 통각이 그 주관성을 넘어 객관으로 초월하며, 그런 의미에서 '초월성'을 갖고 초월적이다. …(중략)… '초월적' 내지 '초월(하다)'이 이 같은 칸트적 의미로 사용된 대표적인 또 다른 예를 우리는 셸링과 후설, 하이데거 등에서 볼 수 있다. …(중략)… 하이데거는 "우리가 존재자에 대한 모든 태도를 지향적이라고 표현할 때, 이 지향성은 오직 초월(Transzendenz)의 근거 위에서만 가능하다"라고 말한다.[16]

결국 백종현이 말하는 '초월'은 의식의 지향성으로서의 초월이요, 하이데거식 초월이었다. 그는 칸트의 transzendental이 '주관

---

14 *Kritik der reinen Vernunft*, B197.
15 백종현, 「칸트철학에서 '선험적'과 '초월적'의 개념 그리고 번역어 문제」, p. 12.
16 백종현, 「칸트철학에서 '선험적'과 '초월적'의 개념 그리고 번역어 문제」, pp. 13-14.

이 대상을 향해 초월한다'라는 식으로 말할 때의 '초월'의 의미가 바로 그것이라고 답한다. 지금까지의 논의를 통해 알 수 있는 것은 그가 transzendental이라는 독일어 속에 들어 있는 '넘어섬'의 어원적 의미를 살리기 위해 '초월적'을 번역어로 택해야 한다고 할 때는 그 말의 중세 스콜라적 용법을 전면에 내세우고 있지만, 일단 '초월적'이라는 용어를 받아들인 뒤에는 그 말을 완전히 하이데거식으로 바꾸어 사용하고 있다는 것이다. 그러나 칸트에게 대상은 인식주관에 의해 구성되는 것이지, 인식주체의 지향적 대상으로 마주 세워져 있는 것은 아니다. 물론 **경험적 차원**에서 보면 대상은 주관에 마주 세워져 있다. 그래서 칸트는 자신의 학설을 '경험적 실재론'이라고 한다. 그러나 선험적 (transzendental) 차원에서 본다면, 대상은 인식주체의 지향성 끝에 서 있는 어떤 것이 아니다. 선험적 차원에서 본다면, 경험적 차원에서 실재성을 보장받은 모든 사물은 선험적 주체에 의해 구성된 관념일 뿐이다. 그래서 사람들은 칸트를 '선험적 관념론자'라고 한다. 그것들은 주체 내부에 있는 것들이지 주체 외부에 주체의 지향성이 머무는 끝에 서 있는 것들이 아니다. 그래서 칸트는 자신의 학설은 경험적 실재론이면서 동시에 선험적 관념론이라고 하는 것이다.[17] 백종현은 이미 독일에서 버림받은 하이데거의 칸트 해석을 받아들이면서 칸트의 transzendental을 하이데거의 초월과 연결하려 한다. 그러나 그 노력이 성공할 수 있을지는 미지수다.

　백종현은 '초월'을 지금까지와는 다른 방식으로 사용하기도 한다. '초월적'에 대한 그의 설명의 핵심은 "의식일반으로서의 그 통각이 주

17　칸트, 『순수이성비판』, 최재희 역, A371 참조.

관성을 넘어 객관으로 초월하며, 그런 의미에서 '초월성'을 갖고 초월적이다"라는 말에 집약되어 있음을 앞서 살펴보았다. 이 경우 초월은 세계 내에서 주관이 객관을 향해 초월한다는 것이었다. 그리고 필자는 이런 이해에 문제가 있음을 지적했다. 그런데 그는 의식이 세계 밖으로 초월하는 것에 대해서도 언급하고 있다. 그가 현상학파의 하이데거를 염두에 두고 있다는 냄새를 물씬 풍기는 다음의 말에서 그런 언급을 한다.

> 이상의 용례들에서 보듯이, '트란젠덴탈'이 주관(주체) 내지 의식의 기능이나 의식내용에 대해 말해질 때, 그것은 선험적이라는 상태뿐만 아니라 한갓 의식 내지 주관성 자체이기를 벗어나서 대상을 지향하고, 규정하고, 대상화하고, 즉 대상의 대상성을 부여하며, 대상에 대한 인식을 가능하게 하는 활동작용을 의미한다. 그리고 또한 이때 이러한 기능을 갖는 주관(주체) 내지 의식은 그것에 의해 규정된 대상(현상) 세계에 속하지 않는다. 즉, 존재자들의 세계에 초월해 있다. 다시 말하면, 초월적인 어떤 것은 존재적이지 않고, 존재론적이다.[18]

'존재적'과 '존재론적'의 구분은 하이데거의 것임을 염두에 둔다면, 이 말은 백종현이 칸트를 하이데거식으로 해석하고 있음을 분명하게 보여주고 있다.[19] 그러나 칸트를 이렇게 해석하는 것 역시 설득력이

---

18 백종현, 「칸트철학 용어해설」(F. 카울바하, 『칸트 : 비판철학의 형성과 체계』, 백종현 역, 서울: 서광사, 1992), p. 318.

19 백종현은 자신의 칸트 해석이 하이데거의 현상학적 해석과 친화성이 있음을 다음과 같이 말한다. "우리는 칸트 문헌 해석의 내용을 그다지 받아들이지 않을 것이지만, 그럼에

떨어진다. 『순수이성비판』에서 칸트는 대상을 구성하여 가능한 경험의 세계를 형성하는 선험적 자아는 절대로 세계를 초월한다고 말한 적 없다. 그냥 세계의 한계선을 형성하며 세계에 찰싹 붙어 있을 뿐이다. 바로 이러한 사정을 칸트는 다음과 같이 표현한다.

> 전래의 형이상학적 기도는 지극히 대담했으나 항상 맹목적으로 모든 일에 대해 무분별하게 행해져왔다. 독단적 사상가들은 그들의 목표가 이처럼 가까이 세워질 것(경험일반을 가능하게 하는 것)을 상상하지 못했다.[20]

칸트는 경험일반, 즉 세계의 가능성 조건을 해명하는 작업 ── 그 결론은 물자체는 인식 불가능하다는 것이다 ── 자체를 일종의 '형이상학'으로, 혹은 '존재론'으로 생각했다.[21] 그러므로 칸트의 형이상학은 독단적 형이상학처럼 가능한 경험의 세계(현상계)를 '훌쩍 뛰어넘어' 물자체의 세계로 진입해 들어가는 것이 아니라 가능한 경험의 세계에 '찰싹 달라붙어' 있는 형이상학이다. 칸트는 가능한 경험의 세계(현상계)를 '훌쩍 뛰어넘는' 독단론자들의 형이상학을 '초험적(transzendent) 형이상학'이라고 생각했고, 가능한 경험의 세계에 '찰싹 달라붙어' 있는 자신의 형이상학을 '선험적(transzendental) 형이상학'이라고 생각했다. 독단적

도 우리는 철학적 문헌 해석을 위한 하이데거의 현상학적 원칙에는 뜻을 같이한다. … (중략)… 이제부터 우리는 칸트 『순수이성비판』을 **현상학적으로** 해석해나간다(백종현, 『존재와 진리』, 서울: 철학과 현실사, 2000, p. 72. 강조는 원저자).

20 칸트, 『철학서론』, p. 310.

21 칸트, 『순수이성비판』, 최재희 역, B873. 필자는 칸트의 존재론을 '인식될 수 있는 존재자의 존재에 관한 이론', 즉 '인식존재론'으로 풀이했다(『인식과 존재』, 서울: 서광사, 1991과 『칸트의 인간관과 인식존재론』을 참조하기 바란다).

형이상학은 이성의 이념과 오성의 범주를 구분함 없이 이성의 개념들을 초험적으로 사용하여 이율배반과 오류추리에 직면하게 되며, 체계를 구축할 수 없다. 칸트 자신의 형이상학은 오성의 개념을 내재적으로 사용하여 학문의 안전한 길에 들어서게 된다.[22]

칸트가 『순수이성비판』 전반부를 '형이상학(Metaphysik)'으로도 간주했기 때문에 그 전반부를 글자 그대로 "physik(자연)을 넘어서는(meta) 것을 의미하는 '초월철학'으로 이해할 수 있지 않는가?"라고 생각하는 사람이 있을지 모르겠지만, 그렇게 생각하는 것은 잘못이다. 그러면 "왜 칸트는 그 전반부를 오해를 유발하는 용어인 '형이상학'으로 규정하고 있는가?" 하는 의문이 생길 수 있다.

그 이유는 그 전반부가 칸트가 건설한 '확실하게 학문의 길에 들어선 형이상학' — 필자는 이것을 '비판적 형이상학'이라 명명했다 — 의 기초공사 부분에 해당하기 때문이다. 이 기초공사가 없었더라면, 칸트가 『실천이성비판』에서 보여주는 초월적인 실천형이상학 건설은 불가능했다.

칸트는 『순수이성비판』과 『실천이성비판』을 통해 하나의 새로운 형이상학 체계를 건설했다. 사람들은 이 두 권의 책을 분리된 책으로 간주하여 분리독서를 한다. 분리독서를 하게 되면 『순수이성비판』

---

22 이와 관련하여 칸트는 다음과 같은 중요한 말을 한다. "이념들, 즉 이성의 순수 개념들과 범주들, 즉 오성의 순수개념들을 그 종류, 기원, 사용에 있어 완전히 다른 인식들로서 구별함은 이 모든 선천적 인식의 체계를 포함한 하나의 학을 정초하기 위해 매우 중요한 일이다. 양자의 구별이 없으며, 형이상학은 완전히 불가능하거나, 혹은 고작해야 자기가 다루는 질료적인 것의 지식도 없고, 또 그 질료가 어느 의도에 소용되는지도 모르며, 공중누각을 지으려는 조잡하고 졸렬한 기도가 된다"(『철학서론』, p. 324).

은 인식론 서적이 되고,『실천이성비판』은 윤리학 서적이 된다. 그러나 그런 독해법은 칸트를 오해하는 지름길이다. 그 두 비판서는 비록 분리되어 출간되었지만, 그 두 책을 통해 칸트가 노리고 있는 학문적 목표는 학의 안전한 길에 들어선 형이상학 건설이다. 칸트가 인식론을 확립하기 위해 코페르니쿠스적 전회를 감행했고, 그 결과 물자체 불가인식설에 근거하여 형이상학을 부정하게 된 것이 아니다. 정반대로 학의 안전한 길에 들어선 형이상학을 확립하기 위해 코페르니쿠스적 전환을 했고, 결과적으로 구성설적인 인식이론을 만든 것이다. 우리는 칸트의『순수이성비판』에 대해 그 책이 '인식론이냐 형이상학이냐'라는 식의 양자택일 질문을 해서는 안 된다. 왜냐하면 그 책은 '인식론이면서 형이상학'이기 때문이다. 옷 중에 겉과 속을 뒤집어가면서 바꾸어 입을 수 있는 그런 옷이 있다. 일명 '리버서블(reversible)' 옷, 즉 '양면 코트'다. 칸트의『순수이성비판』이 그런 옷이다. 이렇게 입으면 인식론이요, 저렇게 입으면 형이상학이다. 그리고『실천이성비판』도 그런 옷인데, 그 책에서『순수이성비판』에서의 인식론 역할을 하는 것이 윤리학이다. 그 책은 이렇게 입으면 윤리학이요, 저렇게 입으면 형이상학이다. 양 비판서를 공통으로 관통하는 관심 개념은 '형이상학'이다. 칸트에게 인식론과 윤리학은 형이상학을 학문으로 만들기 위한 배양판 같은 것이었다. 단언컨대 칸트철학의 이러한 마술을 이해하지 못한 사람은 아직 칸트를 충분히 모르는 사람이다. 우리는 그 두 책을 통합해서 읽어야 형이상학에 대한 칸트의 입장을 올바로 이해하게 된다. 분리독서가 아니라 통합독서를 하게 되면,『순수이성비판』은 칸트가 구상한 새로운 형이상학의 지하층이고,『실천이성비판』은 지상층임을 알게 된다. 지하층이 없는 지상층은 무너진다. 그리고 지상층 없는 지하층은 불필요하다. 물자체는 인식 불가능하며 따라서 기존의 형이상학은 독단적이며 학문의 지위를 인정받을 수 없다는 결론을 내리고 있는「선험적 분석론」을 칸트가 '자연의 형이상학'으로 부르는 이유를 국내외를 막론하고 연구자들은 충분히 이해하지 못하고 있다. 칸트로서는 한 덩어리의 형이상학 건물에서 지하층은 형이상학이 아니고 지상층만 형이상학이라고 말하는 것은 생각할 수 없는 일이다. 바로 그런 이유로 그는『순수이성비판』을 '자연의 형이상학'이라 부르고 있다. 칸트는 그 자연의 형이상학을 비록 그것이 경험의 가능성 근거를 해명하는 형이상학이어서 초험적(transzendend) 형이상학은 아니지만, 그 사유 방법에서라도 형이상학의 분위기를 풍기기 위해 'transzendental'이라는 용어를 사용하고 있다. 그는 그 용어를 스콜라철학에서 빌려 쓰긴 했지만, 그 의미는 스콜라적 의미와는 다르다는 것을 강조하여 독자들이 헷갈려 하지 않도록 하고 있다. 그리고 도덕의 형이상학은 비록 초험적이지만, 칸트는 그것을 과학으로 보지 않고 도덕신앙에 불과한 것으로 간주했다.[23]

『순수이성비판』에서 칸트의 생각에 국한하여 말한다면, 칸트는 니콜라이 하르트만(N. Hartmann)이 '상관설(korrelativistische Argument)'이라

---

[23] 형이상학에 대한 칸트의 입장에 대해서는 필자의 책『칸트의 인간관과 인식존재론』의 부록에 실린 '칸트에 있어서 형이상학의 새로운 길'을 보기 바란다. 그리고 이 자리에서 일반적인 칸트 해석이 범하고 있는 오류를 하나 지적해두고자 한다. 그것은 칸트철학을 합리론과 경험론의 종합으로 해석할 때 범하는 오류다. 일반적인 해석에 따르면, 칸트는 "개념 없는 직관은 맹목이고 직관 없는 개념은 공허하다"라고 말했는데, '개념 없는 직관은 맹목이고'라고 할 때는 합리론의 입장을, '직관 없는 개념은 공허하다'라고 할 때는 경험론의 입장에 손을 들어주는 방식으로 합리론과 경험론의 종합을 이루었다고 한다. 이는 틀린 말은 아니다. 그러나 칸트의 인식이론에 제한해서 보면 그렇다는 말이다. 그러나 칸트철학을 형이상학적 입장에서 보면 그 말은 틀린 말이다. 칸트는『순수이성비판』에서 철저하게 직관의 대상이 될 수 없는 개념들은 인식의 대상이 아니라 했다. 그러니 신이니 영혼이니 하는 개념들은 인식 대상이 아니다. 이 경우 칸트는 명백히 경험론의 입장을 편들어주고 있는 것이다. 그러나『실천이성비판』에서는 도덕신앙의 이름으로 그 개념들을 살려낸다. 이렇게 하면서 그는 합리론을 편들어주고 있다. 칸트가 경험론과 합리론의 종합을 이룬 철학자라는 평가의 진정한 의미는 인식론적 차원에서 찾아져서는 안 되고 형이상학적 차원에서 찾아져야 한다.

고 부른 주장을 하고 있다.[24] 상관설이란 주관 없는 객관 없고, 객관 없는 주관 없다는 것이다. 상관설에 의하면, 주관은 객관을 초월할 수 없다. 대상일반으로서의 세계는 항상 선험적 자아로서의 주관의 세계이고, 주관은 항상 대상일반으로 세계에 대한 의식으로서의 주관이다. 현상학파의 용어를 빌려 표현해본다면, 대상일반 혹은 선험적 대상이 대상극(對象極)이라면 '자아일반'으로 부를 수도 있고 '유적(類的) 자아'로도 부를 수 있는 선험적 자아는 자아극(自我極)이다. 대상일반은 무규정적 감각소여로서 대상들의 인식론적 질료다. 인식론적 질료는 선험적 통각의 통일의 대응자이고, 선험적 통각의 통일작용, 즉 대상의 구성은 인식론적 질료 없이는 발생하지 않는다. 이 점을 필자는 『칸트철학과 물자체』에서 현상계는 선험적 자아에 의해 구성되는 세계이며, 자아극과 대상극의 상호작용에 의해 구성되는 현상계 너머에 물자체의 세계가 있음을 설명했다.[25] 김혜숙은 자아극과 대상극의 관계를 눈과 시야의 관계로 설명하는 비트겐슈타인의 입장을 활용하여 다음과 같이 밝히고 있다.

> 시야 속의 모든 것을 가능하게 하는 눈은 그 자체로 시야에 들어오지 않는다. …(중략)… 눈은 시야 속의 것들과 차원이 다르게 존재하기에 어떤 눈에 의해 시야의 것들이 보인다는 것을 같은 차원에서 말할 수 없다. 그러나 눈은 시야 속의 것들을 초월해서 독립적으로 있을 수는 없고, 그것들과의 연관 안에서만 의미 있게 존재할 수 있으며, 그 연관으로만 지극히 중요한 존재가 된다. 비트겐슈타

---

24   N. Hrtmann, *Zur Grundlegung der Ontologie* (Berlin, 1965), p. 14 참조.
25   문성학, 『칸트철학과 물자체』(울산대학교출판부, 1995), p. 65.

인은 이를 "자아는 '세계는 나의 세계이다'라는 점을 통해 철학에 들어온다"라고 표현한다. 칸트철학에서는 이것이 무엇인가가 '선험적 (transcendental)'이 되는 이유다.[26]

자아가 세계를 떠나면서 그 실재성을 주장하는 순간 오류추리의 가상에 빠진다는 것이 칸트의 생각이다. 칸트는 1781년 『순수이성비판』 초판을 출간했는데, 어떤 비평가가 "그 책은 초험적인(transzendenten) 관념론(혹은 그 비평가의 역어에 의하면, '좀 더 높은' 관념론)의 체계다"라고 했다.[27] 칸트는 자신의 책에 대한 몰이해가 심각하다고 생각하여 일종의 해설서를 쓰게 되는데, 그 책이 『학으로 나타날 수 있는 미래의 모든 형이상학을 위한 서설(Prolegomena zu einer jeden zukünftigen Metaphysik, die als Wissensschaft wird auftretten können)』이라는 긴 제목으로 된 책이다. 줄여서 『철학서론』으로 부르는데, 그 책에서 다음과 같이 말한다.

'좀 더 높은'이라는 말은 나의 관념론에 단연코 부적절하다. …(중략)… 나의 지반은 '경험'이라는 기름진 바닥이다. 그리고 내가 그 말의 의미를 몇 번이나 지적했건만, 그 비평가는 '선험적 (transzendental)'이라는 말을 이해하지 못했다. **그 말은 모든 경험을 초월한다는 뜻이 아니라** 확실히 경험에(선천적으로: a priori하게) 선행하기는 하되, 오로지 경험 인식을 가능하게 하는 데만 쓰이도록 규정되어 있음을 의미한다. 이제 말한 '선험적'이라는 개념이 경험을 넘어

---

26 김혜숙, 『칸트: 경계의 철학, 철학의 경계』, p. 33. 다만 시각의 비유는 의식(주관)을 지향적 활동의 주체로, 대상을 그 활동의 끝에 있는 지향적 대상으로 간주하게 할 여지가 있어 보이게 한다는 점에서 의식의 본질을 지향성으로 보는 현상학의 입장을 연상키는 측면이 있어 보인다.

27 『철학서론』, p. 362.

버리는 것이라면, 그런 사용은 '초험적(transzendent)'이라 부르고 내재적, 즉 경험으로 제한된 사용과 구분된다.[28]

이 인용문에서 강조점은 'transzendental'이 '경험에 선행한다'라는 것이지 '경험을 초월한다'라는 것이 아니라는 것이다. 그러니까 그 말을 '초월적'으로 번역하면 안 되고 '선험적'으로 번역해야 한다. 지금까지 살펴보았듯이 백종현은 transzendental을 '초월적'으로 번역한 뒤, 초월에 두 가지 의미를 부여했다. 첫째로 세계 안에서 지향성을 본질로 하는 주관이 자기 바깥의 대상을 향해 초월한다는 뜻에서 '초월적'이라는 것이다. 둘째로, '대상의 대상성'을 대상에 부여하는 주관은 '세계에 속하지 않는 것으로서 세계 바깥으로 초월한다'라는 의미에서 '초월적'이라는 것이다. 그러나 우리는 칸트의 'transzendental'한 자아는 대상(현상)과 대상의 전체인 세계를 구성하는 자아이며, 'transzendental'한 관념론(선험적 관념론)의 입장에서 볼 때, 대상은 자아의 구성물이지 지향적 목표물이 아님을 말했다. 대상을 자아의 지향적 목표물로 보는 것은 대상에 대한 모사설적 실재론의 입장이다. 그리고 transzendental한 자아는 결코 세계를 초월할 수 있는 존재가 아님을 말했다. 결국 우리가 확인하는 것은 칸트의 선험적(transzendental) 자아는 백종현이 그것에 귀속시킨 그러한 '초월'의 특징을 갖고 있지 않다는 것이다. **대상이 선험적 자아의 구성물이라면, '자아가 대상을 향해 초월한다'라는 말은 성립할 수 없다.** 백종현은 칸트를 현상학적으로 해석함에 칸트의 대상 구성설이 걸림돌이 되는 것을 알아차리고 다음과 같이 말한다.

---

28   『철학서론』, p. 362.

> 칸트의 철학을 '구성설' 혹은 '초월적 관념론'이라고 칭하는 것
> 은 부적절하다. 그럼에도 이미 오래전부터 칸트 초월철학의 적극적
> 인 면을 '초월적 관념론'이라고 부르는 사람이 적지 않으며, 이는 그
> 만큼 칸트에 대한 오해가 광범위하게 있어왔다는 것을 말해주는
> 데 …(하략)…[29]

칸트를 오해하는 사람이 정작 누구인지는 모르겠지만, 칸트의 인식이론을 '구성설'로 불러서는 안 된다는 것은 플라톤 철학의 핵심이 이데아론이 아니라고 하는 것이나 마찬가지로 터무니없는 일이다.

칸트는 『실천이성비판』에서도 transzendental이라는 용어를 사용하는데, 이 경우에는 도덕적 경험의 가능성 조건을 도덕적 경험에 앞서 미리 검토한다는 뜻으로 사용된다. 그래서 칸트가 『실천이성비판』에서 제시하는 윤리학을 '선험적 윤리학'으로 부르는 것이 정당화된다. 그런데 그러한 검토의 결과 얻어낸 결론은 실천 분야에서는 신과 영혼과 자유를 다루는 초월적 특수 형이상학이 도덕신앙 형태로 가능하다는 것이다. 그래서 칸트는 『순수이성비판』에서는 인식 가능성을 부정했던 신과 영혼 불멸의 존재를 실천철학적으로 받아들인다. 칸트가 『실천이성비판』에서 확립한 형이상학은 '도덕의 형이상학(Metaphysik der Sitten)'이다. 그렇다면 칸트가 『실천이성비판』에서 사용하는 transzendental은 '초월적'이라고 번역될 여지도 갖게 된다. (이 경우 '초월적'은 하이데거 학파에서 사용하는 '초월'과는 다른 것이다.) 다시 말해 『실천이성비판』에서 사용되는 transzendental은 사유 방법의 관점에서는 '선험적'으로 번역될 수도

---

29   백종현, 『존재와 진리』, p. 174.

있고, 그 사유방법론으로 얻어낸 결과의 관점에서는 '초월적'으로 번역될 수도 있다는 말이다. 즉 칸트가 그 책에서 제시하는 윤리학은 방법론상 '선험적 윤리학'이기도 하지만, 그러한 방법론을 사용하여 도달한 결론적인 이론은 '초월적 윤리학'이기도 하다. 칸트는 『판단력 비판』에서도 미감적 경험에 앞서 미감적 경험의 가능성 조건을 연구하고 있는데, 이 역시 '초월적 미학'으로 불리기보다는 '선험적 미학'으로 불리는 것이 타당할 것이다. 심지어 교육학계에서는 transcendental pedagogy라는 용어도 사용되고 있는데,[30] 이를 '초월적 교육학'으로 번역할 수는 없는 노릇이다. 칸트로서는 'transzendental'이라는 하나의 독일어에 '선험적'이라는 의미와 '초월적'이라는 의미를 모두 담아서 쓸 수 있었고, 또 그 용어를 서양의 고·중세철학과 연관 지어 그 연속성과 단절성을 비교하며 사용할 수 있었지만, 그 말을 번역해서 사용해야 하는 우리 입장에서는 그 두 의미를 다 가두어 쓸 수 있는 용어가 없다는 것이 문제다. 그래서 부득이 하나를 골라 써야 하는 우리 입장에서는 삼비판서에서 공동으로 사용할 수 있는 '선험적'이 더 타당한 번역어라는 것이 필자의 생각이다. 전대호는 백종현을 지지하는 입장에서 다음과 같이 말한다.

　　필자의 논지는 간단명료하다. 칸트가 'transzendental'이라고 썼다. 그러니 우리는 '초월적'으로 번역하자! 칸트는 자신의 어법이 독특하다는 것을 잘 알았고, 그래서 그 어법을 자상하게 설명했다. 그러니 우리도 칸트의 독특한 어법을 그대로 살리면서 칸트처럼 설명

30　W. Willis & D. Fasko, Jr., 『도덕철학과 도덕심리학』(박병기 외 역, 경기도: 인간사랑, 2013), p. 77 참조.

을 덧붙이자! 'transzendental'을 '선험적'으로 번역하면, 칸트의 독
특한 어법은 완전히 은폐된다. '선험적'을 옹호하는 분들은 그렇게
번역해야 칸트의 취지를 전달할 수 있다고 하지만, 그 누구도 칸트
의 입을 막고 자기가 대신 말함으로써 칸트의 취지를 전달할 권리는
없다. 비유하건대 'transzendental'을 '선험적'으로 번역하는 것은 등
산로 입구에 커다란 안내판을 설치하여 산을 가려버리는 것과 같다.
왜 그런 도발을 할까? 칸트의 산을 보는 것보다 번역자 본인의 안내
판을 보는 편이 더 유익하다고 확신하기 때문일까?[31]

칸트가 transzendental이라고 썼으니 '초월적'으로 번역하자는 말
은 앞서 지적했듯이 잘못된 말이다. 차라리 "칸트가 transzendental이
라고 썼으니, 우리는 트란첸덴탈로 음역하자"라고 한 뒤에 "칸트는 자
신의 어법이 독특하다는 것을 잘 알았고, 그래서 그 어법을 자상하게
설명하자"라고 했다면, 어느 정도 말이 된다. 그러나 '초월적'으로 번역
하는 순간 스콜라적 의미는 부각되고, 칸트적 의미는 사라진다.[32] 그리
고 transzendental을 '선험적'으로 번역하는 것이 칸트의 입을 막아버
리는 것이 된다는 것은 이해할 수 없다. 앞서 말했지만, 칸트의 입을 막
아버리는 사람은 transzendental을 '선험적'으로 번역하려는 사람들이
아니라 '초월적'으로 번역하려는 사람들이다. **그들은 스콜라철학 간판을
내걸고 하이데거를 슬그머니 끌어들인 뒤 칸트는 살해하고 있다.** 그리고 전
대호는 그 용어를 '선험적'으로 번역하려는 사람은 등산로 입구에 안내

---

31 한겨레신문, 2018년 6월 22일자 기사, "'트란스첸덴탈'을 '초월적'으로 번역하는 것이 심
    각한 왜곡이라고?/전대호"
32 앞서 보았듯이 스콜라적 옷을 입은 하이데거적 의미의 '초월'이 부각된다.

판을 잘못 설치하여 등산객이 길을 잃어버리게 만드는 사람들이라고 주장하는데, 정작 전대호 자신이 그런 일을 하는 사람이다. 전대호식의 이런 비평은 전형적인 적반하장식 비평이다.

transzendental의 역어로 사용된 '초월적'과 한국의 일상어 '초월'의 괴리가 너무 심하다는 것은 백종현도 인정한다.

> 『형이상학 서설』에서 칸트가 분명하게 재정의하고 있듯이 낱말 '초월적'은 "모든 경험을 넘어가는 어떤 것을 의미하는 것이 아니라 모든 경험에 선행하면서도(즉, 선험적이면서도) 오직 경험 인식을 가능하도록 하는 데만 쓰이게끔 정해져 있는 어떤 것을 의미한다"(『형이상학 서설』, A+203=IV373). 종전까지의 낱말 뜻으로 '초월적'은 한국어에서처럼 독일어에서도 "모든 경험을 넘어가는 어떤 것을 의미하는 것"이었으니, 독일어 독자들의 오해가 있었던 것은 자연스러운 일이었고, 칸트의 재정의를 통해 이 낱말은 새롭게 또 하나의 의미를 얻었다 하겠다. 그래서 오늘날의 독일어 사전에서 'transzendental'은 ① 스콜라철학에서는 저런 뜻이고, ② 칸트에서는 이런 뜻이라고 나누어 풀이하고 있다. 이제 '트란첸덴탈-필로소피'를 '초월철학'으로 번역하자는 제안은 칸트철학을 도입함에 우리도 한국어 낱말 '초월적'에 재래의 일상적 의미 외에 새로운 철학적 의미를 부여해 사용할 것을 제안하는 것이다.[33]

백종현처럼 transzendental을 '초월적'으로 번역하게 되면, '초월적'을 "경험을 넘어서는 어떤 것 ── 이것은 다른 말로 곧 '초월'이다 ── 을 의미

---

33 한겨레신문, 2018년 7월 2일자 기사, "아카넷 〈칸트 전집〉 번역어 선택원칙에 대해/백종현"

하는 것이 아니라"는 식으로 설명해야 하는 기이한 상황에 놓이게 된다. 간단히 말해서 '초월은 초월이 아니다'라는 것이 된다. 그러나 이런 식의 설명은 '초월'이라는 말의 한국어 용법에 익숙해 있는 한국 사람들에게는 이해할 수 없는 설명이요, 자기모순적 설명이 되어버린다.[34] 백종현도 '초월'이라는 한국어 뉘앙스와 어법을 알고 있는 사람들에게 '초월적'을 모든 경험을 넘어가는 것을 의미하는 말로 쓰이지 않는다는 식으로 풀이하는 것이 납득되지 않을 것을 알고 있었다. 그래서 그는 한국어 낱말 '초월적'의 기존의 일상적 의미 외에 새로운 철학적 의미를 부여해 사용할 것을 제안하고 있다. 그는 철학 용어의 의미를 개조하는 것을 넘어서서 이제는 일상어의 사용법까지 뜯어고치려 하고 있다. 월권적 발상처럼 보인다.

김상봉이나 김혜숙도 '초월'이라는 한국어는 한국어 고유의 어감을 갖고 있다는 것을 지적하면서 백종현의 '초월적'이 칸트를 오도하게 됨을 지적한다.[35] 이에 대해 백종현은 그런 측면이 있음을 인정하면서 다음과 같이 말한다.

> 다만 일상적인 국어 사용에 있어서 '초월'이란 '경험의 범위나 한계를 벗어나 있음', '의식에서 독립하여 있음' 등을 뜻하며, 가령 '초월적 명상', '초월의식' 등은 '육체의 속박을 벗어나' 시공간을 떠나서 불가사의한 신비경으로 들어가는 의식을 뜻하고 있으므로 일상어와의 다소간의 마찰을 감내하면서 이 개념 사용에서 또 한 번의

---

34 그렇지만 transzendental을 '선험적'이라고 번역한 뒤에 경험을 넘어서는 것을 의미하는 것이 아니라고 설명하면, 우리는 그 설명을 잘 이해할 수 있다.

35 김혜숙, 『칸트: 경계의 철학, 철학의 경계』, p. 46 참조.

'코페르니쿠스적 전환'을 해야 한다.[36]

김상봉은 이에 대해 예리한 지적을 하고 있다.

여기서 백 교수는 "칸트철학을 한국어로 옮기고 논의하는 자리에서도 한국어 '초월(적)'이 재래의 관용적 의미에서 벗어나는 경우 또한 받아들이는 것이 칸트철학을 철학사적 맥락에서 더 잘 이해할 수 있는 길"이라고 주장한다. 그러나 칸트의 철학사적 맥락을 위해서라면 멀쩡한 한국어의 관용적 의미를 건드리기보다는 라틴어를 더 열심히 배우는 것이 나을 것이다. 그리고 한국어 '초월(적)'의 일상적 의미가 상식 실재론에 기반했다는 학설도 기발하지만, 일상어가 상식 실재론에 기초하고 있으니 그 의미를 좀 바꾸어야겠다는 것도 상식을 초월하는 만용이다. …(중략)… 백 교수처럼 칸트의 '초월철학'을 제대로 표현하기 위해 한국어 '초월'부터 전복시켜 다른 뜻으로 읽어야 한다면 초월 말고 다른 낱말을 번역어로 쓰는 것이 옳지, '초월(적)'이라는 한국어를 전복시켜 다른 뜻으로 읽으라는 것은 합당한 요구가 아니다.[37]

백종현이 transzendental의 번역어로 이미 관행적으로 사용하고 있는 '선험적'을 버리고 '초월적'으로 바꾸자는 것은, 말하자면 가게 내부의 탁자 하나를 바꾸는 문제와는 차원이 다른 문제다. 그것은 가게의 간판을 바꾸는 것이다. 하기야 그는 간판뿐만 아니라 탁자와 의

---

36   백종현, 「칸트철학 용어해설」, p. 319.
37   한겨레신문, 2018년 6월 27일자 기사, "백종현과 전대호의 비판에 대한 대담/김상봉"

자도 바꾸고 있다. 문제는 그 간판에 새겨진 이름이 스콜라의 외양을 한 하이데거라는 것이다. 칸트는 자신이 중세의 스콜라철학의 영향하에 놓여 있을 것을 염려하면서도 새로운 낱말을 만들어 쓰는 대신에 transzendental이라는 말에다가 새롭게 의미 부여해서 자신의 사상을 전개했다. 비록 transzendental이라는 용어를 사용했으나, 중세철학적인 방식으로 해석되기를 원하지 않았던 칸트를 중세적으로 해석하겠다는 것도 억지스럽지만, 오히려 칸트의 영향을 받으며 철학했던 하이데거의 철학에 입각하여 칸트철학의 문패를 바꾸어버리겠다는 것은 억지스러움을 넘어서는 일이다.

제4절
a priori의 번역어 문제

필자는 그렇게 생각하지 않지만, 일부 연구자들이 주장하듯이 a priori를 '선천적'으로 번역하는 것이 치명적인 잘못이라고 하자. 그러면 transzendental을 '선험적'으로 번역하는 것도 치명적인 잘못인가? 이 물음에 대해서는 a priori를 '선천적'으로 번역하는 것이 잘못이라고 생각하는 연구자들도 그렇지 않다고 생각한다. 그렇다면 우리가 새로운 번역 용어를 택해야 할 대상어가 'a priori'가 되어야 하는가, 'transzendental'이 되어야 하는가? 당연히 그 두 용어가 칸트철학에서 가지고 있는 비중을 고려한다면, transzendental은 관행적으로 굳어진 기존의 번역을 따라 '선험적'으로 번역하고, a priori를 다르게 번역하는 것이 칸트 연구에 혼란을 최소화하는 현명한 방법이 될 것이다. 적어도 이런 점에서는 칸트학회에서 a priori를 음역하여 '아프리오리'로 하는 것도 차선책이라고 생각한다. 그렇지만 a priori를 '선험적'으로 번역하고, transzendental을 '초월적'으로 번역하는 것은 최악의 번역이 된다.

transzendental을 '초월적'으로 번역해야 한다는 주장이 생기게 된

계기 중의 하나는 a priori에 대한 기존의 번역어인 '선천적'이 잘못되었다는 것이다. '선천적'이라는 용어는 '생래적인'이나 '생득적인' 혹은 '타고난'이라는 뉘앙스가 강한데, 그렇게 되면 a priori는 데카르트의 '본유적(本有的, innate)'과 구분이 안 된다는 것이다. 칸트가 말하는 a priori는 '경험에 시간적으로 앞서는'이라는 뜻이 아니라 '경험에 논리적으로 앞서는'이라는 뜻이며, '경험과 독립적인'이라는 뜻을 가지고 있다. 그래서 일부 연구자들은 그것을 '선험적'으로 번역해야 한다고 주장했다. 어느 정도 일리 있는 주장이다. 그러나 이런 주장을 펼치는 사람들은 a priori를 '선험적'으로 번역하더라도 그 번역어의 앞선다는 뜻의 한자어 '선(先)'을 반드시 '시간적 앞섬'(본유적)이 아니라 '논리적 앞섬'으로 읽게 된다는 보장이 없다는 것을 모르고 있다. 그러니 a priori를 '선험적'으로 번역해도 문제가 온전히 해결되지 않는다는 것이 필자의 생각이다. '선천적'이 경험에 **시간적으로 앞선**다는 의미를 100% 갖고 있는 말이라면, '선험적'의 '선'은 '시간적 앞섬'으로 읽힐 수도 있고 '논리적 앞섬'으로 읽힐 수도 있으므로 결국 '선험적'이라는 번역어는 '선천적'이라는 번역어가 갖고 있는 문제점의 50%만 해결해 주는 셈이 된다. 그뿐만 아니라 오성의 선천적(a priori) 개념인 범주들에 대해 생각해보면, 이 개념들 역시 경험에 논리적으로 앞서 인식주체인 인간에게 구비되어 있는 능력이기도 하지만, 동시에 '시간적으로 앞서' 구비되어 있는 것도 사실이다. 그러므로 '선천적'에서 '선(先)'의 개념을 시간상의 앞섬과 논리상의 앞섬으로 과도하게 예리하게 양분하여 이해할 필요가 없다고 생각한다. 이런 관점에서 필자는 a priori에 대한 기존의 번역어인 '선천적'도 별문제가 있다고 생각하지 않는다.

만약 a priori를 '선험적'으로 번역하고, 기존에 '선험적'으로 번역하던 transzendental을 '선험적'과 구별하기 위해 '선험론적'으로 번역한다면, 이는 '초월적'으로 번역하는 것보다는 훨씬 나은 번역이라고 생각한다. 그러나 이 번역은 필로소피(philosophy)의 번역어가 '희철학'이 아니라 '철학'이 되어버린 이유를 생각하면 추천하기가 어려워 보인다. '선험론적'을 택하면, 기존의 '선험적 감성론'은 '선험론적 감성론'이 되는데, '론'이라는 글자가 두 번 중복되어 읽기에도 어색하고 보기에도 어색하다. 그뿐만 아니라 그렇게 번역하는 것도 칸트철학에 하이데거의 존재론적 구분론을 덧씌우는 것이 되어 곤란하다. 주지하다시피 하이데거는 '존재적(ontisch)'과 '존재론적(ontologisch)'을 구분했다.

생각하기에 따라서는 a priori를 '선천적'으로 번역하는 것은 탁월한 용어 선택일 수 있다. 본유관념론 혹은 생득관념론의 창시자는 플라톤이라 할 수 있는데, 그에 의하면 인간의 영혼은 육신과 결합하여 이 세상에 태어나기 전에 영혼 상태로 있을 때 불변의 이데아(idea)에 대한 지식을 갖고 있었으나, 태어나면서 출생의 충격, 즉 영혼이 육체와 결합하면서 받은 충격으로 그 지식을 망각하게 되었다. 그래서 그에게 인식한다는 것은 인간이 본래부터 갖고 있는 지식을 기억해내는 것이다. 그 유명한 '상기설(Anamnesis)'이다. 플라톤의 대화편 『메논』에서는 기하학에 대해 아무것도 모르는 노예 소년이 피타고라스의 정리를 이해하게 되는 과정이 묘사되어 있다. 플라톤의 본유관념설은 스토아학파의 '공통개념(koinai ennoiai)'과 키케로의 '본유개념(notones innatae)'을 거쳐 근세 합리주의철학의 아버지 데카르트를 통해 맥을 이어간다. 칸트의 순수오성개념, 즉 범주도 이런 맥락에서 만들어진 것이다. 다만 그는 이 것을 '시간적으로 태어나기(경험) 이전부터 갖고 있는 지식'이라는 식으로 이해한 선배 철학자들과 달리 '경험에 논리적으로 앞서서 경험을 가능하게 하는 주체의 능동적 기능'으로 이해했다. 말하자면 칸트는 플라톤 이래의 본유개념에 대한 이해방식의 대전환을 이룬 것이다. 앞서 말했듯이 플라톤 이래로 데카르트에 이르기까지 '선천적'의 '선천'을 시간적 선후 개념으로 이해한 것을 칸트는 논리적 선후 개념으로 바꾸어버린 것이다. 이러한 철학사적 맥락을 고려한다는 관점에서 본다면, a priori를 선천적으로 번역한 것은 충분히 받아들일 수 있는 번역이라 할 수 있다. 물론 그것을 '선험적'으로 번역하지 못할 이유도 없다. 그러나 '선험적'은 transzendental을 위해 남겨두는 것이 옳은 일이다. 그리고 transzendental을 '선험적'으로 번역한다 하더라도 이 경우 우리는 '험'을 구분해서 읽어주어야 '선험적'을 올바로 이해하게 된다. 이 경우 '험'은 '선천적 경험'이지 '후천적 경험'은 아니다. 칸트의 선험철학은 선천적 경험의 가능성 조건을 탐구하는 것이지 후천적 경험의 가능성 조건을 탐구하는 것은 아니기 때문이다.

제5절

transzendent, Verstand, Eindildungskraft 번역어 문제

앞서 살펴보았듯이, 칸트는 transzendent라는 용어를 사용하기도 한다. 이것과 transzendental은 무엇이 다르며, transzendent는 어떻게 번역해야 하는가? 『순수이성비판』 B352, B383 등에서 칸트가 한 말을 종합해보면 이렇다. 오성의 순수개념, 즉 범주가 가능한 경험의 한계 내에서 대상 구성적으로 사용되면, 그것은 범주의 내재적(immanent) 사용이다. 그리고 범주의 내재적 사용을 정당화시켜주는 meta적인 담론이 '선험적'이며, 범주가 경험적 사용을 벗어나서 순수오성개념의 확장이라는 유혹에 넘어가 그것을 이성의 이념으로 둔갑시킨 뒤에 그 객관적 실재성을 주장할 때 이성의 이념은 transzendent한 것이 된다. 그러므로 칸트 자신이 말하고 있듯이 transzendental과 transzendent는 다르다.[38] 다수의 국내 번역가들은 그것을 '초험적'으로 번역하고 있다. 그 번역이 잘못된 것은 아니지만, 내가 보기에 transzendent야말로 '초

---

38 칸트, 『순수이성비판』, 최재희 역, B532 참조.

월적'으로 번역하는 것이 가장 적합할 것 같다. 플라톤의 이데아가 현상계와의 어떤 연결고리도 없이 현상계를 넘어서 있는데, 칸트가 보기에 그런 것이야말로 transzendent한(초월적) 것이다.

> 왜냐하면 '초월적' 원칙은 가능한 경험의 한계를 정해두는 모든 기둥을 부수어버리고 어디까지나 한계가 없는 전혀 새로운 지반을 요구하는 월권을 우리에게 기대하는 현실적인 원칙이다.[39]

그다음에 검토해볼 필요가 있는 용어는 독일어 Verstand다. 이 용어의 번역은 transzendental과 달리 칸트철학 전반에 대한 해석상의 문제와 결부되어 있지는 않다. 그러나 이를 '지성'으로 번역하는 것은 그 적절성을 검토해볼 필요가 있다. 기존에는 이 용어를 '오성(悟性)'으로 번역했는데, 학원사의 『철학대사전』에서는 오성을 다음과 같이 설명하고 있다.

> 일반적으로 지성, 지력, 논리적 사고능력을 가리키는 말. 칸트는

---

39 칸트, 『순수이성비판』, 최재희 역, B532 참조. 칸트에게 가능한 경험의 세계는 한계를 가진다. 그렇다고 그 한계가 고정된 한계는 아니다. 예컨대, 인간의 지식은 끊임없이 발전해가면서 지식의 세계는 점점 넓혀진다. 그러니 인간 지식의 한계는 고정된 것이 아니다. 그것은 땅에 박힌 말뚝 같은 것이 아니다. 오히려 지평선이나 수평선 같은 것이다. 인간은 이 지평선 내부에 있는 것을 인식의 대상으로 삼을 수 있고, 그 실재성을 인정할 수 있다. 인간이 인식의 한계선을 넓혀갈 수는 있어도, 그래서 그 한계선은 움직이는 한계선이며, 그래서 어제의 한계선이 오늘의 한계선이 아니고, 오늘의 한계선은 내일이면 지워지겠지만, 그렇다고 한계선이라는 것 자체를 없애버릴 수는 없다. 인간에게는 경험의 한계선 바깥에 있는 것에 대해 실재성의 개념을 적용하면 안 된다. 그러나 경험의 한계를 애초부터 부정해버리고, 인간이 경험의 한계 바깥에 있는 것을 현실적으로 인식할 수 있다고 믿을 때, 플라톤 같은 독단주의적인 초월적 형이상학이 생겨난다. 필자가 칸트를 읽는 근본적인 관점이지만, 칸트에게 '내재적'은 가능한 경험의 한계에 갇힌 유한성의 개념과, '선험적'은 가능적 무한의 개념과, '초월적'은 현실적 무한의 개념과 관계하고 있다.

오성을 감성과 이성에 대해 엄밀히 구별했으나, 역사적으로 이성과 혼동하여 사용되어왔으며, 따라서 구별이 확실하지 못하다. 오늘날은 대체로 칸트의 용법에 따라 구별하여 오성을 분별지, 분석지, 비량지(比量知) 그리고 개념적 논증의 능력으로 보고 있다.[40]

국립국어원의 표준국어대사전에서는 '오성'을 "감성 및 이성과 구별되는 지력(知力). 특히 칸트철학에서는 대상을 구성하는 개념 작용의 능력을 말한다"라고 설명하고 있다. 같은 사전에서 '지성'은 "지각된 것을 정리하고 통일하여 이것을 바탕으로 새로운 인식을 낳게 하는 정신 작용. 넓은 뜻으로는 지각이나 직관(直觀), 오성(悟性) 따위의 지적 능력을 통틀어 이른다"라고 풀이하고 있다. 그리고 '이성'은 "개념적으로 사유하는 능력을 감각적 능력에 상대하여 이르는 말. 인간을 다른 동물과 구별시켜주는 인간의 본질적 특성이다"로 풀이하고 있다.

백종현에 의하면 Verstand는 깨우치고 깨닫는 기능이라기보다는 생각하고 인지하고 이해하고 아는 기능을 갖기에 '오성'이 아니라 '지성'으로 번역하는 것이 더 적당하다고 한다.[41] 그러나 이 역시 한국의 일상어인 '깨우치다'라는 말이 갖고 있는 뉘앙스를 무시하는 것이 된다. 우리는 "그 아이가 드디어 구구단의 원리를 깨우쳤다"라고 말하는 경우가 있다. 이 경우 '깨우쳤다'라는 것은 대오각성을 했다는 뜻이 아니라 구구단의 원리를 인지하고 이해하고 알게 되었다는 뜻이다. 그러니 Verstand를 오성으로 번역하는 것은 아무런 문제가 없어 보인다. 더구나 국어사전에서는 '지성'을 "지각이나 직관, 오성 따위의 지적 능력

---

40   김익달(편집자 겸 발행인), 『철학대사전』, p. 794.
41   백종현, 「칸트철학용어의 한국어 번역문제」(제1회 전국철학자연합학술발표대회, 발표문)

을 통틀어 이른다"라고 풀이하고 있으니, Verstand를 '오성'으로 번역하지 않고 '지성'으로 번역해버리면, '지성'을 풀이하면서 지성을 사용하게 되니 난센스가 생겨난다. 국어사전적으로만 생각한다면, 지성은 총체적 지적 능력이기에 칸트가 말하는 Verstand보다 오히려 한 등급 위의 능력으로 보는 게 타당하다.

이미 철학사전에서도 Verstand를 '오성'이라고 번역하여 소개하고 있고, 일반인들이 사용하는 표준국어대사전에서도 '오성'이라는 용어를 등재시켜 아주 정확하게 "대상을 구성하는 개념 작용의 능력"이라고 설명하고 있는 마당에, 그것을 오성이 아니라 '지성'으로 바꾸어 번역하는 것도 이해가 안 되는 처사다. 아무리 전문분야의 학자라고 하더라도 그렇게 하는 것은 칸트가 경계했던 "언어 사용의 월권"이 될 것이다.

독일어 Einbildungskraft에 대한 기존의 번역은 '구상력(構想力)'이었다. 그러나 최근 연구자들은 '상상력'으로 번역하여 많이 쓰고 있다. 이 번역어는 Ästhetik을 '감성학'으로 번역하는 것만큼 어색하지는 않다. 그러나 독일어 Bild가 '상(像)'을 의미한다는 것을 염두에 두고 Einbildungskraft의 주요 기능이 도식 작용이며, '도식'이라는 것이 모종의 형상(形像)임을 염두에 둔다면, Einbildungskraft를 '상을 구성하는 힘'이라는 의미의 '구상력'으로 하는 것도 나쁜 번역은 아니라고 생각한다. 다만 Einbildungskraft의 능력이 『판단력비판』의 인간이 상상력의 한계를 넘어서는 무한대의 힘과 크기 앞에서 느끼는 숭고(Erhabene)의 감정을 다루는 숭고론과 연결되어 이해될 경우에는 '상상력'으로 번역되는 것은 잘 이해될 수 있는 번역으로 보인다. 왜냐하면 '숭고'는 일종의 무정형의 미이기 때문이다.

제6절 결론

칸트의 저술들에 등장하는 수많은 전문학술용어를 번역자마다 뉘앙스가 다른 용어들을 선택해서 다르게 번역하더라도 한국칸트학계에서 합의를 봐야 할 유일한 용어는 transzendental이다. 다른 모든 용어 번역에서 합의를 보더라도 transzendental 번역에서 합의를 못 보고 있다면, 칸트철학의 번역어 선정작업에서 90%의 합의를 못 본 것이나 마찬가지다. 그 이외에 Ästhetik을 '감성론'으로 번역하든 '감성학'으로 번역하든, Dogmatismus를 '독단주의'로 번역하든 '교조주의'로 번역하든 그건 사소한 일이다. 물론 '감성학'이나 신학 냄새를 풍기는 '교조주의'는 아주 어색하긴 하지만 말이다.

비판기의 칸트철학을 연구하는 사람은 반드시 다음의 두 가지 문제를 구분해서 물어가며 탐구해야 한다. 첫째로 비판기 칸트철학의 사유방법론은 무엇인가 하는 것이다. 두 번째로 칸트가 그런 사유방법론을 통해 초월의 문제(전통 형이상학의 문제)를 어떻게 해결했는가 하는 것이다. 이 둘은 별개의 문제다. 첫 번째 물음에 대한 답은 'transzendental(선험적)' 사유방식이다. 그런 사유 방법으로 칸트가 초월의 문제에 대해 어떤 결론을 내렸는가 하는 두 번째 문제에 관한 한 『순수이성비판』과 『실천이성비판』에서의 칸트 입장이 다르다는 것을 알 수 있다. 그런데 transzendental을 '초월적'으로 번역해버리면, 두 가지 문제가 발생한다. 첫째로, 이 두 가지 문제가 구분되지 않고 섞여버린다. 둘째로, '초월적'으로 번역한 뒤 칸트철학의 사유방법론을 초월적 사유로 규정하고 그의 철학을 초월철학으로 규정하면, 그런 규정은 비판기의 칸트철학 전체가 초월을 긍정하는 것처럼 오해하게 만든다. 그 결과 칸트가 물자체 불가인식을 말하고 있는『순수이성비판』에서도 '초월'을 인정한 것처럼 만들어버린다. 필자는 백종현의 번역어가 갖는 치명적인 문제점이 바로 이것이라고 생각한다.

글의 출처

제1장 '칸트 윤리학의 근본적 균열과 그 연결고리'는 대한철학회 논문집, 『철학연구』 제134집(2015년 5월)에 게재되었던 글임.

제2장 '칸트 윤리학에서 보편적 법칙의 법식과 목적 자체의 법식은 동일한가?'는 한국칸트학회 논문집, 『칸트연구』 제37집(2016년 6월)에 게재되었던 글임.

제3장 '칸트 도덕철학의 자율적 자유 개념의 루소적 기원'은 대한철학회 논문집, 『철학연구』 제116집(2010년 11월)에 게재되었던 글임.

제4장 '칸트 도덕철학의 관점에서 본 현행 인성교육의 문제점'은 새한철학회 논문집, 『철학논총』 제23집(2001년 1월)에 게재되었던 글임.

제5장 '도덕성의 본질에 대한 물음: 칸트, 아리스토텔레스, 정의주의'는 원래 「도덕성의 본질에 대한 칸트의 입장」이라는 제목으로 대한철학회 논문집, 『철학연구』 제155집(2020년 8월)에 게재되었던 글이나, 도덕성의 본질에 대한 세 가지 입장을 비교하는 방식으로 새롭게 작성한 글임.

부록: '칸트철학 번역어 문제'는 이 책에서 처음 발표하는 글임.

참고문헌

강병호, 「정언명법의 보편적 정식과 목적 그 자체의 정식: 두 정식의 등가성에 관하여」, 『칸트연구』 제32집, 2013.

강영안, 『우리에게 철학은 무엇인가』, 서울: 궁리, 2002.

김상봉, "백종현 번역어 바로잡으려 전집 내", 한겨레신문, 2018년 6월 21일자 기사.

_____, "백종현과 전대호의 비판에 대한 대담", 한겨레신문, 2018년 6월 27일자 기사.

김석수, 「칸트 윤리학에서 판단력과 덕이론」, 한국칸트학회, 『칸트연구』 31집, 2013.

김선희, 「인격의 개념과 동일성의 기준」, 철학연구회, 『철학연구』 제41집, 1997년 가을호.

김성옥, 「루소의 일반의지」, 『사회철학대계』 제1권, 서울: 민음사, 1993.

김수배, 「칸트의 〈도덕형이상학〉과 형식주의」, 서울: 민음사, 『칸트와 윤리학』, 1996.

김영인, 『맹자와 루소의 인성론 비교연구』, 한국정신문화연구원 한국학대학원 박사학위논문, 1999.

김용민, 『루소의 정치철학』, 서울: 인간사랑, 2004.

김익달(편집자 겸 발행인), 『철학대사전』, 서울: 학원사, 1974.

김정주, "'transzendental' 개념과 'a priori' 개념의 한국어 번역", 영남대학교 천마아트센터 '2014년 한국 동계학술대회' 유인물

김태길, 『윤리학』, 서울: 박영사, 1995.

김혜숙, 『칸트: 경계의 철학, 철학의 경계』, 이화여자대학교출판부, 2011.

노영란, 『덕 윤리의 비판적 조명』, 서울: 철학과 현실사, 2009.

만프레트 가이어, 『칸트평전』, 김광명 역, 서울: 미다스북스, 2004.

문성학, 『칸트철학과 물자체』, 울산: 울산대학교출판부, 1995.

_____, 『칸트 윤리학과 형식주의』, 대구: 경북대학교출판부, 2006.

_____, 『칸트의 인간관과 인식존재론』, 대구: 경북대학교출판부, 2007.

_____, 『도덕 윤리교육의 철학적 기초』, 대구: 경북대학교출판부, 2015.

_____, 『칸트철학의 인간학적 비밀』, 울산: 울산대학교출판부, 1997.

_____, 『현대인의 삶과 윤리』, 대구: 형설출판사, 1998.

_____, 『인식과 존재』, 서울: 서광사, 1991.

_____, 『현대사회와 윤리』, 대구: 새빛출판사, 2018.

_____, 「소크라테스의 윤리설: 그 일반적 해석에 대한 비판적 고찰」, 대한철학회 논문집, 『철학연구』 제56집, 1996.

_____, 「플라톤의 윤리사상과 이데아론」, 경북대학교 사범대학, 『중등교육』 49집, 2002.

문용린, 「미국의 인성교육」, 서울: 철학과 철학사, 『철학과 현실』, 1995년 가을호.

박성호(편역), 『루소 사상의 이해』, 서울: 인간사랑, 2009.

박찬구, 「칸트 윤리학에서 자율개념의 형성과정」, 한국국민윤리학회, 『국민윤리연구』 제34호, 1995.

백종현, 「칸트철학 용어해설」 수록; F. 카울바하, 『칸트: 비판철학의 형성과 체계』, 백종현 역, 서울: 서광사, 1992.

_____, 『존재와 진리』, 서울: 철학과 현실사, 2000.

_____, 「아카넷 〈칸트 전집〉 번역어 선택원칙에 대해」, 한겨레신문, 2018년 7월 2일자 기사.

_____, 「칸트철학에서 '선험적'과 '초월적'의 개념 그리고 번역어 문제」, 한국칸트학회, 『칸트연구』 25집, 2010.

_____, 「칸트철학용어의 한국어 번역문제」(제1회 전국철학자연합학술발표대회, 발표문)

손봉호, 「사회윤리와 종교」, 한국철학회 논문집 『철학』 제32집, 1989년 가을호.

승계호, 『직관과 구성』, 서울: 나남출판사, 1999.

신득렬, 『현대교육철학』, 서울: 학지사, 2003.

신상초, 『루소』, 서울: 의명당, 1983.

아리스토텔레스, 『니코마코스 윤리학』, 이창우 외 2인 역, 서울: 이제이북스, 2007.

안인희 외, 『루소의 자연교육사상』, 서울: 이화여자대학교출판부, 1992.

오트프리트 회페, 『임마누엘 칸트』, 이상헌 역, 서울: 문예출판사, 1997.

이돈희,『도덕교육』, 서울: 교육과학사, 1983.

이홍우,『교육의 개념』, 서울: 문음사, 1991.

장세용,「루소의 자유론」,『대구사학』제76집, 2004.

장 자크 루소,『사회계약론』, 박은수 역, 서울: 인폴리오, 1998.

_____,『사회계약론 외』, 박호성 역, 서울: 책세상, 2015.

_____,『인간 불평등 기원론』, 주경복 · 고만복 역, 서울: 책세상, 2009.

_____,『에밀』(상), 정봉구 역, 서울: 범우사, 1999.

_____,『에밀』, 김중현 역, 서울: 한길사, 2009.

전대호, "'트란첸덴탈'을 '초월적'으로 번역하는 것이 심각한 왜곡이라고?", 한겨레 신문, 2018년 6월 22일자 기사.

정진홍,「도덕성 회복의 윤리」,『녹색평론』1994년 11~12월, 통권 제19호.

조난심,「인성교육과 도덕교과서」,『철학과 현실』, 1995년 겨울호.

조지 세이빈 · 토마스 솔슨,『정치사상사 2』, 성유진 · 차남희 역, 서울: 한길사, 1984.

최종고,「법질서 의식과 인간성 회복」,『인간성의 회복』, 정해창 외 10인 공저, 한국 정신문화연구원, 1994.

츠베당 토도로프,『덧없는 행복: 루소 사상의 현대성에 관한 시론』, 고봉만 역, 서울: 문학과 지성사, 2006.

칸트,『순수이성비판』, 최재희 역, 박영사, 1972.

_____,『순수이성비판』, 전원배 역, 삼성출판사, 1993.

_____,『철학서론』(『실천이성비판』과 합본), 최재희 역, 박영사, 1975.

_____,『도덕철학서론』,(『실천이성비판』과 합본), 최재희 역, 박영사, 1975.

_____,『실천이성비판』, 최재희 역, 박영사, 1975.

_____,『판단력비판』, 이석윤 역, 박영사, 1974.

테오도르 W. 아도르노,『도덕철학의 문제』, 정진범 역, 서울: 세창출판사, 2019.

하만,『도덕의 본성』, 김성한 역, 서울: 철학과 현실사, 2005.

호안 J. 소뻬니야,『인간은 어떻게 살아야 하나』, 박영도 역, 부산: 지평, 1984.

B. F. 스키너,『자유와 존엄을 넘어서』, 차재호 역, 서울: 탐구당, 1987.

E. 카시러,『계몽주의 철학』, 박완규 역, 서울: 민음사, 1995.

F. 카울바하,『윤리학과 메타윤리학』, 하영석 · 이남원 역, 서울: 서광사, 1995.

K. 포르랜드, 『칸트의 생애와 사상』, 서정욱 역, 서울: 서광사, 2001.

W. Willis & D. Fasko, Jr., 『도덕철학과 도덕심리학』, 박병기 외 역, 경기도: 인간사랑, 2013.

Aristoteles, *Nicomachean Ethics*, in: *The Basic Works of Aristoteles*, ed. R. Mckeon, Random House New York, 1970.

Atwell J. E., *Ends and Principles in Kant's Moral Thought*, Martinus Nijhoff Publishers, 1986.

_____, "Are Kant's First Two Moral Principles Equivalent", in: *Immanuel Kant, Critical Assessments III*, edited by Ruth F. Chadwick & Clive Cazeauk, London & New York, Routledge, 1992.

Ayer A. J., *Language Truth and Logic*, New York, Dover Publications, Inc., 1946.

Baxley A. M., *Kant's Theory of Virtue: The Value of Autocracy*, Cambridge University Press, 2010.

Becker L. C., "The Finiality of Moral Judgements: a Reply to Mrs. Foot", *The Philosophical Review*, Vol. 82, 1973.

Blosser P., *Scheler's Critique of Kant's Ethics*, Ohio University Press, 1995.

Borchert D. M., (ed.) *Encyclopedia of Philosophy*, Vol. 8 2nd edition, Macmillan Reference USA, Thomson Gale, 2006.

Broadie A., & Pybus E. M., "Kant's Concept of Respect", *Kant Studien*, Bd. 66, 1975.

Cassirer E., *Rousseau, Kant, Goethe*, trans. J. Gutmann, P. O. Kristeller, J. H. Randall Jr., Archon Books, 1961.

Chapman J. W., *Rousseau: Ttalitarian or Liberal*, New York, AMS Press, 1968.

Copi I. M., *Introduction to Logic*, Seventh Edition, New York, Macmillan Publishing Co., 1986.

Craig E. (ed.), *Routledge Encyclopedia of Philosophy*, Vol. 6, London, 1998.

Cranston M., "Rousseau's Theory of Liberty", in *Rousseau and Liberty*, ed., R. Wolker, Manchester Univ. Press, 1995.

Descartes R., *The Philosophical Works of Descartes I*, trans. E. S. Haldane & G. R. T.

Ross, Cambridge University Press, 1979.

Downie R. S. & Telfer E., *Respect for persons*, London, George Allen and Unwin LTD, 1971.

Foot, "Morality as a System of Hypothetical Imperatives", *The Philosophical Review*, Vol. 81, 1972.

Gregor M., *Laws of Freedom: A Study of Kant's Method of Applying the Categorical Imperative in the Metaphysik der Sitten*, Oxford, Basil Blackwell, 1963.

Hartmann N., *Zur Grundlegung der Ontologie*, Berlin, 1965.

Hobbes T., *Leviathan*, London, Penguin Books, 1980.

Holmes R. L., "Is Morality a System of Hypothetical Imperatives?", *Analysis*, Vol. 34, 1974.

Irwin T., *Plato's Moral Theory*, Clarendon Press, Oxford, 1982.

Kant I., *Grundlegung zur Metaphysik der Sitten*, in: Immanuel Kant Werkausgabe VII, hrsg. W. Weischedel, Suhrkamp, Frankfurt am Main, 1968.

_____, *Metaphysik der Sitten*, in: Immanuel Kant Werkausgabe VIII, hrsg. W. Weischedel, Suhrkamp, Frankfurt am Main, 1982.

_____, *Kritik der reinen Vernunft*, Hamburg, Felix Meiner Verlag, 1971.

_____, *Kritik der praktischen Vernunft*, Hamburg, Felix Meiner Verlag, 1974.

_____, *Die Religion innerhalb der Grenzen der Blossen Vernunft*, in: Immanuel Kant Werkausgabe VIII, Herausgegeben von W. Weischedel, Suhrkamp, 1968.

_____, *Prolegomena*, Hamburg, Felix Meiner Verlag, 1971.

_____, "Über eine vermeintes Recht, aus Menschenliebe zu lügen", in: Immanuel Kant Werkausgabe VIII, hrsg., W. Weischedel, Suhrkamp Taschenbuch Verlag, 1968.

_____, "Idee zu Einer Allgemeinen Geschichte in Weltbuergerlicher Absicht", in: Immanuel Kant Wekausbabe XI, hrsg. W. Weischedel, Suhrkamp, 1982.

_____, *Über Pädagogik*, in: Immanuel Kant Wekausbabe XI, hrsg. W. Weischedel, Suhrkamp, 1982.

_____, *Moral Mronguius*, in: Kant's Schriften 27. 2, 2, Berlin, Walter de Gruyter, 1978.

_____, *The Doctrine of Virtue*, trans. M. Gregor, University of Pennsylvania Press, 1964.

Kohlberg L., *The Philosophy of Moral Development: Moral Stage and Idea of Justice*, Harper and Law, Publishers, San Francisco, 1981.

Korsgaard C. M., *Creating the Kingdom of Ends*, Cambridge University Press, 1996.

LaFollette, H., (ed.), *The International Encyclopedia of Ethics Vol.1*, A John Willey & Sons. Ltd., Publication, 2013.

Lipman, M., *Thinking in Education*, 2nd edition, Cambridge University Press, 2003.

MacIntyre, A., *After Virtue: A Study in Moral Theory*, Notre Dame, Indiana, University of Noter Dame Press, 1984.

O'neill O., "Kantian Ethics", in: *Routledge Encyclopedia of Philosophy*, ed. E. Craig, Vol 5. 1998.

_____, "Kant After Virtue", Inquiry 26, 1984.

Paton H. J., *Der Kategorische Imperativ: Eine Untersuchung über Kants Moralphilosophie*, Berlin, Walter de Gruyter & Co., 1962.

_____, *The Categorical Imperative: A Study in Kant's Moral Philosophy*, New York, Harper & Row, Publishers, 1967.

_____, "An Alleged Right to Lie: A Problem in Kantian Ethics", in: *Immanuel Kant; Critical Assessments Vol. I*, ed. Ruth F. Chadwick & Clive Cazeauk, Routledge, London, 1992.

Peters, R. S., *Ethics and Education*, London, George Allen & Unwin LTD, 1969.

_____, *Moral Development and Moral Education*, London, George Allen & Unwin Ltd, 1981.

Plato, Meno, in: Plato Collected Dialogues Vol. I. E. Hamilton & H. Cairns (eds.) Princeton University Press, 1973.

_____, *Phaedrus*, in: *Plato, The Collected Dialogues*, Vol. I, Princeton University Press, 1973.

_____, *Republic*, in: *Plato, The Collected Dialogues*, Vol. I, Princeton University Press, 1973.

Rachels J., *The Elements of Moral Philosophy*, sixth edition, New York, McGraw-Hill, 2010.

_____, *The Elements of Moral Philosophy*, 2nd edition, New York, McGraw-Hill, Inc., 1993.

_____, "Subjectivism" in: P. Singer, ed., *A Companion to Ethics*, Cambridge, Basil Blackwell Ltd, 1991.

Rawls J., *Political Liberalism*, New York, Columbia University Press, 1993.

_____, "Themes in Kant's Moral Philosophy", in; *Immanuel Kant: Critical Assessments*, eds., Ruth F. Chad-wick & Clive Cazeazuk, Routledge, London & New York, 1992.

Rousseau J. J., *Emile*, London, Everyman's Library, 1974.

Scheller M., *Der Formalismus in der Ethik und die materiale Wertethik*, Bern & München, Francke Verlag, 1980.

Silber J. R., "The Copernican Revolution in Ethics: The Good Reexamined", *Kant, Studien, Bd. 51*, 1959/60.

Simpson M., *Rousseau's Theory of Freedom*, New York, Continuum, 2006.

Singer M. G., *Generalization in Ethics*, New York, Russell & Russell, 1961.

Singer P., *Practical Ethics*, Cambridge University Press, 1979.

Skinner B. F., *Science and Human Behavior*, New York, Macmillian Co., 1953.

Spinoza B., Die Ethik, Übersetzt von O. Baensch, Hamburg, Felix Meiner Verlag, 1976.

Sprod T., *Philosophical Discussion in Moral Education*, London and New York, Routledge, 2001.

Stevenson C. L., *Ethics and Language*, New haven and London, Yale University Press, 1975.

_____, "The Emotive Meaning of Ethical Terms", in: A, J. Ayer (ed.), *Logical Positivism*, New York, The Free Press, 1959.

Stratton-Lake P., "Formulating Categorical Imperatives", *Kant Studien*, 84. Jahrgang, Heft 3, 1993.

Strauss L., *Natural Right and History*, Chicago, University of Chicago Press, 1953.

Taylor P. F., *Principles of Ethics*, California, Wadsworth Publishing Co., 1975.

Van de Pitte F. P., *Kant as Philosophical Anthropology*, The Hague, Martinus Nijhoff, 1971.

Ward K., "Kant's Theological Ethics", in: *Immanuel Kant, Critical Assessments* III, edited by Ruth F. Chadwick & Clive Cazeauk, London & New York, Routledge, 1992.

Waston J. B., *Behaviourism*, second edition, Routledge, London, 1931.

Williams B., *Moral Luck: Philosophical Papers 1973-1980*, Cambridge University Press 1981.

Williams T. C., *The Concept of The Categorical Imperative*, Oxford, At The Clarendon Press, 1968.

Wolker, R. "A Reply to Charvet: Rousseau and the Perfectability of Man", *History of Political Thought*, Vol. 1, No. 3, 1980.

용어 찾아보기

인명 찾아보기

문성학

1956년 대구에서 출생하였다. 경북대학교 철학과를 졸업하였고, 동 대학원에서 석사학위를 1984년에, 박사학위를 1988년에 취득하였다. 1983년에 대구의 덕원고등학교에서 1년간의 교사생활을 했으며, 그 후 경북대, 대구교대, 경일대에서 5년간 강사생활을 했다. 1989년 3월부터 2021년 2월까지 32년간 경북대학교 윤리교육과 교수로 재직하였으며, 현재 경북대학교 명예교수이다. 경북대학교 교수회 사무처장, 동서사상연구소 소장, 도서관장, 대학원장, 교학부총장을 역임했으며, 한국칸트학회장, 한국윤리교육학회장, 대한철학회장을 지냈다.

인간을 가능적 무한자로 보는 입장에서 칸트철학의 난문제들에 대한 해결을 통해 형이상학자로서의 칸트 상을 확립하는 일에 학문적 관심을 집중시켰으며, 그런 관점의 연장선상에서 획득하게 된 개방적 상대주의의 개념으로 한국적 도덕교육의 가능성을 타진하고 있다.

지은 책으로는 『인식과 존재』(서광사), 『칸트철학과 물자체』(울산대학교 출판부), 『칸트철학의 인간학적 비밀』(경북대학교 출판부), 『칸트 윤리학과 형식주의』(경북대학교 출판부), 『도덕 · 윤리교육의 철학적 기초』(경북대학교 출판부), 『동물해방 대 인간존중』(한국학술정보), 『현대사회와 윤리』(새빛출판사), 『철학과 삶의 의미』(새빛출판사), 『어느 철학자의 한국사회 읽기』(세종출판사) 등이 있다. 번역한 책으로는 『데카르트와 회의주의』(고려원), 『현실의 문제와 철학적 이해』(공역, 형설출판사)가 있다. 또한 근현대 대구 · 경북의 지성사와 사회운동사를 다룬 다수의 공동연구서가 있다.